21世纪体育系列教材 ● 西南区体育教材教法研究会教材编审委员会审定

形体训练

XINGTI XUNLIAN

主　编　蔺雪莲　刘光同　冯夏娟

副主编　王　华　徐　娜　金　峰　关　磊　马艺格

北京师范大学出版集团
BEIJING NORMAL UNIVERSITY PUBLISHING GROUP
北京师范大学出版社

图书在版编目(CIP)数据

形体训练 / 蔺雪莲，刘光同，冯夏娟主编 . —北京：北京师
范大学出版社，2014.8(2022.3 重印)
ISBN 978-7-303-17879-7

Ⅰ．①形… Ⅱ．①蔺…②刘…③冯… Ⅲ．①形体－健身
运动－高等学校－教材 Ⅳ．①G831.3

中国版本图书馆 CIP 数据核字(2014)第 173723 号

营 销 中 心 电 话　010-58802755　58800035
北师大出版社职业教育分社网　http：//zjfs. bnup. com
电 子 信 箱　zhijiao@bnupg. com

出版发行：北京师范大学出版社　www. bnupg. com
　　　　　北京市西城区新街口外大街 12-3 号
　　　　　邮政编码：100088
印　　刷：北京虎彩文化传播有限公司
经　　销：全国新华书店
开　　本：170 mm×230 mm
印　　张：21.25
字　　数：420 千字
版　　次：2014 年 8 月第 1 版
印　　次：2022 年 3 月第 5 次印刷
定　　价：35.00 元

策划编辑：周光明　　　　　　责任编辑：宋淑玉
美术编辑：高　霞　　　　　　装帧设计：高　霞
责任校对：李　菡　　　　　　责任印制：马　洁

西南区体育教材教法研究会理事会成员名单

雷　斌（贵州电子职院）

周　跃（昭通学院）

肖谋远（西南民族大学）

王　平（铜仁学院）

黄平波（凯里学院）

党云辉（思茅学院）

张　龙（六盘水师范学院）

杨庆鲜（保山学院）

左文泉（云南师范大学）

余　斌（贵州财经学院）

张兴毅（兴义民族师范学院）

邓文红（安顺学院）

教材编审委员会

主　　任　孟　刚（兼）（贵州师范大学）

副主任　姚　鑫（兼）（贵州师范大学）

王洪祥（昆明学院）

陈雪红（兼）（楚雄师范学院）

吕金江（兼）（曲靖师范学院）

于贵和（兼）（贵州大学）

梁　健（兼）（红河学院）

编写说明

本书教学目的

1. 本书以讲述芭蕾舞的形体训练为主要内容。

2. 通过对基本姿态和一些动作、组合的学习与训练，学生在短期内掌握并熟知芭蕾舞形态的一些基本要领。

3. 以芭蕾舞的"开、绷、直"等一些科学的训练方法，帮助学生将腿部肌肉形状练正确，使之不易走型，并为日后在舞蹈中的完美表现打下良好的基础，训练出完美的形体形态。

4. 不仅要练习身体形态的柔韧性，还要教导学生有感觉地舞蹈、用心去舞蹈，是由心而发的真正做到能够用身体、用灵魂去驾驭音乐和自我展现出美妙的舞姿。

前言

　　《形体训练》是高校体育重要课程之一，因在我国起步较晚，教学资源相对匮乏，编写一本较全面、规范和内容丰富的《形体训练》教材就显得相当必要了。本书是根据高校体育教学计划、培养目标、和形体训练教学大纲规定的具体教学任务、教学时数、教学内容及考核要求，分工负责撰写和串编完成的，它结合了国内外形体训练方面的最新研究成果和我们自身多年的教学经验，基础理论知识全面，内容丰富，资料翔实可靠。

　　本教材突出文化品位，注重把形体训练的最新研究成果和实践成果等最新动态介绍给学生，面向二十一世纪，保证具有一定的前瞻性，帮助他们提高形体欣赏水平。在内容的选择上，注重理论联系实际，在保证教材体系完整的前提下，注重学生实践能力、操作能力的培养，由易到难、由浅入深，体现了形体训练的规范性和科学性，同时，本书更突出形体训练的成套组合练习，包括地面动作和扶把动作，这是其他形体专著、教材所缺少的，其中，动作讲解较细致、规范，通俗易懂。本书坚持理论联系实际的原则，力求内容的规范性与教学的实用性相结合，兼顾学生不同层次的需求与兴趣，注重终身锻炼意识和运动技能的培养，符合普通高校学生身体、心理、运动等特点，全书图文并茂，使技术动作更直观易学。

　　本教材共分为七章。第一章：舞蹈基本理论知识（由关磊编写）；第二章：芭蕾舞简介（由王华编写）；第三章：地面素质练习（由刘光同编写）；第四章：地面动作组合（由蔺雪莲、徐娜编写）；第五章：扶把练习（由蔺雪莲、冯夏娟编写）；第六章：中间练习（由金峰编写）；第七章：成品舞（由徐娜编写）。

　　由于编写人员水平有限，不妥之处，恳切希望专家和广大读者给予批评指正，不胜感激！

编写组

2014 年 8 月 10 日

目录

Contents

目　录

3

形·体·训·练

第一章　舞蹈基本理论知识

▶ 第一节　舞蹈的定义和特性

一、舞蹈的定义

舞蹈是一种以经过提炼、组织、韵律化了的人体动作为主要表现手段，在一定的时间和空间内运用人体动作的姿态、表情和动作流程等构成画面，创造形象，从而表达某种思想情感的艺术。

二、舞蹈的特性

（一）形体表现性

舞蹈用形体语言来传情达意。

（二）直观动态性

舞蹈的一切创意都要通过观众现实直观感受到的舞蹈动作来被感知。

（三）综合展演性

包含舞蹈音乐、舞蹈灯光和舞蹈布景。

▶ 第二节　舞蹈的分类

一、根据舞蹈不同的风格特点来划分

（一）古典舞

包含中国古典舞和芭蕾。

（二）民间舞

以反映该民族风土人情为主的民间舞；借用某民族的舞蹈元素，表述特定艺术构思的民间舞。

（三）现代舞

反对古典芭蕾因循守旧、脱离现实生活和单纯追求技巧的倾向，主张摆脱古芭蕾过于僵化的动作程式的束缚，以合乎自然运动法则的舞蹈动作，自由地抒发人的真实情感，强调舞蹈艺术要反映现代生活。现代舞包含两个流派，即美国流派和德国流派。

二、根据表现形式的特点来划分

（一）独舞

独舞指单人进行舞蹈，男女均可。

（二）双人舞

双人舞一般指一男一女进行舞蹈，也有两男两女进行舞蹈。

（三）三人舞

三人舞一般指三人进行舞蹈，男女不限。

（四）群舞

群舞一般指超过5人或集体舞，男女不限。

主要功能：塑造群体形象；营造意境背景；外化主要人物内心的一种表现手段。

（五）舞剧

舞剧是指综合了舞蹈、戏剧、音乐、舞台美术等手段的舞台表演艺术。

三、舞蹈基训常识

（一）舞蹈基训的基本方位（简称方位）

是以舞者所面对的方向来确定的，通常以舞者本身为中心点，身体面向正前方为起点（即1点），每向右转动45°为一个方位，一共可以分为八个方位（也称1～8点）。即正前方为1点，右斜前方为2点，正右方为3点，右斜后方为4点，正后方为5点，左斜后方为6点，正左方为7点，左斜前方为8点，八个方位正好是一周360°。

用芭蕾术语来表示舞台的8个点，即enface（正面）、epaulement（头和肩的位置）、en dehors 和 en dedans（向外和向里）、croise 和 efface（交叉和敞开）。

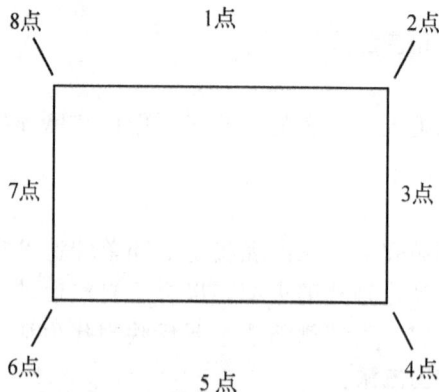

教室方向图

(二)舞蹈形体训练的常用术语

1. 主力腿：指在动作过程中或造型时支撑重心的一条腿，它对舞蹈过程中的稳定性起着至关重要的作用。

2. 动力腿：是与主力腿相对而言的，指非支撑重心的一条腿，在动作过程中可做各种动作，如抬腿、踢腿等。

3. 韵律：指舞蹈中的感觉和规律。它需要舞者在动作过程中把握这种欲前先后、欲左先右、欲上先下的韵律感觉，这样才能把舞蹈跳得富有美感。

4. 节奏：是音乐旋律的骨干，是乐曲结构的基本因素，也是舞蹈动作的基本要素之一，任何舞蹈动作都是在一定的节奏规范中进行的。

5. 术语：

(1)巴特芒 Battement   腿部动作的总称

(2)巴特芒汤纠 Battement tendu   擦地

(3)得米普力也 Demi plie   半蹲

(4)哥朗得普力也 Grand plie   大蹲

(5)巴特芒汤纠日代 Battement tendu jete   小踢腿

(6)让德项伯 Rond de jembe   用腿画圈

(7)阿太尔 A terre   地面

(8)巴特芒风纠 Battement fondu   单腿蹲

(9)古得彼也 Cou-de-pied   动作脚位于主力脚脚腕

(10)巴特芒芙拉贝 Battement frappe   小弹腿

(11)阿大纠 Adagio   慢板，多指控制类动作

(12)昂莱尔 En lair   空中

(13)哥朗得巴特芒日代 Grand battement jete 大踢腿

(14)日了畏 Releve   上升，多指半脚尖，脚尖动作

(15)昂法斯 En face   正面

(16)埃扑鲁芒 Epaulement   头和肩的动作

(17)克罗赛 Croise   交叉

(18)埃法赛 Efface   敞开

(19)阿拉贝斯克 Arabespue   迎风展翅舞姿

(20)埃嘎得(前) Ecarte   攀峰式

(21)埃嘎得(后) Ecarte   俯望式

(22)阿提丢 Attitude   鹤立式舞姿

(23)汤里也 Temps lie   移重心

(24) 巴朗赛 Balance　　　　　　　　　　　　　摇摆舞步

(25) 皮鲁埃特 Pirouette　　　　　　　　　　　旋转

(26) 昂得窝 En dehors　　　　　　　　　　　　向外

(27) 昂得当 En dedans　　　　　　　　　　　　向里

(28) 嗖代 Saute　　　　　　　　　　　　　　　小跳

(29) 沙士芒 Changement　　　　　　　　　　　五位换脚跳

(30) 埃沙贝 Echappe　　　　　　　　　　　　　变位跳

(31) 哥里沙 Glissade　　　　　　　　　　　　　一种连接辅助的动作

(32) 阿桑不累 Assemble　　　　　　　　　　　双起双落跳

(33) 巴日代 Pas jete　　　　　　　　　　　　　双起单落跳

(34) 西松佛尔梅 Sissnne fermee　　　　　　　分腿跳

(35) 西松欧畏尔特 Sissonne ouverte　　　　　控腿跳

(36) 库贝 Coupe　　　　　　　　　　　　　　　蹬地，较多地作为跳
　　　　　　　　　　　　　　　　　　　　　　　的辅助动作

(37) 哥朗得阿桑不累克罗赛 Grand assemble croise 大的双起双落跳向前做

(38) 哥朗得阿桑不累埃嘎得 Grand assemble ecarte 大的双起单落跳向旁做

(39) 巴沙赛 Pas chasse　　　　　　　　　　　追赶

(40) 昂吐囊 En tournant　　　　　　　　　　　转身

(41) 坡英特 Point　　　　　　　　　　　　　　脚尖点地

(42) 哥朗得让得项日代 Grand rond de jembe jete　大的撩腿

(43) 比提巴特芒 Petit battement　　　　　　　指小腿向旁做钟摆动作

(44) 波巴特瑞 Pour batterie　　　　　　　　　为中间打击动作而设的一
　　　　　　　　　　　　　　　　　　　　　　　个辅助练习，只在扶把做

(45) 波的不拉斯 Port de bras　　　　　　　　手和腰的练习

(46) 法衣 Failli　　　　　　　　　　　　　　　闪身

(47) 吐昂莱尔 Tour en lair　　　　　　　　　　空转（男）

(48) 哥朗得日代 Grand jete　　　　　　　　　大跳，指凌空越

(49) 昂波得 Emboite　　　　　　　　　　　　　单起单落的换脚跳

(50) 巴赛日了畏 Passe releve　　　　　　　　单脚立（脚尖）

(51) 苏以畏 Suivi　　　　　　　　　　　　　　碎步

形
体
训
练

第二章　芭蕾舞简介

▶ 第一节　芭蕾舞起源

芭蕾，欧洲古典舞蹈，起源于意大利，发展于法国，兴盛于俄罗斯。芭蕾一词是由法语"Ballet"音译而来，翻译为"跳"或"跳舞"。芭蕾舞孕育于意大利文艺复兴时期，17世纪后半叶开始在法国流行并逐渐宫廷化、职业化，在不断创新中风靡世界。15世纪末，法兰西国王查理八世率军来到意大利时惊喜地发现了这种优美、豪华的"席间芭蕾"，于是将芭蕾艺术连同意大利的艺术家"引进"至法国。1581年，《皇后的喜剧芭蕾》作为历史上第一部大型芭蕾舞剧开始表演，此剧由意大利音乐家作曲，由舞蹈教师贝尔焦约索编导完成。1661年，法国国王路易十四下令在法国首都巴黎创办了世界上第一所皇家芭蕾舞学校，并确立了芭蕾舞的五个基本脚位和七个基本手位，使芭蕾有了一套完整的动作和体系。这五个基本脚位至今都在沿用。

▶ 第二节　芭蕾舞特征

芭蕾舞最重要的一个特征，即女演员表演时以脚尖跐地，所以芭蕾舞又称脚尖舞，是用音乐、舞蹈和哑剧手法来表演戏剧情节的。芭蕾舞的三大特征为"开、绷、直"。

▶ 第三节　芭蕾舞分类

一般来说，芭蕾舞分为古典芭蕾和现代芭蕾两种。本书以研究古典芭蕾为主，通过对古典芭蕾的阐述与研究从而达到训练形体的目的。古典芭蕾按不同的时期、不同的流派等又可分为启蒙芭蕾、前浪漫主义芭蕾、浪漫主义芭蕾等几个阶段，而最为经典的则为浪漫主义芭蕾，它是芭蕾史上的第二个阶段，起源于18世纪末19世纪初。受浪漫主义影响，这个学派的艺术家们创作出了大量的不朽之作，主要特征是表现神秘莫测的自然境界，如传达人们在世俗空间中难以如愿的理想，有浓重的抒情色彩和想象成分。主要代表作有《仙女》《吉赛尔》《海盗》《葛蓓莉亚》等。俄罗斯芭蕾是现代流派中较为经典的，代表作有《天鹅湖》，由柴可夫斯基作曲，伊万诺夫编舞创作。

形 体 训 练

第三章　地面素质练习

▶ 第一节　地面素质练习介绍

　　地面素质练习，主要是为了训练身体的各个部位与各关节的柔韧性和弹性，充分展示出各种动作的幅度、线条等所具备的软度、开度、力度。地面素质练习一般采用坐、躺、跪等姿态进行训练，比较适合初学者和程度较浅者。因为双腿坐地不仅可以减轻人的身体支撑体重的负担，而且身体接触地面部分比较多，可以更好地延伸身体各个部位的肌肉，拉长身体各个部位的关节的韧带，同时可以增强身体各个部位的肌肉群的力量。地面素质练习是一种见效快的形体练习，通过长期的训练，在日常生活中不仅可以改变身体的松懈状态，还可以改变一些不良习惯，如弯腰、驼背、腿型不直等，也为后面更深度的形体训练做好准备，打下良好的基础。

▶ 第二节　身体的认识

一、人体部位简介

　　人体部位简介如图 3-1 所示。

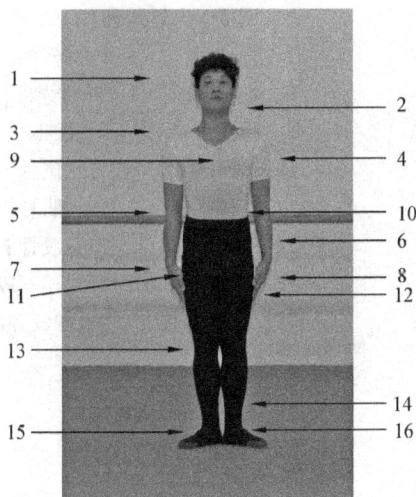

图 3-1　人体部位

1. 头　2. 颈椎　3. 肩　4. 大臂
5. 肘关节　6. 小臂　7. 腕关节
8. 手　9. 前胸(后背)　10. 腰
11. 髋关节　12. 大腿　13. 膝关节
14. 小腿　15. 踝关节　16. 脚

二、人体骨骼简介

人体骨骼简介如图 3-2 和图 3-3 所示。

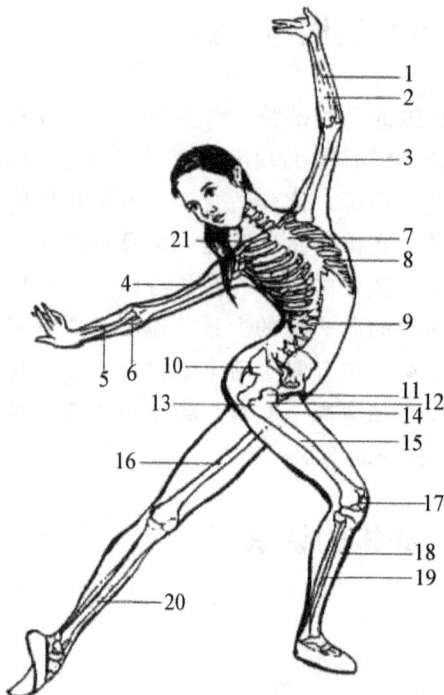

图 3-2　人体骨骼（一）

1、5—桡骨　　2、6—尺骨
3、4—肱骨　　7—胸骨
8—肋骨　　　9—脊柱
10—髋骨　　　11—股骨颈
12—股骨头　　13—大转子
14—小转子　　15、16—股骨
17—髌骨　　　18、20—胫骨
19—腓骨　　　21—锁骨

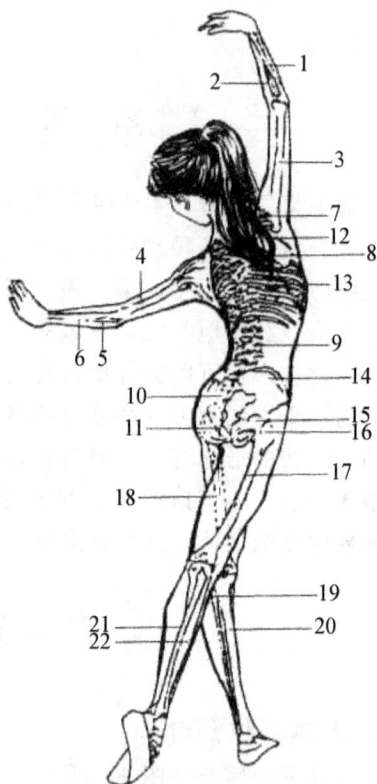

图 3-3 人体骨骼（二）

1、6—尺骨　　2、5—桡骨
3、4—肱骨　　7—颈椎
8—胸椎　　　9—腰椎
10—骶骨　　　11—尾骨
12—肩胛骨　　13—肋骨
14—髋骨　　　15—股骨头
16—大转子　　17、18—股骨
19、21—腓骨　20、22—胫骨

三、人体肌肉简介

人体肌肉简介如图 3-4 和图 3-5 所示。

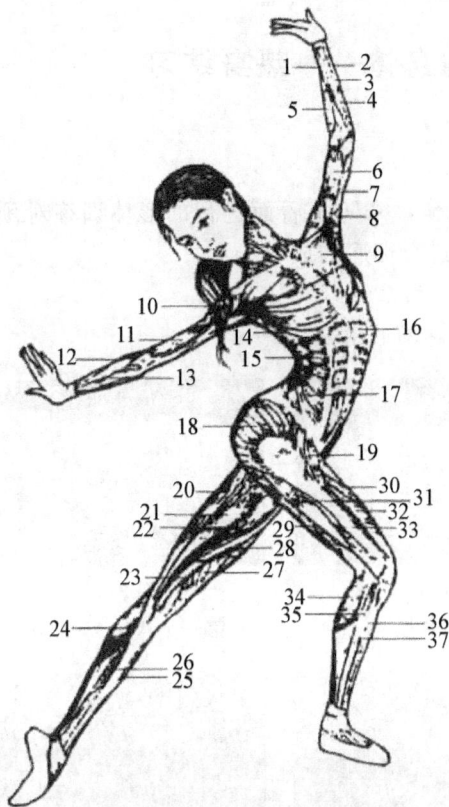

图 3-4　人体肌肉（一）

1、13—屈指浅肌　　　2—伸指总肌

3—桡侧伸腕短肌　　　4—桡侧伸腕长肌

5、12—肱桡肌　　　　6—肱二头肌

7、11—肱三头肌　　　8、10—三角肌

9—胸大肌　　　　　　14—背阔肌

15—前锯肌　　　　　　16—腹直肌

17—腹外斜肌　　　　　18—臀大肌

19—阔筋膜张肌　　　　20、29—半腱肌

21、31—股二头长肌

22—内收大肌　　　　　23、30—缝匠肌

24、34—腓骨长肌　　　25、37—胫骨前肌

26—比目鱼肌　　　　　27—股内侧肌

28—股直肌　　　　　　32—股外侧肌

33—股二头肌短头　　　35—腓骨短肌

36—伸趾长肌

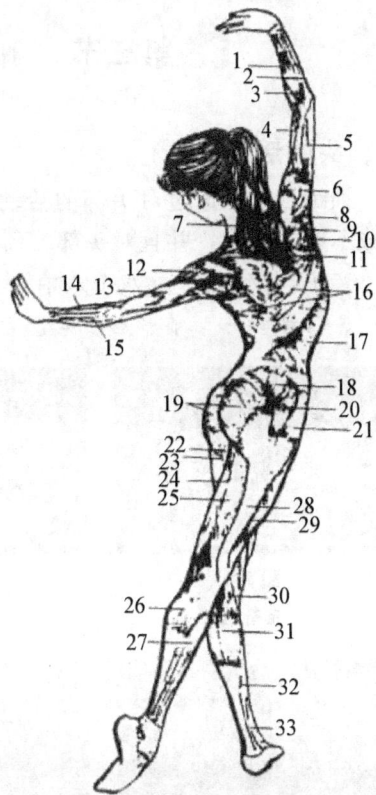

图 3-5　人体肌肉（二）

1、14—伸指总肌　　　2、15—尺侧伸腕肌

3—桡侧伸腕长肌　　　4—肱二头肌

5、13—肱三头肌　　　6、12—三角肌

7、11—斜方肌　　　　8、9、10—背部深肌

16—背阔肌　　　　　　17—腹外斜肌

18—臀中肌　　　　　　19—臀大肌

20—深层臀小肌　　　　21—阔筋膜张肌

22—半膜肌　　　　　　23、24—半腱肌

25—肱二头肌　　　　　26、31—腓骨长肌

27—腓骨短肌　　　　　28—阔筋膜

29—股外侧肌　　　　　30—腘肌

32—比目鱼肌　　　　　33—跟腱

▶ 第三节　解放身体——热身练习

一、头的活动

训练目的：通过对头部的活动动作，来防止后面进行的形体训练对颈椎造成不必要伤害，并且对头部、颈椎进行彻底的放松。

音乐：2/4拍　共八个八拍

（一）组合一：前、后、左、右、环动的练习

图 3-6
准备位

图 3-7
准备拍

图 3-8
第一个八拍 1～2 拍

图 3-9
第一个八拍 3～4 拍

图 3-10
第一个八拍 5～6 拍

图 3-11
第一个八拍 7～8 拍

图 3-12
第二个八拍 1～2 拍

图 3-13
第二个八拍 3～4 拍

图 3-14
第二个八拍 5～6 拍

图 3-15
第二个八拍 7～8 拍

准备位：双腿盘腿坐在地面上，双手小舞姿的位置准备，手指尖轻轻浮于地面，身体面向一点方向，如图3-6所示。

动作要求：上身直立，腰椎、颈椎垂直于地面，肩膀放松沉于地面，脖子向上拉伸，头顶向上直立，眼睛平视前方。

准备拍：5～8拍，双手轻轻向上扬随呼吸回到原位，如图3-7所示。

动作要求：双手臂要随着呼吸运动，不能只运动手臂不加呼吸。

（1）第一个八拍：

1～2拍，向下低头，上身保持不动，如图3-8所示。

动作要求：只有头部向下低看，尽力用下巴碰到自己的胸骨，肩膀要自然下沉，不能向上耸肩。

3～4拍，头部回到原来的位置，身体姿态不变，如图3-9所示。

5～6拍，向后仰头，上身仍然保持不动，如图3-10所示。

动作要求：肩膀要保持自然下沉的状态，手臂也要保持不动。

7～8拍，头部回到原来的位置，身体姿态不变，如图3-11所示。

（2）第二个八拍：

1～2拍，向右转头，身体保持不动，如图3-12所示。

动作要求：只有头部转动，其他部位都要保持不动，尤其要注意肩膀和手臂不能变形。

3～4拍，头部回到原来的位置，身体保持不动，如图3-13所示。

5～6拍，向左转头，身体保持不动，如图3-14所示。

动作要求：只有头部转动，其他部位都要保持不动，尤其要注意肩膀和手臂不能变形。

7～8拍，头部再回到原来的位置，如图3-15所示。

（3）第三个八拍：重复第一个八拍的动作，如图3-8至图3-11所示。

（4）第四个八拍：重复第二个八拍的动作，如图3-12至图3-15所示。

（5）第五个八拍：节奏加快一倍，一拍一动。

1拍，向下低头，如图3-8所示。第2拍，回到原来的位置，如图3-9所示。

3拍，向后仰头，如图3-10所示。第4拍，回到原来的位置，如图3-11所示。

5拍，向右转头，如图3-12所示。第6拍，回到原来的位置，如图3-13所示。

7拍，向左转头，如图3-14所示。第8拍，回到原来的位置，如图3-15所示。

动作要求：与慢节奏相同。

（6）第六个八拍：重复第五个八拍的动作，如图3-12至图3-15所示。

图 3-16　准备位

图 3-17

图 3-18

图 3-19

图 3-20

图 3-21

图 3-22

图 3-23

图 3-24

(7)第七个八拍：头部向右的环动练习，如图 3-16 至图 3-24 所示。

动作要求：上身保持不动，不能随着头部的转动而摆动，而且头部做大圈环动，达到自己最极限的位置。

图 3-25　准备位

图 3-26

图 3-27

图 3-28

图 3-29

图 3-30

图 3-31   图 3-32   图 3-33

(8)第八个八拍：头部向左的环动练习，如图3-25至图3-33所示。

动作要求：上身保持不动，不能随着头部的转动而摆动，而且头部做大圈环动，达到自己最极限的位置。

(二)组合二：前、后、左、右、左看、右看的练习

图 3-34   图 3-35   图 3-36
准备位   准备拍   第一个八拍 1～2 拍

图 3-37   图 3-38   图 3-39
第一个八拍 3～4 拍   第一个八拍 5～6 拍   第一个八拍 7～8 拍

图 3-40   图 3-41   图 3-42
第二个八拍 1 拍   第二个八拍 2 拍   第二个八拍 3 拍

图 3-43
第二个八拍 4 拍

图 3-44
第二个八拍 5 拍

图 3-45
第二个八拍 6 拍

图 3-46
第二个八拍 7 拍

图 3-47
第二个八拍 8 拍

图 3-48
第三个八拍 1～2 拍

图 3-49
第三个八拍 3～4 拍

图 3-50
第三个八拍 5～6 拍

图 3-51
第三个八拍 7～8 拍

图 3-52
第四个八拍 1 拍

图 3-53
第四个八拍 2 拍

图 3-54
第四个八拍 3 拍

图 3-55
第四个八拍 4 拍

图 3-56
第四个八拍 5 拍

图 3-57
第四个八拍 6 拍

图 3-58
第四个八拍 7 拍

图 3-59
第四个八拍 8 拍

图 3-60
第五个八拍 1～2 拍

图 3-61
第五个八拍 3～4 拍

图 3-62
第五个八拍 5～6 拍

图 3-63
第五个八拍 7～8 拍

图 3-64
第六个八拍 1～2 拍

图 3-65
第六个八拍 3～4 拍

图 3-66
第六个八拍 5～6 拍

图 3-67
第六个八拍 7～8 拍

图 3-68
第七个八拍 1 拍

图 3-69
第七个八拍 2 拍

图 3-70
第七个八拍 3 拍

图 3-71
第七个八拍 4 拍

图 3-72
第七个八拍 5 拍

图 3-70
第七个八拍 6 拍

图 3-74
第七个八拍 7 拍

图 3-75
第七个八拍 8 拍

图 3-76
第八个八拍 1 拍

图 3-77
第八个八拍 2 拍

图 3-78
第八个八拍 3 拍

图 3-79
第八个八拍 4 拍

图 3-80
第八个八拍 5 拍

图 3-81
第八个八拍 6 拍

图 3-82
第八个八拍 7 拍

图 3-83
第八个八拍 8 拍

动作做法：

准备位：两脚掌相对、双脚跟靠近臀部，双腿弯曲、打开在身体两侧，平坐于地面上，上身保持直立，双手臂自然下垂，双手扶于双脚踝处，抬头、目视前方，如图 3-34 所示。

准备拍：一个八拍，如图 3-35 所示。

（1）第一个八拍：

1～2 拍，在准备位的基础上，头向右侧歪，如图 3-36 所示。

3～4 拍，还原到准备位，如图 3-37 所示。

5～6 拍，在准备位的基础上，头向左侧歪，如图 3-38 所示。

7～8 拍，还原到准备位，如图 3-39 所示。

（2）第二个八拍：

1 拍，在准备位的基础上，头向右侧歪，如图 3-40 所示。

2 拍，还原到准备位，如图 3-41 所示。

3 拍，在准备位的基础上，头向左侧歪，如图 3-42 所示。

4 拍，还原到准备位，如图 3-43 所示。

5 拍，在准备位的基础上，头向右侧歪，如图 3-44 所示。

6 拍，还原到准备位，如图 3-45 所示。

7 拍，在准备位的基础上，头向左侧歪，如图 3-46 所示。

8 拍，还原到准备位，如图 3-47 所示。

（3）第三个八拍：

1～2 拍，在准备位的基础上，向正前方低头，如图 3-48 所示。

3～4 拍，还原到准备位，如图 3-49 所示。

5～6 拍，在准备位的基础上，向正后方仰头，如图 3-50 所示。

7～8 拍，还原到准备位，如图 3-51 所示。

（4）第四个八拍：

1 拍，在准备位的基础上，向正前方低头，如图 3-52 所示。

2 拍，还原到准备位，如图 3-53 所示。

3 拍，在准备位的基础上，向正后方仰头，如图 3-54 所示。

4 拍，还原到准备位，如图 3-55 所示。

5 拍，在准备位的基础上，向正前方低头，如图 3-56 所示。

6 拍，还原到准备位，如图 3-57 所示。

7 拍，在准备位的基础上，向正后方仰头，如图 3-58 所示。

8 拍，还原到准备位，如图 3-59 所示。

（5）第五个八拍：

1～2 拍，在准备位的基础上，向右前斜 45°转头，如图 3-60 所示。

3～4 拍，在准备位的基础上，头部继续向右转 45°。达到从正前方算向右转头 90°，看向正右侧，如图 3-61 所示。

5～6 拍，在准备位的基础上，头部还原向左转 45°，看向斜方向，如图 3-62 所示。

7～8 拍，在准备位的基础上，头部继续向左转 45°，看向正前方，如图 3-63 所示。

（6）第六个八拍：

1～2 拍，在准备位的基础上，向左前斜 45°转头，如图 3-64 所示。

3～4 拍，在准备位的基础上，头部继续向左转 45°。达到从正前方算向左转头 90°，看向正左侧，如图 3-65 所示。

5～6 拍，在准备位的基础上，头部还原向右转 45°，看向斜方向，如图 3-66 所示。

7～8 拍，在准备位的基础上，头部继续向右转 45°，看向正前方，如图 3-67 所示。

（7）第七个八拍：

1 拍，在准备位的基础上，向右前斜 45°转头，如图 3-68 所示。

2 拍，在准备位的基础上，头部继续向右转 45°。达到从正前方算向右转头 90°，看向正右侧，如图 3-69 所示。

3 拍，在准备位的基础上，头部还原向左转 45°，看向斜方向，如图 3-70所示。

4 拍，在准备位的基础上，头部继续向左转 45°，看向正前方，如图 3-71所示。

5 拍，在准备位的基础上，向左前斜 45°转头，如图 3-72 所示。

6 拍，在准备位的基础上，头部继续向左转 45°。达到从正前方算向左转头 90°，看向正左侧，如图 3-73 所示。

7 拍，在准备位的基础上，头部还原向右转 45°，看向斜方向，如图 3-74所示。

8 拍，在准备位的基础上，头部继续向右转 45°，看向正前方，如图 3-75所示。

(8)第八个八拍：

1 拍，在准备位的基础上，向右前斜 45°转头，如图 3-76 所示。

2 拍，在准备位的基础上，头部继续向右转 45°。达到从正前方算向右转头 90°，看向正右侧，如图 3-77 所示。

3 拍，在准备位的基础上，头部还原向左转 45°，看向斜方向，如图 3-78所示。

4 拍，在准备位的基础上，头部继续向左转 45°，看向正前方，如图 3-79所示。

5 拍，在准备位的基础上，向左前斜 45°转头，如图 3-80 所示。

6 拍，在准备位的基础上，头部继续向左转 45°。达到从正前方算向左转头 90°，看向正左侧，如图 3-81 所示。

7 拍，在准备位的基础上，头部还原向右转 45°，看向斜方向，如图 3-82所示。

8 拍，在准备位的基础上，头部继续向右转 45°，看向正前方，如图 3-83所示。

二、肩的活动

训练目的：在舞蹈形体中，肩部的柔韧性起着非常重要的作用，通过对肩部的训练，提高肩部柔韧性，肩部能彻底放松，以免在之后的训练中受到伤害，同时可以使舞蹈动作更加优美舒畅。

音乐：4/4　共八个八拍

(一)组合一：单双提、压肩与肩的环绕的练习

图 3-84　准备位　　　　　　　　　图 3-85　准备拍

准备位：双腿盘腿坐在地面，双手下行自然垂于身体两侧，手指尖轻轻浮于地面，身体面向一点方向，如图 3-84 所示。

动作要求：上身直立，腰椎、颈椎垂直于地面，不许驼背弯腰，肩膀放松沉于地面，不能向上耸肩，脖子向上拉伸，脑袋向上直立，眼睛平视前方。

准备拍：5～8 拍，双手臂微上扬配合呼吸后，再轻放于膝盖之上。如图 3-85 所示。

动作要求：手臂运动，身体其他地方保持不变。

图 3-86　　　　　　　　　图 3-87　　　　　　　　　图 3-88

图 3-89　　　　　　　　　图 3-90　　　　　　　　　图 3-91

(1)第一个八拍：

1～2 拍，提双肩，双肩提起向上耸肩，如图 3-86 所示。

动作要求：双肩慢慢向上耸肩，两拍一动，颈部放松，保持不动，手臂轻放于膝盖之上，保持自然放松。

3～4 拍，垂双肩，回到原来的位置，如图 3-87 所示。

动作要求：一拍快速下垂，一拍保持不动。

5～8拍，重复一遍，如图3-86至图3-87所示。

（2）第二个八拍：重复第一个八拍的动作。

（3）第三个八拍：

1～2拍，提起右肩，左肩保持不变，如图3-88所示。

动作要求：左肩不能因为右肩的提起而变形，双臂要尽量自然放松。

3～4拍，垂下右肩，回到原来的位置，如图3-89所示。

5～6拍，提起左肩，右肩保持不变，如图3-90所示。

动作要求：右肩不能因为左肩的提起而变形，双臂要尽量自然放松。

7～8拍，垂下左肩，回到原来的位置，如图3-91所示。

动作要求：与双肩一样不变。

（4）第四个八拍：重复第三个八拍的动作。

图3-92

图3-93

图3-94

图3-95

（5）第五个八拍：

1～2拍，手从膝盖的位置向上抬起至斜下45°的位置，如图3-92所示。

3～4拍，双臂继续向上抬起至侧平举的位置，如图3-93所示。

5～6拍，大臂保持不动，小臂收回，掌心相对，如图3-94所示。

7～8拍，指尖轻放于肩膀的位置上，如图3-95所示。

动作要求：配合呼吸，指尖向远延伸。

图3-96　正面

图3-97　侧面

图3-98

图 3-99   图 3-100

（6）第六个八拍：

1～2拍，做向前裹肩含胸的动作，如图 3-96 和图 3-97 所示。

动作要求：只是肩膀向前包裹，做肩的动作，并不是驼背伸脖子，双手自然地随肩膀向前移动不能僵硬，头部自然低下。

3～4拍，回到原来的位置，如图 3-98 所示。

5～6拍，用两拍做展肩的动作，如图 3-99 所示。

动作要求：切记做展肩时千万不能往前伸脖子，双手自然地随肩膀向后移动。

7～8拍，回到原来的位置，如图 3-100 所示。

图 3-101   图 3-102   图 3-103

图 3-104

（7）第七个八拍：从前向后

1～2拍，裹肩，如图 3-101 所示。

3～4拍，提肩，如图 3-102 所示。

5～6拍，展肩，如图 3-103 所示。

7～8拍，垂肩回到原来的位置，如图 3-104 所示。

动作要求：每个单一的动作应做到位，肩膀画大圈，动作连贯，并做到极限。

图 3-105

图 3-106

图 3-107

图 3-108

（8）第八个八拍：从后向前

1～2拍，展肩，如图 3-105 所示。

3～4拍，提肩，如图 3-106 所示。

5～6拍，裹肩，如图 3-107 所示。

7～8拍，回到原来的位置，如图 3-108 所示。

动作要求：每个单一的动作应做到位，肩膀画大圈，动作连贯，并做到极限。

三、上身活动

训练目的：上身的练习主要是针对脊椎、腰椎、后背的训练，通过练习保证在以后的舞蹈形体训练过程中不受伤，而且会纠正练习者驼背、弯腰、脊椎不直等一些不良习惯。

音乐：4/4　共四个八拍

（一）组合一：上身活动的练习

图 3-109

图 3-110

图 3-111

图 3-112

准备位：双腿盘腿坐在地面上，后背直立，双手轻轻地自然地放在膝盖两边，双臂自然下垂，眼睛平视前方，身体面向一点方向，如图3-109所示。

准备拍：5~8拍，手臂带动双手轻轻向远延伸呼吸，胳膊向长延伸，手臂在25°的位置上，最后放回膝盖上，如图3-110至图3-112所示。

图 3-113

图 3-114

图 3-115

图 3-116

图 3-117

（1）第一个八拍：首先是慢板节奏的练习，用一个八拍做动作，慢慢身体弯腰向前屈，再低头，含胸，收紧腹肌，如图3-113至图3-117所示。

动作要求：后背彻底放松，脊椎一节一节地向下弯，头自然下垂，肩膀不能前扣，要随着脊椎的放松自然向下弯曲。

图 3-118

图 3-119

图 3-120

图 3-121

图 3-122

（2）第二个八拍：从尾椎骨到脊椎再到颈椎最后到头，一节一节依次直立还原，如图 3-118 至图 3-122 所示。

动作要求：做上身练习时从脊椎底部开始一节一节直起，后背拉平回到原来的位置。

（3）第三个八拍：节奏放快一倍做动作。

1～4 拍，做向前弯腰的动作，如图 3-113 至图 3-117 所示。

5～8 拍，直起上身，还原到准备位，如图 3-118 至图 3-122 所示。

（4）第四个八拍：节奏放快至两拍一次。

1～2 拍，弯腰下去，如图 3-113 至图 3-117 所示。

3～4 拍，直起上身，如图 3-118 至图 3-122 所示。

5～8 拍，重复 1～4 拍动作，如图 3-113 至图 3-122 所示。

注意事项：动作要流畅、有节奏，身体前弯时吐气，直立时吸气。

（二）组合二：呼吸练习

图 3-123
准备位

图 3-124
准备拍一个八拍

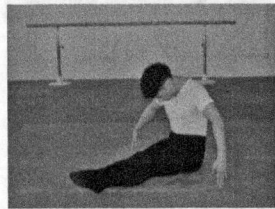

图 3-125
第一个八拍 1～8 拍

图 3-126
第二个八拍 1～8 拍

图 3-127
第三个八拍 1～4 拍

图 3-128
第三个八拍 5～8 拍

图 3-129
第四个八拍 1～4 拍

图 3-130
第四个八拍 5～8 拍

图 3-131
第五个八拍 1～8 拍

图 3-132
第六个八拍 1～8 拍

图 3-133
第七个八拍 1～4 拍

图 3-134
第七个八拍 5～8 拍

图 3-135
第八个八拍 1～4 拍

图 3-136
第八个八拍 5～8 拍

动作做法：

准备位：双腿伸直、绷脚，平坐于地面上，上身保持直立，双手臂打开在身体两侧，手指尖轻触地，抬头，目视前方，如图 3-123 所示。

准备拍：一个八拍。在准备位上保持不动，如图 3-124 所示。

(1)第一个八拍：

1～8 拍，上身缓慢地向后、向下移动，弯曲脊柱，最后低头含胸，如图 3-125 所示。

(2)第二个八拍：

1～8 拍，上身缓慢地还原直立，伸直脊柱，最后抬头，如图 3-126 所示。

(3)第三个八拍：

1～4 拍，上身缓慢地向后、向下移动，弯曲脊柱，最后低头含胸，如图 3-127 所示。

5～8拍，上身缓慢地还原直立，伸直脊柱，最后抬头，如图3-128所示。

（4）第四个八拍：重复第三个八拍的动作，如图3-129至图3-130所示。

（5）第五个八拍：

1～8拍，上身缓慢地向后、向下移动，弯曲脊柱，最后低头含胸，如图3-131所示。

（6）第六个八拍：

1～8拍，上身缓慢地还原直立，伸直脊柱，最后抬头，如图3-132所示。

（7）第七个八拍：

1～4拍，上身缓慢地向后、向下移动，弯曲脊柱，最后低头含胸，如图3-133所示。

5～8拍，上身缓慢地还原直立，伸直脊柱，最后抬头，如图3-134所示。

（8）第八个八拍：重复第七个八拍的动作，如图3-135至图3-136所示。

动作要求：上身在移动的过程中，尽量保持双腿伸直、绷脚，动作过程中尽量配合呼吸，并通过呼吸使身体运动。

（三）组合三：手臂的练习

图 3-137
准备位

图 3-138
准备拍一个八拍

图 3-139
第一个八拍 1～4 拍

图 3-140
第一个八拍 5～8 拍

图 3-141
第二个八拍 1～4 拍

图 3-142
第二个八拍 5～8 拍

图 3-143
第三个八拍 1～4 拍

图 3-144
第三个八拍 5～8 拍

图 3-145
第四个八拍 1～4 拍

图 3-146
第四个八拍 5～8 拍

图 3-147
第五个八拍 1～4 拍

图 3-148
第五个八拍 5～8 拍

图 3-149
第六个八拍 1～4 拍

图 3-150
第六个八拍 5～8 拍

图 3-151
第七个八拍 1～4 拍

图 3-152
第七个八拍 5～8 拍

图 3-153
第八个八拍 1～4 拍

图 3-154
第八个八拍 5～8 拍

动作做法：

准备位：两脚掌相对，双脚跟靠近臀部，双腿弯曲、打开在身体两侧，平坐于地面上，上身保持直立，双手臂自然打开在两膝关节内侧，抬头，目视前方，如图 3-137 所示。

准备拍：双手臂弯曲，双手向内侧收回呈二位手位置，上身直立保持不动。头部微低看向双手，如图 3-138 所示。

（1）第一个八拍：

1～4 拍，在准备位的基础上，右手向右斜前侧伸出，同时配合呼吸运动手臂，延伸指尖，头微向右转，眼睛看向右手方向，如图 3-139 所示。

5～8 拍，右手收回还原到准备位置，如图 3-140 所示。

（2）第二个八拍：重复第一个八拍的动作，如图 3-141 至图 3-142 所示。

（3）第三个八拍：

1～4 拍，在准备位的基础上，左手向左斜前侧伸出，同时配合呼吸运动手臂，延伸指尖，头微向左转，眼睛看向左手方向，如图 3-143 所示。

5～8 拍，左手收回还原到准备拍，如图 3-144 所示。

（4）第四个八拍：重复第三个八拍的动作，如图 3-145 至图 3-146 所示。

（5）第五个八拍：

1～4 拍，在准备位的基础上，双手经两侧向上扬，同时配合呼吸运动手臂，延伸指尖，抬头，眼睛看向正前方，如图 3-147 所示。

5～8 拍，双手收回还原到准备位置，如图 3-148 所示。

（6）第六个八拍：同第五个八拍，如图 3-149 至图 3-150 所示。

（7）第七个八拍：同第五个八拍，如图 3-151 至图 3-152 所示。

（8）第八个八拍：同第五个八拍，如图 3-153 至图 3-154 所示。

四、腿部活动

训练目的：地面部分，腿部活动主要是针对腿部韧带的训练，从而避免在训练时造成意外伤害。对于初学者，地面部分的简单活动可以更好地拉伸腿部的韧带和肌肉，为之后的训练打下良好的基础。

音乐：4/4　共八个八拍

（一）单一动作：压前腿

图 3-155　正面　　　　　图 3-156　侧面　　　　　图 3-157　正面

图 3-158 侧面

准备位：双手抱膝，<u>坐立在地板上</u>，如图 3-155 和图 3-156 所示。

动作要求：上身直立，坐立在地板上，双手经两侧打开轻落于地面上，双腿向前伸直，脚背向下，绷脚向远延伸，头部和上身成一条直线，身体和腿部正好成 90°，如图 3-157 和图 3-158 所示。

图 3-159

图 3-160

图 3-161

图 3-162

准备拍：5～8 拍，双手臂微上扬配合呼吸，手指尖向远延伸，再还原到准备位置，如图 3-159 至图 3-162 所示。

动作要求：上身直立保持不动，手臂微上扬配合呼吸运动时要柔和，自然放松，用大臂带动小臂再带动手腕做动作，肩膀放松下沉。

图 3-163 侧面

图 3-164 侧面

图 3-165 侧面

图 3-166　侧面

图 3-167　正面

（1）第一个八拍：向前压腿，平均分配节奏，如图 3-163 至图 3-167 所示。

动作要求：上身向前压腿时，不要弓背，保持直立的状态向下，膝盖不能弓起，要贴紧地面双手抱住自己的脚心，用自己的胸脯尽力去贴紧自己的双腿。

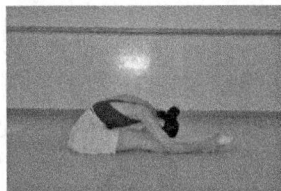
图 3-168

图 3-169

图 3-170

图 3-171

（2）第二个八拍：还原立直，平均分配节奏，如图 3-168 至图 3-171 所示。

动作要求：保持腿部的绷直，上身的直立。双手打开在身体两侧，目视前方。

（二）单一动作：躺身搬前腿

1. 搬右前腿

图 3-172

图 3-173

图 3-174

图 3-175 　　　　　　　　图 3-176 　　　　　　　　图 3-177

准备姿态：直腿平躺在地面上，双手平铺在身体两侧，绷双脚尖，如图 3-172 所示。

动作做法：

(1)绷左脚，伸直左腿，右脚贴紧左腿向上吸腿，如图 3-173 所示。

(2)双手搬住自己的脚后跟，如图 3-174 所示。

(3)双手搬起右腿到贴紧身体的位置，注意力量要延伸到脚尖，下面的腿要保持伸直，紧贴在地面上，绷直脚背，如图 3-175 所示。

(4)落下时脚尖领先抬起，手臂放松还原到身体两侧，运动腿伸直经过90°的位置落在地面上，如图 3-176 至图 3-177 所示。

动作要求：保持腿部的绷直、上身的直立。双手抱住脚跟将右腿向上拉直，目视前方。

2.搬左前腿

图 3-178 　　　　　　　　图 3-179 　　　　　　　　图 3-180

图 3-181 　　　　　　　　图 3-182 　　　　　　　　图 3-183

准备姿态：直腿平躺在地面上，双手平铺在身体两侧，绷双脚尖，如图 3-178 所示。

动作做法：

(1)绷右脚，伸直右腿，左脚贴紧右腿向上吸腿，如图 3-179 所示。

（2）双手搬住自己的脚后跟，如图 3-180 所示。

（3）双手搬起左腿到贴紧身体的位置，注意力量要延伸到脚尖，下面的腿要保持伸直，紧贴在地面上，绷直脚背，如图 3-181 所示。

（4）落下时脚尖领先抬起，手臂放松还原到身体两侧，运动腿伸直经过 90°的位置落在地面上，如图 3-182 至图 3-183 所示。

动作要求：保持腿部的绷直，上身的直立。双手抱住脚跟将左腿向上拉直，目视前方。

（三）单一动作：躺身搬旁腿

1. 搬右旁腿

图 3-184

图 3-185

图 3-186

图 3-187

图 3-188

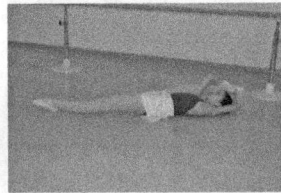
图 3-189

图 3-190

图 3-191

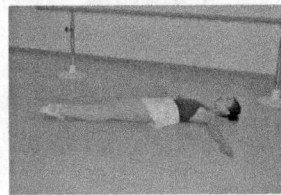
图 3-192

准备姿态：直腿平躺在地面上，双手平铺在身体两侧，绷双脚尖，如图 3-184 所示。

动作做法：

（1）绷左脚，伸直左腿，右脚贴紧左腿向上吸腿，如图 3-185 所示。

（2）右膝关节向右打开，贴于地面，如图 3-186 所示。

（3）右手搬住右脚跟经侧向上伸直，右腿面对准自己的右耳，注意力量要延伸到脚尖，下面的左腿要保持伸直，紧贴在地面上，绷直脚背，如图 3-187

至图 3-188 所示。

（4）左手可帮助右手一同向左搬腿，增加右髋关节活动度与右腿的柔韧性，如图 3-189 所示。

（5）落下时双手逐步还原到身体两侧，运动腿顺着地面，经过旁侧慢慢加紧并拢，双腿贴紧地面，如图 3-190 至图 3-192 所示。

动作要求：保持腿部的绷直、上身的直立。先用右手抱住右脚跟向上拉，如果想尽量伸直可用双手抱住脚跟向上拉直，目视前方。

2. 搬左旁腿

图 3-193　　　　　　　图 3-194　　　　　　　图 3-195

图 3-196　　　　　　　图 3-197　　　　　　　图 3-198

图 3-199　　　　　　　图 3-200　　　　　　　图 3-201

准备姿态：直腿平躺在地面上，双手平铺在身体两侧，绷双脚尖，如图 3-193 所示。

动作做法：

（1）绷右脚，伸直右腿，左脚贴紧右腿向上吸腿，如图 3-194 所示。

（2）左膝关节向左打开，贴于地面，如图 3-195 所示。

（3）左手搬住左脚跟经侧向上伸直，左腿面对准自己的左耳，注意力量要延伸到脚尖，下面的右腿要保持伸直，紧贴在地面上，绷直脚背，如图 3-196 至图 3-197 所示。

（4）右手可帮助左手一同向右搬腿，增加左髋关节活动度与左腿的柔韧性，如图 3-198 所示。

（5）落下时双手逐步还原到身体两侧，运动腿顺着地面，经过旁侧慢慢加紧并拢，双腿贴紧地面，如图 3-199 至图 3-201 所示。

动作要求：保持腿部的绷直，上身的直立。先用左手抱住左脚跟向上拉，如果想尽量伸直可用双手抱住脚跟向上拉直，目视前方。

五、胯的活动

（一）单一动作：坐开小胯

训练目的：开小胯的动作训练可以使我们改掉日常生活中诸多的不良习惯，如内脚八字、膝盖内扣、O 形腿、腿型不直等，训练出良好的腿型，打造出优美的腿部线条。为之后的形体训练打下良好的基础，也避免在之后的形体训练中造成不必要的伤害。

图 3-202　准备位

图 3-203

图 3-204

图 3-205

图 3-206　准备位

图 3-207

准备位：双腿膝关节弯曲，两膝关节底部相对坐在地面上，上身垂直于地面，双手轻扶在两膝关节之上，如图 3-202 所示。

动作要求：收腹、立腰、挺胸、抬头、沉肩、两眼平视。

动作做法：1. 双手用力向下压膝关节内侧，使膝关节的外侧面更加接近地面。也可以按照一定的节拍上下颤动。需要注意的是，双脚开始可以靠近臀部或胯根，在训练中可逐渐向前伸出，如图 3-203 至图 3-205 所示。

2. 双腿膝关节弯曲，两膝关节底部相对坐在地面上，上身垂直于地面，要尽全力使胸脯贴近地面。含胸慢起身，含胸时头向腹部靠，腰椎尽量弯曲，由后背脊椎一节节地向上挺直，最后还原到准备姿态，如图 3-206 至图 3-207 所示。

（二）单一动作：坐开大胯

训练目的：通过对大胯的动作练习，达到胯部的软开度的能力训练。大胯练习做好了，可以更好地完成旁腿的动作，还可以锻炼出胯部的力量能力，为之后的形体训练打下良好的基础。

图 3-208　准备位　　　　　　图 3-209　　　　　　　　图 3-210

图 3-211

准备位：双腿绷直分开向身体的左、右两侧打开，上身直立坐在地面上，双手向前伸出扶于地面，如图 3-208 所示。

动作做法：1. 上身直立向地面下压，双手向前伸出，最后直至上身完全贴在地面上，保持这个动作一段时间，从而达到训练的目的（可以根据程度的逐渐加深，来加强训练的强度），起身时原路线返回到准备位置上，如图 3-209 所示。

2. 双腿绷直分开向身体的左、右两侧打开，上身直立坐在地面上，上身向左、右两侧下压。以右腿为例，右手扶地，左手三位手的位置托起，手随身体一起向右侧下压，直至左手扶在右脚的位置，程度较浅者可以逐渐加深动作难度，此动作可以反复进行。节奏四拍一次，两拍一次均可，如图 3-210 至图 3-211 所示。

（三）单一动作：胯部环动

训练目的：之前的胯部练习主要是针对胯部的软开度能力的训练，胯部环动的动作训练不仅可以锻炼胯部的软开度，而且可以锻炼胯部的力量能力，最主要的是可以锻炼胯部的灵活性，为以后的形体训练奠定良好的基础。

动作做法：用一个八拍的时间完成胯部的环动。

准备位：身体仰卧在地面上，双腿并拢向下绷起双脚，双手小七位的位置轻轻扶地。

动作做法：1.（向内环动）

（1）第一个八拍：

1～2拍，双腿并拢绷脚向上保持伸直抬起至90°的位置。

3～4拍，双腿分开尽量向两侧地面靠近。

5～8拍，尽量贴地面两腿同时向内移动收紧，最后回到原来的准备姿态。

（2）第二个八拍：重复第一个八拍的动作。

2.（向外环动）

（1）第一个八拍：

1～4拍，双腿直接绷直贴地面同时向外分开，到双腿打平的位置。

5～6拍，从体侧双腿同时向上并拢呈90°的位置，注意膝关节保持绷直的状态，而且要用大腿的内侧带动双腿用力向上抬。

7～8拍，并腿后双腿加紧同时缓慢落下，保持膝关节绷直还原到准备的位置。

（2）第二个八拍：重复第一个八拍的动作。

六、腰——上腰

（一）单一动作：坐顶上腰

训练目的：通过上腰的动作训练，可以纠正我们日常生活中的一些不良习惯，如驼背、弯腰、伸脖子等，从而达到后背直立、体形优美的目的，也可以训练腰部的软开度能力，为之后的形体训练打下良好的基础。

准备位：双腿绷脚并腿趴在地面上，上身与地面垂直，双手指尖体侧着地。

动作做法：头、颈、肩以及胸腰都要尽全力向后下，切记不能向上耸肩。

（二）单一动作：跪下旁腰

训练目的：通过旁腰的动作练习，可以塑造腰部的肌肉线条，打造完美的腰部弧形，同时可以锻炼腰部的软开度能力以及腰部的力量能力，为以后的形体训练打下良好的基础。

准备位：双腿跪坐在地面上，臀部坐在双脚上，上身挺直，双手背后。

动作做法：臀部慢抬起呈跪立，同时双手由左下方向右双晃手，呈顺风旗，下旁腰。值得注意的是，此动作左右均可训练。

（三）单一动作：跪下大腰

训练目的：腰部在身体中部的位置，所以腰部的训练也是至关重要的，尤其是大腰的训练。

准备位：双腿并拢跪坐，双手扶大腿。

动作做法：1. 臀部抬起跪立向后下腰，同时双手抓住脚踝。

2. 双手叉腰，向后下腰。

（四）单一动作：拧腰

训练目的：拧腰的动作训练主要是针对腰部线条的练习，通过练习，可以塑造完美的腰部线条，从而达到形体训练的目的，也进一步锻炼了腰部的灵活性与柔韧性，为以后的训练做好准备。

准备位：双腿跪坐在地面上，双手扶在大腿之上。

动作做法：以向右为例，双手向前方伸出同时提臀，上身稍前倾，再划向右侧，上身随双手向右侧拧腰，眼睛随着身体看右侧，右手撑右脚脚踝，左手头顶上方自然下垂。向左侧拧腰动作相反，动作要求不变。

（五）单一动作：涮腰

训练目的：涮腰的动作练习主要是训练腰部的灵活性，这个动作需要有了一定的基础之后再加以练习，也就是说，腰部有了一定的软开度以后才可以训练此动作。训练时一定要注意动作要求，为以后的形体训练打下良好的基础。

准备位：双腿跪坐，双手三位手准备。

动作做法：以向右为例，双手与肩同宽向前伸出，上身向前倾（前腰），手带动上身和头一起经过二点的位置移动到右侧三点的位置（右旁腰），再经过四点的位置移动到后方五点的位置（中腰），然后经过六点的位置移动到左侧七点的位置（左旁腰），最后经过八点再还原到准备姿态。向左边涮腰动作相反，动作要求不变。

腰部的训练注意事项：下上腰时，中腰要保持垂直，不能放松塌腰，胸腰必须向上顶，颈部要彻底放松，不可以憋气。下旁腰时胯部不能移动，要正对着前方向右侧下腰，左侧腰向上挑，姿态要舒展。下中腰时气息要放松，尽量用中腰、上腰向下，头要向臀部靠近。做涮腰时，头、手、上身要保持一致，一起做涮腰的动作，不能分开，尽量用到每个部位的腰。

七、脚的活动

训练目的：脚的灵活性在形体训练中起着至关重要的作用，而且脚部的各个关节如果活动不开很容易受到拉伤，所以，脚部活动很重要。脚部活动大致分为两部分：脚部软度的练习；脚部外开的练习。

（一）单一动作：脚部软度的练习——绷脚、勾全脚、半勾脚

图 3-212　准备位

图 3-213

图 3-214

图 3-215

图 3-216

准备位：平坐于地面上，双腿伸直，双臂打开在身体两侧，双手指尖轻搭在地面上，如图 3-212 所示。

准备拍：5～8 拍，双手臂微上扬配合呼吸，手指尖向远延伸，再还原到准备位置，如图 3-213 至图 3-216 所示。

动作要求：上身直立保持不动，手臂微上扬配合呼吸运动时要柔和，自然放松，用大臂带动小臂再带动手腕做动作，肩膀放松下沉。

1. 绷脚

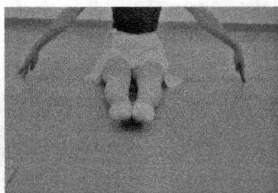
图 3-217　正面

图 3-218　侧面

动作做法：双脚脚背向下绷紧，脚尖用力下压，脚底形成弓形，初学者可以通过外力施压来训练，如可以两个人相互帮助给对方压住脚背，如图 3-217 和图 3-218 所示。

动作要求：绷脚时双腿和双脚都是绷直的状态，尤其要注意膝关节后窝尽量不能离开地面，在两个人相互压脚背时，一定要注意在压住脚背的同时，也要压住对方的膝关节不能弯曲。绷脚的动作时，双腿尽量加紧，切记脚尖千万不能向里扣，脚尖可以是转开或者正直的状态。

2. 勾脚

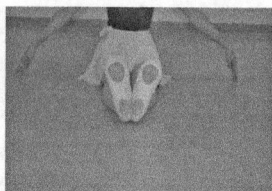 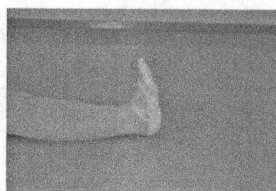

图 3-219　正面　　　　　**图 3-220　侧面**

　　动作做法：双脚脚背收紧，双脚脚尖向上勾起，脚尖朝天，脚后跟用力向前延伸，如图 3-219 和图 3-220 所示。

　　动作要求：勾脚时的膝关节必须伸直贴紧地面，膝关节不能弓起，勾脚时的力量应该是从脚后跟处向远延伸，这样腿的韧带也随着一起向远延伸，脚指尖要尽力往上勾住。

3. 半勾脚

 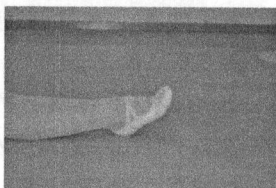

图 3-221　正面　　　　　**图 3-222　侧面**

　　动作做法：半勾脚的动作是双脚在绷脚的基础上，只有脚指尖向上勾起，脚背保持绷脚的状态不变，如图 3-221 和图 3-222 所示。

　　（二）单一动作：脚部外开的练习

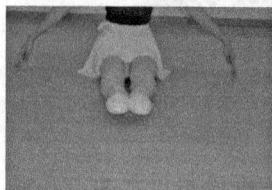 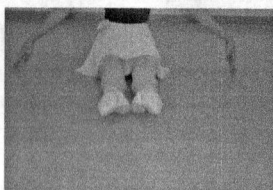 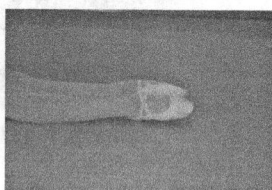

图 3-223　正面　　　**图 3-224　正面**　　　**图 3-225　侧面**

 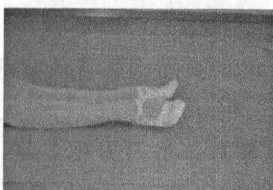 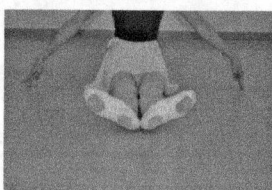

图 3-226　正面　　　**图 3-227　侧面**　　　**图 3-228　正面**

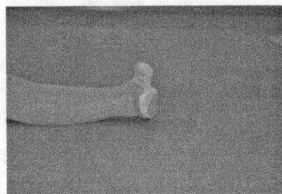

图 3-229　侧面

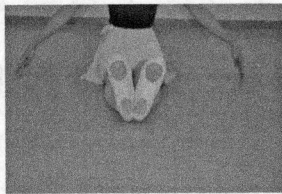

图 3-230　正面

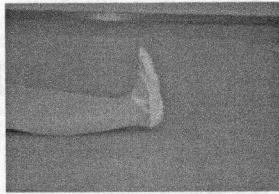

图 3-231　侧面

图 3-232　正面

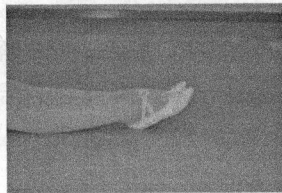

图 3-233　侧面

图 3-234　正面

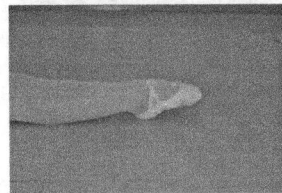

图 3-235　侧面

动作做法： 1. 平坐在地面上，双腿伸直，双脚尖先并拢绷直准备，双脚跟靠紧，脚尖分开，大腿内侧肌也同时向外转开，如图 3-223 至图 3-225 所示。

2. 先勾起半脚尖，然后勾起全脚尖，收紧大腿肌肉并保持大腿肌肉外开伸直，同时保持双脚跟并拢，如图 3-226 至图 3-231 所示。

3. 在勾脚的形态上双脚并拢，先绷半脚尖，再绷全脚，使双脚绷直还原到准备姿态，如图 3-232 至图 3-235 所示。

脚部的训练要求：勾脚要求全部力量用到脚后跟上。绷脚要求全部力量用到脚指尖上，每次从勾脚到绷脚时都要先经过半脚尖最后到全脚的位置，不能一下子到全脚的位置，并且尽力向远伸展。半勾脚时应该注意全部的力量用到前脚掌上面，大脚背用力向下绷直，脚指尖向上勾起。

第四章　地面动作组合

▶ 第一节　勾、绷脚与外开组合

训练目的：勾、绷脚是形体基本功训练的开始，通过勾、绷脚训练，使脚背与腿的速度和力量得到提高，锻炼脚部的灵活性，为以后形体训练及学习舞蹈动作做准备。

一、组合一：勾、绷脚练习

图 4-1
准备位

图 4-2
第一个八拍 1～8 拍

图 4-3
第二个八拍 1～8 拍

图 4-4
第三个八拍 1～8 拍

图 4-5
第四个八拍 1～8 拍

图 4-6
第五个八拍 1～4 拍

图 4-7
第五个八拍 5～8 拍

图 4-8
第六个八拍 1～4 拍

图 4-9
第六个八拍 5～8 拍

图 4-10
第七个八拍 1～4 拍

图 4-11
第七个八拍 5～8 拍

图 4-12
第八个八拍 1～4 拍

图 4-13
第八个八拍 5～8 拍

动作做法：

准备位：双腿伸直、绷脚，平坐于地面上，上身保持直立，双手臂打开放于身体两侧，手指尖轻触地，抬头，目视前方，如图 4-1 所示。

准备拍：一个八拍。在准备位上保持不动，如图 4-1 所示。

（1）第一个八拍：

1～8 拍，双脚从绷脚位置，脚尖并拢向上勾回。双腿膝关节保持伸直，上身保持直立，如图 4-2 所示。

（2）第二个八拍：

1～8 拍，双脚还原到绷脚位置，双腿膝关节保持伸直，上身保持直立，如图 4-3 所示。

（3）第三个八拍：

1～8 拍，双脚从绷脚位置，脚尖并拢向上勾回。双腿膝关节保持伸直，上身保持直立，如图 4-4 所示。

（4）第四个八拍：

1～8 拍，双脚还原到绷脚位置，双腿膝关节保持伸直，上身保持直立，如图 4-5 所示。

（5）第五个八拍：

1～4 拍，双脚从绷脚位置，脚尖并拢向上勾回。双腿膝关节保持伸直，上身保持直立，如图 4-6 所示。

5～8拍，双脚还原到绷脚位置，双腿膝关节保持伸直，上身保持直立，如图4-7所示。

（6）第六个八拍：重复第五个八拍，如图4-8至图4-9所示。

（7）第七个八拍：重复第六个八拍，如图4-10至图4-11所示。

（8）第八个八拍：重复第七个八拍，如图4-12至图4-13所示。

动作要求：在勾、绷脚训练中，尽量保持双腿膝关节的伸直，双脚勾回时，双脚跟应离地，但腿部膝关节的后窝处，尽量保持不离开地面。

双脚脚尖向前绷脚时，应尽量用双脚尖去找地面。上身在动作过程中尽量保持垂直于地面。

二、组合二：勾、绷脚练习

图 4-14
准备位

图 4-15
准备拍一个八拍

图 4-16
第一个八拍 1～2 拍

图 4-17
第一个八拍 3～4 拍

图 4-18
第一个八拍 5～6 拍

图 4-19
第一个八拍 7～8 拍

图 4-20
第二个八拍 1～2 拍

图 4-21
第二个八拍 3～4 拍

图 4-22
第二个八拍 5～6 拍

图 4-23
第二个八拍 7~8 拍

图 4-24
第三个八拍 1~2 拍

图 4-25
第三个八拍 3~6 拍

图 4-26
第三个八拍 7~8 拍

图 4-27
第四个八拍 1~2 拍

图 4-28
第四个八拍 3~6 拍

图 4-29
第四个八拍 7~8 拍

动作做法：

准备位：双腿伸直、绷脚，平坐于地面上，上身保持直立，双手臂打开放于身体两侧，手指尖轻触地，抬头，目视前方，如图 4-14 所示。

准备拍：一个八拍。在准备位上保持不动，如图 4-15 所示。

（1）第一个八拍：

1~2 拍，右脚半脚尖，从绷脚位置向上勾回，双腿膝关节保持伸直，上身保持直立，如图 4-16 所示。

3~4 拍，右脚继续向上，完成全脚勾回，左脚保持绷脚，双腿膝关节保持伸直，上身保持直立，如图 4-17 所示。

5~6 拍，右脚还原到勾半脚尖绷脚位置，左脚保持绷脚，双腿膝关节保持伸直，上身保持直立，如图 4-18 所示。

7~8 拍，右脚还原到绷全脚位置，左脚保持绷脚，双腿膝关节保持伸直，上身保持直立，如图 4-19 所示。

（2）第二个八拍：重复第一个八拍的动作，如图 4-20 至图 4-23 所示。

（3）第三个八拍：

1～2 拍，右脚半脚尖，从绷脚位置向上勾回，双腿膝关节保持伸直，上身保持直立，如图 4-24 所示。

3～6 拍，右脚继续向上，完成全脚勾回，左脚保持绷脚，双腿膝关节保持伸直，上身保持直立，如图 4-25 所示。

7～8 拍，右脚还原到绷全脚位置，左脚保持绷脚，双腿膝关节保持伸直，上身保持直立，如图 4-26 所示。

（4）第四个八拍：同第三个八拍，如图 4-27 至图 4-29 所示。

（5）第五个八拍：同第一个八拍，如图 4-16 至图 4-19 所示。

（6）第六个八拍：同第二个八拍，如图 4-20 至图 4-23 所示。

（7）第七个八拍：同第三个八拍，如图 4-24 至图 4-26 所示。

（8）第八个八拍：同第四个八拍，如图 4-27 至图 4-29 所示。

反面动作：

图 4-30

准备位

图 4-31

准备拍一个八拍

图 4-32

第一个八拍 1～2 拍

图 4-33

第一个八拍 3～4 拍

图 4-34

第一个八拍 5～6 拍

图 4-35

第一个八拍 7～8 拍

图 4-36
第二个八拍 1～2 拍

图 4-37
第二个八拍 3～4 拍

图 4-38
第二个八拍 5～6 拍

图 4-39
第二个八拍 7～8 拍

图 4-40
第三个八拍 1～2 拍

图 4-41
第三个八拍 3～6 拍

图 4-42
第三个八拍 7～8 拍

图 4-43
第四个八拍 1～2 拍

图 4-44
第四个八拍 3～6 拍

图 4-45
第四个八拍 7～8 拍

动作做法：

准备位：双腿伸直、绷脚，平坐于地面上，上身保持直立，双手臂打开放于身体两侧，手指尖轻触地，抬头，目视前方，如图 4-30 所示。

准备拍：一个八拍。在准备位上保持不动，如图 4-31 所示。

(1)第一个八拍：

1~2 拍，左脚半脚尖，从绷脚位置向上勾回，双腿膝关节保持伸直，上身保持直立，如图 4-32 所示。

3~4 拍，左脚继续向上，完成全脚勾回，右脚保持绷脚，双腿膝关节保持伸直，上身保持直立，如图 4-33 所示。

5~6 拍，左脚还原到勾半脚尖绷脚位置，右脚保持绷脚，双腿膝关节保持伸直，上身保持直立，如图 4-34 所示。

7~8 拍，左脚还原到绷全脚位置，右脚保持绷脚，双腿膝关节保持伸直，上身保持直立，如图 4-35 所示。

(2)第二个八拍：重复第一个八拍动作，如图 4-36 至图 4-39 所示。

(3)第三个八拍：

1~2 拍，左脚半脚尖，从绷脚位置向上勾回，双腿膝关节保持伸直，上身保持直立，如图 4-40 所示。

3~6 拍，左脚继续向上，完成全脚勾回，右脚保持绷脚，双腿膝关节保持伸直，上身保持直立，如图 4-41 所示。

7~8 拍，左脚还原到绷全脚位置，右脚保持绷脚，双腿膝关节保持伸直，上身保持直立，如图 4-42 所示。

(4)第四个八拍：同第三个八拍，如图 4-43 至图 4-45 所示。

(5)第五个八拍：同第一个八拍，如图 4-32 至图 4-35 所示。

(6)第六个八拍：同第二个八拍，如图 4-36 至图 4-39 所示。

(7)第七个八拍：同第三个八拍，如图 4-40 至图 4-42 所示。

(8)第八个八拍：同第四个八拍，如图 4-43 至图 4-45 所示。

动作要求：在勾、绷脚训练中，尽量保持双腿膝关节的伸直，双脚半脚掌勾脚时，大脚背还保持绷脚状态，双脚全脚勾回时，双脚跟应离地，但腿部膝关节的后窝处，尽量保持不离开地面。

双脚半脚掌绷脚时，脚尖还保持勾脚状态，双脚脚尖向前绷脚时，应尽量用双脚尖去找地面。上身在动作过程中尽量保持垂直于地面。

第二节 勾绷脚趾

一、勾绷脚趾组合

图 4-46
准备位

图 4-47
准备拍一个八拍

图 4-48
第一个八拍 1～4 拍

图 4-49
第一个八拍 5～8 拍

图 4-50
第二个八拍 1～4 拍

图 4-51
第二个八拍 5～8 拍

图 4-52
第三个八拍 1～4 拍

图 4-53
第三个八拍 5～8 拍

图 4-54
第四个八拍 1～4 拍

图 4-55
第四个八拍 5～8 拍

图 4-56
第五个八拍 1～2 拍

图 4-57
第五个八拍 3～4 拍

第四章 地面动作组合

49

图 4-58
第五个八拍 5～6 拍

图 4-59
第五个八拍 7～8 拍

动作做法：

准备位：双腿伸直、绷脚，平坐于地面上，上身保持直立，双手臂打开放于身体两侧，手指尖轻触地，抬头、目视前方，如图 4-46 所示。

准备拍：一个八拍。在准备位上保持不动，如图 4-47 所示。

（1）第一个八拍：

1～4 拍，双脚半脚尖，从绷脚位置向上勾回，双腿膝关节保持伸直，上身保持直立，如图 4-48 所示。

5～8 拍，双脚继续向上，完成全脚勾回，双腿膝关节保持伸直，上身保持直立，如图 4-49 所示。

（2）第二个八拍：

1～4 拍，双脚还原到勾半脚尖绷脚位置，双腿膝关节保持伸直，上身保持直立，如图 4-50 所示。

5～8 拍，双脚还原到绷全脚位置，双腿膝关节保持伸直，上身保持直立，如图 4-51 所示。

（3）第三个八拍：

1～4 拍，双脚半脚尖，从绷脚位置向上勾回，双腿膝关节保持伸直，上身保持直立，如图 4-52 所示。

5～8 拍，双脚继续向上，完成全脚勾回，双腿膝关节保持伸直，上身保持直立，如图 4-53 所示。

（4）第四个八拍：

1～4 拍，双脚还原到勾半脚尖绷脚位置，双腿膝关节保持伸直，上身保持直立，如图 4-54 所示。

5～8 拍，双脚还原到绷全脚位置，双腿膝关节保持伸直，上身保持直立，如图 4-55 所示。

（5）第五个八拍：

1～2 拍，双脚半脚尖，从绷脚位置向上勾回，双腿膝关节保持伸直，上身保持直立，如图 4-56 所示。

3～4拍，双脚继续向上，完成全脚勾回，双腿膝关节保持伸直，上身保持直立，如图4-57所示。

5～6拍，双脚还原到勾半脚尖绷脚位置，双腿膝关节保持伸直，上身保持直立，如图4-58所示。

7～8拍，双脚还原到绷全脚位置，双腿膝关节保持伸直，上身保持直立，如图4-59所示。

（6）第六个八拍：同第五个八拍，如图4-56至图4-59所示。

（7）第七个八拍：同第五个八拍，如图4-56至图4-59所示。

（8）第八个八拍：同第五个八拍，如图4-56至图4-59所示。

动作要求：在勾、绷脚训练中，尽量保持双腿膝关节的伸直，双脚半脚掌勾脚时，大脚背还保持绷脚状态，双脚全脚勾回时，双脚跟应离地，但腿部膝关节的后窝处，尽量保持不离开地面。

双脚半脚掌绷脚时，脚尖还保持勾脚状态，双脚脚尖向前绷脚时，应尽量用双脚尖去找地面。上身在动作过程中尽量保持垂直于地面。

二、勾、绷脚练习

图 4-60
准备位

图 4-61
准备拍一个八拍

图 4-62
第一个八拍1～2拍

图 4-63
第一个八拍3～4拍

图 4-64
第一个八拍5～6拍

图 4-65
第一个八拍7～8拍

图 4-66
第二个八拍 1~2 拍

图 4-67
第二个八拍 3~4 拍

图 4-68
第二个八拍 5~6 拍

图 4-69
第二个八拍 7~8 拍

图 4-70
第三个八拍 1~2 拍

图 4-71
第三个八拍 3~4 拍

图 4-72
第三个八拍 5~6 拍

图 4-73
第三个八拍 7~8 拍

图 4-74
第四个八拍 1~2 拍

图 4-75
第四个八拍 3~4 拍

图 4-76
第四个八拍 5~6 拍

图 4-77
第四个八拍 7~8 拍

动作做法：

准备位：双腿伸直、绷脚，平坐于地面上，上身保持直立，双手臂打开放于身体两侧，手指尖轻触地，抬头、目视前方，如图 4-60 所示。

准备拍：一个八拍。在准备位上保持不动，如图 4-61 所示。

(1)第一个八拍：

1～2拍，双脚半脚尖，从绷脚位置向上勾回，双腿膝关节保持伸直，上身保持直立，如图4-62所示。

3～4拍，双脚继续向上，完成全脚勾回，双腿膝关节保持伸直，上身保持直立，如图4-63所示。

5～6拍，双脚还原到勾半脚尖绷脚位置，双腿膝关节保持伸直，上身保持直立，如图4-64所示。

7～8拍，双脚还原到绷全脚位置，双腿膝关节保持伸直，上身保持直立，如图4-65所示。

(2)第二个八拍：同第一个八拍，如图4-66至图4-69所示。

(3)第三个八拍：

1～2拍，双腿屈膝收回，双脚保持绷全脚，上身保持直立，如图4-70所示。

3～4拍，还原到准备位，双脚保持绷全脚，双腿膝关节保持伸直，上身保持直立，如图4-71所示。

5～6拍，双脚勾全脚，双腿膝关节保持伸直，上身保持直立，如图4-72所示。

7～8拍，双脚还原到绷全脚位置，双腿膝关节保持伸直，上身保持直立，如图4-73所示。

(4)第四个八拍：同第三个八拍，如图4-74至4-77所示。

(5)第五个八拍：同第一个八拍，如图4-62至4-65所示。

(6)第六个八拍：同第二个八拍，如图4-66至4-69所示。

(7)第七个八拍：同第三个八拍，如图4-70至4-73所示。

(8)第八个八拍：同第四个八拍，如图4-74至4-77所示。

▶ 第三节　脚的外开组合

训练目的：脚部的转开练习是综合了之前学习的坐姿和勾绷脚中的绷脚的练习（坐姿与之前的一样，要求也一样）。掌握正确脚部的转开方法，在以后的训练过程中可以准确地做出脚部的动作。让学生学会从大腿根部到脚背的向外转开，达到整条腿外开的效果。并且为以后舞蹈形体训练奠定了坚实的基础。

动作做法：双腿伸直，平坐于地面上，双手的手指尖轻轻地搭在地面上。

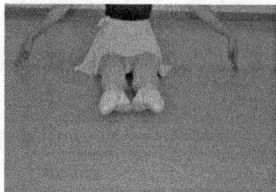

图 4-78-1　正面

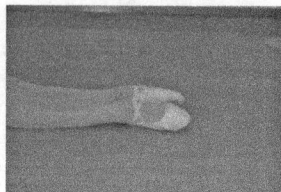

图 4-78-2　侧面

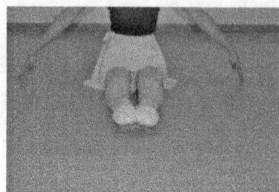

图 4-79-1　正面

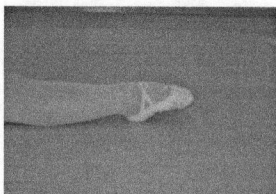

图 4-79-2　侧面

准备拍：5～8拍，双手手臂带动双手呼吸，最后再放在地面上。

(1)第一个八拍：双脚向外转开，如图4-78-1至图4-78-2所示。

(2)第二个八拍：双脚向内转回还原，如图4-79-1至图4-79-2所示。

动作要求：双腿并拢坐在地面上，转开的时候是由脚背的外沿带动脚背、脚腕、膝盖，一直到大腿内侧肌向外转开，但在转开的时候，膝盖和脚跟不能分开，整个脚到腿都要贴于地面；转回的时候是由脚背的内沿带动脚背、脚腕、膝盖，一直到大腿内侧肌向内转回。在转开练习中，大腿内侧肌和膝盖不能放松要一直收紧，绷直脚背，力量要一直延伸到脚趾尖。

▶ 第四节　环绕脚组合

动作做法：准备姿态，绷脚尖，双腿并拢，直腿坐地，双手体侧扶地。

动作做法①(由里向外环绕)：

图 4-80-1　正面

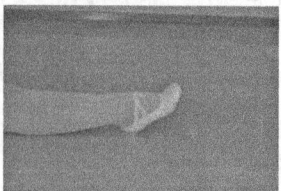

图 4-80-2　侧面

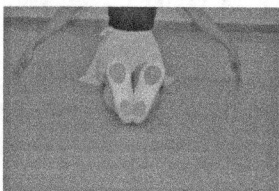

图 4-81-1　正面

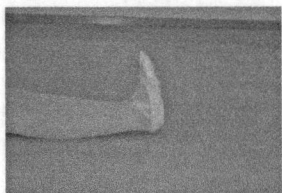
图 4-81-2　侧面

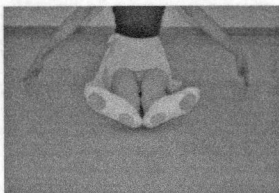
图 4-82-1　正面

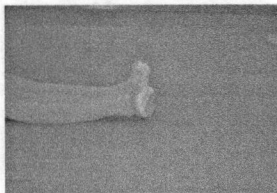
图 4-82-2　侧面

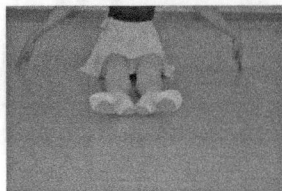
图 4-83-1　正面

图 4-83-2　侧面

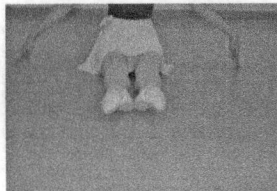
图 4-84-1　正面

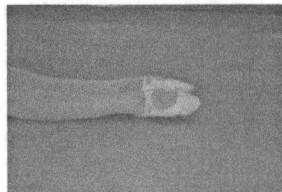
图 4-84-2　侧面

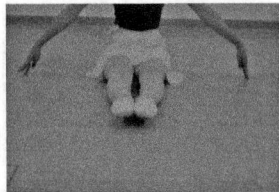
图 4-85-1　正面

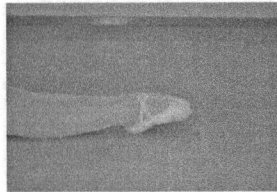
图 4-85-2　侧面

（1）第一个八拍：脚部的环绕动作。

1～2 拍，双脚勾起，先勾起半脚尖，再勾起全脚，如图4-80-1至图 4-81-2 所示。

3～4 拍，脚跟不动，脚尖分开，如图 4-82-1 至图 4-82-2 所示。

5～6 拍，双脚在分开的基础上绷直，先绷起脚背，再绷起脚尖，如图 4-83-1至图 4-84-2 所示。

7～8 拍，双脚尖并拢，还原到准备姿态，如图 4-85-1 至图 4-85-2 所示。

动作做法②（由外向里环绕）：

图 4-86-1　正面

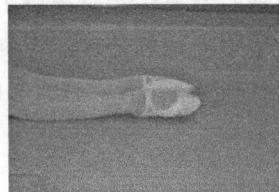
图 4-86-2　侧面

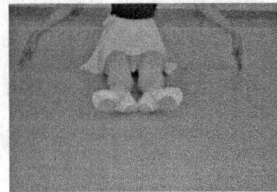
图 4-87-1　正面

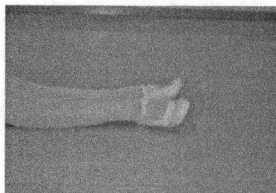
图 4-87-2 侧面

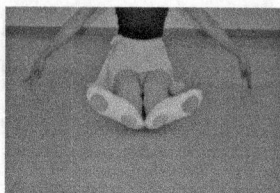
图 4-88-1 正面

图 4-88-2 侧面

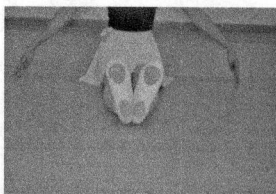
图 4-89-1 正面

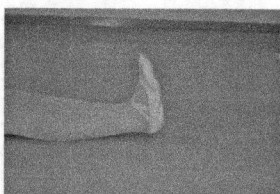
图 4-89-2 侧面

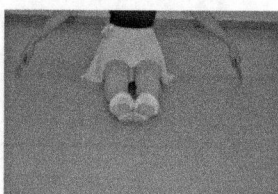
图 4-90-1 正面

图 4-90-2 侧面

图 4-91-1 正面

图 4-91-2 侧面

（2）第二个八拍：脚部的环绕动作。

1～2拍，双脚尖绷直分开，脚跟靠紧，如图4-86-1至图4-86-2所示。

3～4拍，双脚尖分开勾起，先勾起半脚尖，再勾起全脚尖，如图4-87-1至图4-88-2所示。

5～6拍，在勾脚的形态上双脚并拢，如图4-89-1至图4-89-2所示。

7～8拍，双脚绷直还原到准备姿态，先绷起半脚尖，然后绷起全脚，如图4-90-1至图4-91-2所示。

※**训练要求**：勾脚要求全部力量用到脚后跟上。绷脚要求全部力量用到脚指尖上，每次从勾脚到绷脚时都要先经过半脚尖最后到全脚的位置，不能一下子到全脚的位置，并且尽力向远处伸展。半勾脚时应该注意全部的力量要用到前脚掌上面，大脚背用力向下绷直，脚指尖向上勾起。

▶ 第五节　带勾绷脚的外开练习

图 4-92
准备位

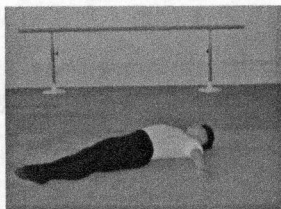

图 4-93
准备拍一个八拍

图 4-94
第一个八拍 1～2 拍

图 4-95
第一个八拍 3～4 拍

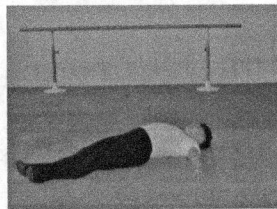

图 4-96
第一个八拍 5～8 拍

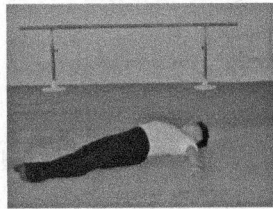

图 4-97
第二个八拍 1～2 拍

图 4-98
第二个八拍 3～4 拍

图 4-99
第二个八拍 5～8 拍

动作做法：

准备位：双腿并拢、绷脚，平躺于地面上，双手臂打开放于身体两侧，如图 4-92 所示。

准备拍：一个八拍，如图 4-93 所示。

(1)第一个八拍：

1～2 拍，双脚尖并拢，勾半脚掌，双腿保持伸直，上身保持不动，如图 4-94 所示。

3～4 拍，双脚尖并拢，勾全脚掌，双腿保持伸直，上身保持不动，如图 4-95 所示。

5～8拍，以双脚脚跟为轴，两脚脚尖向外打开(约90°)，保持勾全脚的状态，双腿保持伸直，上身保持不动，如图4-96所示。

(2)第二个八拍：

1～2拍，在双脚打开的状态下，绷半脚掌，双腿保持伸直，上身保持不动，如图4-97所示。

3～4拍，在双脚打开的状态下，绷全脚掌，双腿保持伸直，上身保持不动，如图4-98所示。

5～8拍，以双脚脚跟为轴，双脚向内合拢(约90°)，保持绷全脚的状态，双腿保持伸直，上身保持不动，如图4-99所示。

(3)第三个八拍：

1～2拍，双脚尖并拢，勾半脚掌，双腿保持伸直，上身保持不动，如图4-94所示。

3～4拍，双脚尖并拢，勾全脚掌，双腿保持伸直，上身保持不动，如图4-95所示。

5～8拍，以双脚脚跟为轴，两脚脚尖向外打开(约90°)，保持勾全脚的状态，双腿保持伸直，上身保持不动，如图4-96。

(4)第四个八拍：

1～2拍，在双脚打开的状态上，绷半脚掌，双腿保持伸直，上身保持不动，如图4-97所示。

3～4拍，在双脚打开的状态上，绷全脚掌，双腿保持伸直，上身保持不动，如图4-98所示。

5～8拍，以双脚脚跟为轴，双脚向内合拢(约90°)，保持绷全脚的状态，双腿保持伸直，上身保持不动，如图4-99所示。

(5)第五个八拍：同第一个八拍，如图4-94至图4-96所示。

(6)第六个八拍：同第二个八拍，如图4-97至图4-99所示。

(7)第七个八拍：同第一个八拍，如图4-94至图4-96所示。

(8)第八个八拍：同第二个八拍，如图4-97至图4-99所示。

动作要求：在勾、绷脚训练中，尽量保持双腿膝关节的伸直，双脚半脚掌勾脚时，大脚背还保持绷脚状态，双脚全脚勾回时，双脚跟应离地，但腿部膝关节的后窝处，尽量保持不离开地面。

双脚半脚掌绷脚时，脚尖还保持勾脚状态，双脚脚尖向前绷脚时，应尽量用双脚尖去找地面。外开训练中，双腿肌肉带动双脚向外打开，同时保持双腿膝关节伸直。

▶ 第六节　压腿组合(前、旁、后)

一、坐压前腿

训练目的：通过之前对腿部的活动练习，下面进行前腿的软度训练，在之前的基础上加深程度，达到腿部软度训练的目的。

图 4-100

图 4-101

图 4-102

图 4-103

图 4-104

图 4-105

图 4-106

图 4-107

准备位：平坐于地面上，上身保持直立，双腿伸直、绷脚，上身与双腿保持90°，双臂打开在身体两侧，双手指尖轻搭在地面上，抬头挺胸，双眼目视前方，如图4-100所示。

准备拍：5~8拍，双手臂微上扬配合呼吸，手指尖向远延伸，再还原到准备位置，如图4-101至图4-104所示。

(1)第一个八拍：

上身保持垂直向下压，尽量贴近腿部，双手臂经体侧至头顶扶脚心或脚尖，如图4-105至图4-106所示。

动作要求：坐压前腿时，膝关节不能向上弓起，保持膝关节紧贴地面，尽量用前胸去贴紧双腿。

（2）第二个八拍：上身抬起，双手臂经体侧还原到准备姿态，如图 4-107 所示。

特别提示：随着程度的加深可以把双脚勾起来进行训练。

二、坐压旁腿

训练目的：主要是针对旁腿的软开度进行训练，通过对旁腿的训练，不仅可以锻炼旁腿的软开度，也可以拉伸腿部的线条，从而展现出优美体形。

图 4-108

图 4-109

图 4-110

图 4-111

图 4-112

图 4-113

图 4-114

图 4-115

准备位：向右旁压腿，平坐在地面上右腿在体侧伸直绷脚，左腿体前屈腿，双手在体侧手指尖轻放在地面上，如图 4-108 所示。

准备拍：

5～6 拍，上身保持直立，右腿伸直绷脚，左腿体前屈腿，双手臂微上扬配合呼吸，上身姿态保持不变，如图 4-109 至图 4-110 所示。

7～8 拍，右手先保持二位手的位置，左手保持三位手的位置，上身姿态保持不变，如图 4-111 所示。

（1）第一个八拍：

1～4拍，右手先保持二位手的位置，在运动中右手向左延伸，左手保持三位手的位置，向右旁压腿，上身姿态保持不变，如图 4-112 至图 4-114 所示。

5～8拍，保持上身姿态不变，还原直立，如图 4-115 所示。

（2）第二个八拍：重复第一个八拍。

（3）第三个八拍：

1～2拍，右手先保持二位手的位置，在运动中右手向左延伸，左手保持三位手的位置，向右旁压腿，上身姿态保持不变，如图 4-112 至图 4-114 所示。

3～4拍，保持上身姿态不变，还原直立，如图 4-115 所示。

5～6拍，右手先保持二位手的位置，在运动中右手向左延伸，左手保持三位手的位置，向右旁压腿，上身姿态保持不变，如图 4-112 至图 4-114 所示。

7～8拍，保持上身姿态不变，还原直立，如图 4-115 所示。

（4）第四个八拍：

1～2拍，右手先保持二位手的位置，在运动中右手向左延伸，左手保持三位手的位置，向右旁压腿，上身姿态保持不变，如图 4-112 至图 4-114 所示。

3～4拍，保持上身姿态不变，还原直立，如图 4-115 所示。

5～8拍，双手先打开到七位手的位置，双手臂微上扬配合呼吸，还原到准备位置，如图 4-108 所示。

动作要求：训练时肩膀尽量保持沉肩，不要耸肩，运动中保持呼吸顺畅。上身向右腿下压时，左手尽量扶在右脚上，右脚的脚背要冲天或向身体后面转开，不要扣向身体前，膝关节紧贴地面，上身尽力去贴紧腿部。可根据程度的加深，加强动作的强度。

反面动作：

图 4-116　　　　　　图 4-117　　　　　　图 4-118

图 4-119

图 4-120

图 4-121

图 4-122

图 4-123

准备位：向左旁压腿，平坐在地面上左腿在体侧伸直绷脚，右腿体前屈腿，双手在体侧手指尖轻放在地面上，如图4-116所示。

准备拍：

5~6拍，上身保持直立，左腿伸直绷脚，右腿体前屈腿，双手臂微上扬配合呼吸，上身姿态保持不变，如图4-117至图4-118所示。

7~8拍，左手先保持二位手的位置，右手保持三位手的位置，上身姿态保持不变，如图4-119所示。

(1)第一个八拍：

1~4拍，左手先保持二位手的位置，在运动中左手向右延伸，右手保持三位手的位置，向左旁压腿，上身姿态保持不变，如图4-120至图4-122所示。

5~8拍，保持上身姿态不变，还原直立，如图4-123所示。

(2)第二个八拍：重复第一个八拍。

(3)第三个八拍：

1~2拍，左手先保持二位手的位置，在运动中左手向右延伸，右手保持三位手的位置，向左旁压腿，上身姿态保持不变，如图4-120至图4-122所示。

3~4拍，保持上身姿态不变，还原直立，如图4-123所示。

5~6拍，左手先保持二位手的位置，在运动中左手向右延伸，右手保持三位手的位置，向左旁压腿，上身姿态保持不变，如图4-120至图4-123所示。

7~8拍，保持上身姿态不变，还原直立，如图4-123所示。

（4）第四个八拍：

1～2拍，左手先保持二位手的位置，在运动中左手向右延伸，右手保持三位手的位置，向左旁压腿，上身姿态保持不变，如图4-120至图4-123所示。

3～4拍，保持上身姿态不变，还原直立，如图4-123所示。

5～8拍，双手先打开到七位手的位置，双手臂微上扬配合呼吸，还原到准备位置，如图4-116所示。

动作要求：训练时肩膀尽量保持沉肩，不要耸肩，运动中保持呼吸顺畅。上身向左腿下压时，右手尽量扶在左脚上，左脚的脚背要冲天或向身体后面转开，不要扣向身体前，膝关节紧贴地面，上身尽力去贴紧腿部。可根据程度的加深，加强动作的强度。

三、坐压后腿

训练目的：主要是针对后腿的肌肉、韧带与胯根的活动度进行训练，为以后的形体训练打下良好的基础，锻炼出优美的腿部线条与髋关节活动度。

图 4-124

图 4-125

图 4-126

图 4-127

图 4-128

图 4-129

准备位：压右后腿，右腿向正后方伸直绷脚，左腿屈腿下蹲，上身保持直立转正，双手保持在身体两侧，如图4-124所示。

准备拍：

5～8拍，左手扶在左腿膝关节上，右手保持三位手的位置，上身姿态保持不变，如图4-125所示。

（1）第一个八拍：

1～4拍，右手保持三位手的位置，在运动中右手向后延伸，左手保持左腿膝关节的位置，向后压腿，上身姿态保持不变，如图4-126至图4-127

所示。

5～8拍，保持上身姿态不变，还原直立，如图4-128所示。

（2）第二个八拍：重复第一个八拍。

（3）第三个八拍：

1～2拍，右手保持三位手的位置，在运动中右手向后延伸，左手保持左腿膝关节的位置，向后压腿，上身姿态保持不变，如图4-126至图4-127所示。

3～4拍，保持上身姿态不变，还原直立，如图4-128所示。

5～6拍，右手保持三位手的位置，在运动中右手向后延伸，左手保持左腿膝关节的位置，向后压腿，上身姿态保持不变，如图4-126至图4-127所示。

7～8拍，保持上身姿态不变，还原直立，如图4-128所示。

（4）第四个八拍：

1～2拍，右手保持三位手的位置，在运动中右手向后延伸，左手保持左腿膝关节的位置，向后压腿，上身姿态保持不变，如图4-126至图4-127所示。

3～4拍，保持上身姿态不变，还原直立，如图4-128所示。

5～8拍，双手先打开到七位手的位置，双手臂微上扬配合呼吸，还原到准备位置，如图4-129所示。

动作要求：双肩与胯关节保持面向正前方，保证四点摆正，向后压腿时，保持沉肩，不要耸肩，上身要尽力向后压，尽量用后腰，头靠近右腿，还原姿态时，上身要与地面垂直。可根据程度的加深，加强动作的强度。

反面动作：

图 4-130

图 4-131

图 4-132

图 4-133

图 4-134

图 4-135

准备位：压左后腿，左腿向正后方伸直绷脚，右腿屈腿下蹲，上身保持直立转正，双手保持在身体两侧，如图 4-130 所示。

准备拍：

5～8 拍，右手扶在右腿膝关节上，左手保持三位手的位置，上身姿态保持不变，如图 4-131 所示。

(1)第一个八拍：

1～4 拍，左手保持三位手的位置，在运动中左手向后延伸，右手保持右腿膝关节的位置，向后压腿，上身姿态保持不变，如图 4-132 至图 4-133 所示。

5～8 拍，保持上身姿态不变，还原直立，如图 4-134 所示。

(2)第二个八拍：重复第一个八拍。

(3)第三个八拍：

1～2 拍，左手保持三位手的位置，在运动中左手向后延伸，右手保持右腿膝关节的位置，向后压腿，上身姿态保持不变，如图 4-132 至图 4-133 所示。

3～4 拍，保持上身姿态不变，还原直立，如图 4-134 所示。

5～6 拍，左手保持三位手的位置，在运动中左手向后延伸，右手保持右腿膝关节的位置，向后压腿，上身姿态保持不变，如图 4-132 至图 4-133 所示。

7～8 拍，保持上身姿态不变，还原直立，如图 4-134 所示。

(4)第四个八拍：

1～2 拍，左手保持三位手的位置，在运动中左手向后延伸，右手保持右腿膝关节的位置，向后压腿，上身姿态保持不变，如图 4-132 至图 4-133 所示。

3～4 拍，保持上身姿态不变，还原直立，如图 4-134 所示。

5～8 拍，双手先打开到七位手的位置，双手臂微上扬配合呼吸，还原到准备位置，如图 4-135 所示。

动作要求：双肩与胯关节保持面向正前方，保证四点摆正，向后压腿时，保持沉肩，不要耸肩，上身要尽力向后压，尽量用后腰，头靠近左腿，还原姿态时，上身要与地面垂直。可根据程度的加深，加强动作的强度。

四、压前腿练习

图 4-136
准备位

图 4-137
准备拍一个八拍

图 4-138
第一个八拍 1～4 拍

图 4-139
第一个八拍 5～8 拍

图 4-140
第二个八拍 1～4 拍

图 4-141
第二个八拍 5～8 拍

图 4-142
第三个八拍 1～2 拍

图 4-143
第三个八拍 3～4 拍

图 4-144
第三个八拍 5～6 拍

图 4-145
第三个八拍 7～8 拍

动作做法：

准备位：双腿伸直、绷脚，平坐于地面上，上身保持直立，双手臂打开

形体训练

在身体两侧，手指尖轻触地，抬头、目视前方，如图 4-136 所示。

准备拍：一个八拍。在准备位上保持不动，如图 4-137 所示。

（1）第一个八拍：

1～4 拍，双腿膝关节保持伸直、绷全脚，上身保持直立，向前趴在双腿上，双手臂经两侧向前呈三位手位置，如图 4-138 所示。

5～8 拍，双腿膝关节保持伸直，绷全脚，双手臂经两侧打开在身体两侧。上身保持直立，还原到准备位置，如图 4-139 所示。

（2）第二个八拍：重复第一个八拍的动作，如图 4-140 至图 4-141 所示。

（3）第三个八拍：

1～2 拍，双腿膝关节保持伸直、绷全脚，上身保持直立，向前趴在双腿上，双手臂经两侧向前呈三位手位置，如图 4-142 所示。

3～4 拍，双腿膝关节保持伸直，绷全脚，双手臂经两侧打开在身体两侧。上身保持直立，还原到准备位置，如图 4-143 所示。

5～6 拍，双腿膝关节保持伸直、绷全脚，上身保持直立，向前趴在双腿上，双手臂经两侧向前呈三位手位置，如图 4-144 所示。

7～8 拍，双腿膝关节保持伸直，绷全脚，双手臂经两侧打开在身体两侧。上身保持直立，还原到准备位置，如图 4-145 所示。

（4）第四个八拍：同第三个八拍，如图 4-142 至图 4-145 所示。

（5）第五个八拍：同第一个八拍，如图 4-138 至图 4-139 所示。

（6）第六个八拍：同第二个八拍，如图 4-140 至图 4-141 所示。

（7）第七个八拍：同第三个八拍，如图 4-142 至图 4-145 所示。

（8）第八个八拍：同第三个八拍，如图 4-142 至图 4-145 所示。

五、压旁腿练习

| 图 4-146 | 图 4-147 | 图 4-148 |
| 准备位 | 准备拍一个八拍 | 第一个八拍 1～4 拍 |

图 4-149
第一个八拍 5～8 拍

图 4-150
第二个八拍 1～4 拍

图 4-151
第二个八拍 5～8 拍

图 4-152
第三个八拍 1～2 拍

图 4-153
第三个八拍 3～4 拍

图 4-154
第三个八拍 5～6 拍

图 4-155
第三个八拍 7～8 拍

动作做法：

准备位：双腿保持伸直、绷脚，打开在身体两侧，平坐于地面上，上身保持直立，双手臂自然弯曲在体前，两手轻扶于地面，抬头、目视前方，如图 4-146 所示。

准备拍：

1～8 拍：左手由下到上，到三位手的位置，上身保持直立，如图 4-147 所示。

(1)第一个八拍：

1～4 拍，在准备拍的基础上，上身保持直立，向右侧弯、靠近右腿，如图 4-148 所示。

5～8 拍，还原到准备拍，如图 4-149 所示。

(2)第二个八拍：重复第一个八拍的动作，如图 4-150 至图 4-151 所示。

（3）第三个八拍：

1～2拍，在准备拍的基础上，上身保持直立，向右侧弯、靠近右腿，如图4-152所示。

3～4拍，还原到准备拍，如图4-153所示。

5～6拍，在准备拍的基础上，上身保持直立，向右侧弯、靠近右腿，如图4-154所示。

7～8拍，还原到准备拍，如图4-155所示。

（4）第四个八拍：同第三个八拍，如图4-152至图4-155所示。

（5）第五个八拍：同第一个八拍，如图4-148至图4-149所示。

（6）第六个八拍：同第二个八拍，如图4-150至图4-151所示。

（7）第七个八拍：同第三个八拍，如图4-152至图4-155所示。

（8）第八个八拍：同第四个八拍，如图4-152至图4-155所示。

反面动作：

图 4-156
准备位

图 4-157
准备拍一个八拍

图 4-158
第一个八拍 1～4 拍

图 4-159
第一个八拍 5～8 拍

图 4-160
第二个八拍 1～4 拍

图 4-161
第二个八拍 5～8 拍

图 4-162
第三个八拍 1～2 拍

图 4-163
第三个八拍 3～4 拍

图 4-164
第三个八拍 5～6 拍

图 4-165

第三个八拍 7～8 拍

动作做法：

准备位：双腿保持伸直、绷脚，打开在身体两侧，平坐于地面上，上身保持直立，双手臂自然弯曲在体前，两手轻扶于地面，抬头、目视前方，如图 4-156 所示。

准备拍：

1～8 拍，右手由下到上，到三位手的位置，上身保持直立，如图 4-157 所示。

(1)第一个八拍：

1～4 拍，在准备拍的基础上，上身保持直立，向左侧弯、靠近左腿，如图 4-158 所示。

5～8 拍，还原到准备拍，如图 4-159 所示。

(2)第二个八拍：重复第一个八拍的动作，如图 4-160 至图 4-161 所示。

(3)第三个八拍：

1～2 拍，在准备拍的基础上，上身保持直立，向左侧弯、靠近左腿，如图 4-162 所示。

3～4 拍，还原到准备拍，如图 4-163 所示。

5～6 拍，在准备拍的基础上，上身保持直立，向左侧弯、靠近左腿，如图 4-164 所示。

7～8 拍，还原到准备拍，如图 4-165 所示。

(4)第四个八拍：同第三个八拍，如图 4-162 至图 4-165 所示。

(5)第五个八拍：同第一个八拍，如图 4-158 至图 4-159 所示。

(6)第六个八拍：同第二个八拍，如图 4-160 至图 4-161 所示。

(7)第七个八拍：同第三个八拍，如图 4-162 至图 4-165 所示。

(8)第八个八拍：同第三个八拍，如图 4-162 至图 4-165 所示。

六、压胯练习

图 4-166
准备位

图 4-167
准备拍一个八拍

图 4-168
第一个八拍 1～4 拍

图 4-169
第一个八拍 5～8 拍

图 4-170
第二个八拍 1～4 拍

图 4-171
第二个八拍 5～8 拍

图 4-172
第三个八拍 1～2 拍

图 4-173
第三个八拍 3～4 拍

图 4-174
第三个八拍 5～6 拍

图 4-175
第三个八拍 7～8 拍

动作做法：

准备位：两脚掌相对、双脚跟靠近臀部，双腿弯曲、打开在身体两侧，平坐于地面上，上身保持直立，双手扶于两脚踝处，双手臂自然弯曲在体前，抬头、目视前方，如图 4-166 所示。

准备拍：一个八拍。在准备位上保持不动，如图 4-167 所示。

（1）第一个八拍：

1～4 拍，在准备位的基础上，上身保持直立，上体前屈、靠近地面，如图 4-168 所示。

5～8 拍，还原到准备位置，如图 4-169 所示。

（2）第二个八拍：重复第一个八拍的动作，如图 4-170 至图 4-171 所示。

（3）第三个八拍：

1～2 拍，在准备位的基础上，上身保持直立，上体前屈、靠近地面，如图 4-172 所示。

3～4 拍，还原到准备位置，如图 4-173 所示。

5～6 拍，在准备位的基础上，上身保持直立，上体前屈、靠近地面，如图 4-174 所示。

7～8 拍，还原到准备位置，如图 4-175 所示。

（4）第四个八拍：同第三个八拍，如图 4-172 至图 4-175 所示。

（5）第五个八拍：同第一个八拍，如图 4-168 至图 4-169 所示。

（6）第六个八拍：同第二个八拍，如图 4-170 至图 4-171 所示。

（7）第七个八拍：同第三个八拍，如图 4-172 至图 4-175 所示。

（8）第八个八拍：同第三个八拍，如图 4-172 至图 4-175 所示。

七、横叉上屈、伸腿练习

图 4-176
准备位

图 4-177
准备拍一个八拍

图 4-178
第一个八拍 1～4 拍

图 4-179
第一个八拍 5～8 拍

图 4-180
第二个八拍 1～4 拍

图 4-181
第二个八拍 5～8 拍

图 4-182
第三个八拍 1~2 拍

图 4-183
第三个八拍 3~4 拍

图 4-184
第三个八拍 5~6 拍

图 4-185
第三个八拍 7~8 拍

动作做法：

准备位：双腿保持伸直、绷脚，打开在身体两侧，平坐于地面上，上身保持直立，双手臂自然弯曲在体前，两手轻扶于地面，抬头、目视前方，如图 4-176 所示。

准备拍：一个八拍。在准备位上保持不动，如图 4-177 所示。

(1)第一个八拍：

1~4 拍，在准备位的基础上，上身保持直立，双腿膝关节弯曲，双脚尖勾起、双脚跟擦地向身体中线收回，如图 4-178 所示。

5~8 拍，还原到准备位，如图 4-179 所示。

(2)第二个八拍：重复第一个八拍的动作，如图 4-180 至图 4-181 所示。

(3)第三个八拍：

1~2 拍，在准备位的基础上，上身保持直立，双腿膝关节弯曲，双脚尖勾起、双脚跟擦地向身体中线收回，如图 4-182 所示。

3~4 拍，还原到准备位，如图 4-183 所示。

5~6 拍，在准备位的基础上，上身保持直立，双腿膝关节弯曲，双脚尖勾起、双脚跟擦地向身体中线收回，如图 4-184 所示。

7~8 拍，还原到准备位，如图 4-185 所示。

(4)第四个八拍：同第三个八拍，如图 4-182 至图 4-185 所示。

(5)第五个八拍：同第一个八拍，如图 4-178 至图 4-179 所示。

(6)第六个八拍：同第二个八拍，如图 4-180 至图 4-181 所示。

（7）第七个八拍：同第三个八拍，如图 4-182 至图 4-185 所示。

（8）第八个八拍：同第三个八拍，如图 4-182 至图 4-185 所示。

八、竖叉练习

图 4-186
准备位

图 4-187
准备拍一个八拍

图 4-188
第一个八拍 1～4 拍

图 4-189
第一个八拍 5～8 拍

图 4-190
第二个八拍 1～4 拍

图 4-191
第二个八拍 5～8 拍

图 4-192
第三个八拍 1～2 拍

图 4-193
第三个八拍 3～4 拍

图 4-194
第三个八拍 5～6 拍

图 4-195
第三个八拍 7～8 拍

动作做法：

准备位：右腿在前，左腿在后，双腿保持伸直、绷脚，平坐于地面上，上身保持直立，双手臂打开在身体两侧，手指尖轻扶于地面，抬头、目视前方，如图 4-186 所示。

准备拍：一个八拍。在准备位上保持不动，如图 4-187 所示。

(1)第一个八拍：

1～4 拍，在准备拍的基础上，上身保持直立，向前屈体，尽量靠近右腿，如图 4-188 所示。

5～8 拍，还原到准备拍，如图 4-189 所示。

(2)第二个八拍：重复第一个八拍的动作，如图 4-190 至图 4-191 所示。

(3)第三个八拍：

1～2 拍，在准备拍的基础上，上身保持直立，向后屈体，尽量靠近左腿，如图 4-192 所示。

3～4 拍，还原到准备拍，如图 4-193 所示。

5～6 拍，在准备拍的基础上，上身保持直立，向后屈体，尽量靠近左腿，如图 4-194 所示。

7～8 拍，还原到准备拍，如图 4-195 所示。

(4)第四个八拍：同第三个八拍，如图 4-192 至图 4-195 所示。

(5)第五个八拍：同第一个八拍，如图 4-188 至图 4-189 所示。

(6)第六个八拍：同第二个八拍，如图 4-190 至图 4-191 所示。

(7)第七个八拍：同第三个八拍，如图 4-192 至图 4-195 所示。

(8)第八个八拍：同第三个八拍，如图 4-192 至图 4-195 所示。

反面动作：

图 4-196　　　　　　　图 4-197　　　　　　　图 4-198
准备位　　　　　　　准备拍一个八拍　　　　第一个八拍 1～4 拍

图 4-199
第一个八拍 5～8 拍

图 4-200
第二个八拍 1～4 拍

图 4-201
第二个八拍 5～8 拍

图 4-202
第三个八拍 1～2 拍

图 4-203
第三个八拍 3～4 拍

图 4-204
第三个八拍 5～6 拍

图 4-205
第三个八拍 7～8 拍

动作做法：

准备位：左腿在前，右腿在后，双腿保持伸直、绷脚，平坐于地面上，上身保持直立，双手臂打开在身体两侧，手指尖轻扶于地面，抬头、目视前方，如图 4-196 所示。

准备拍：一个八拍。在准备位上保持不动，如图 4-197 所示。

(1)第一个八拍：

1～4 拍，在准备拍的基础上，上身保持直立，向前屈体，尽量靠近右腿，如图 4-198 所示。

5～8 拍，还原到准备拍，如图 4-199 所示。

(2)第二个八拍：重复第八拍的动作，如图 4-200、图 4-201 所示。

(3)第三个八拍：

1～2 拍，在准备拍的基础上，上身保持直立，向后屈体，尽量靠近左腿，如图 4-202 所示。

3～4 拍，还原到准备拍，如图 4-203 所示。

5～6 拍，在准备拍的基础上，上身保持直立，向后屈体，尽量靠近左腿，如图 4-204 所示。

7～8 拍，还原到准备拍，如图 4-205 所示。

（4）第四个八拍：同第三个八拍，如图 4-202 至图 4-205 所示。

（5）第五个八拍：同第一个八拍，如图 4-198 至图 4-199 所示。

（6）第六个八拍：同第二个八拍，如图 4-200 至图 4-201 所示。

（7）第七个八拍：同第三个八拍，如图 4-202 至图 4-205 所示。

（8）第八个八拍：同第三个八拍，如图 4-202 至图 4-205 所示。

▶ 第七节　吸、伸腿组合

训练目的：吸、伸腿的练习是训练腿部的延伸性，不仅可以使腿部更加修长，而且可以使腿部的肌肉线条更加优美，从而达到形体训练的目的。

准备位：绷脚尖直腿躺身，双手平铺在地面上，如图 4-206 所示。

动作做法：

一、单一动作：吸前腿

（一）吸右前腿

图 4-206

图 4-207

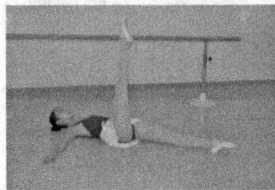
图 4-208

图 4-209

图 4-210

（1）第一个八拍：

1～4 拍，右脚绷脚，脚尖贴紧地面向上吸腿，右腿膝关节弯曲贴紧左腿，左腿始终保持伸直，如图 4-207 所示。

5~8拍，右腿抬起小腿膝关节伸直，两条腿的脚尖都向远延伸，这样才能更好地拉伸腿部的线条，如图4-208所示。

（2）第二个八拍

1~8拍，落腿时，保持整条腿伸直有控制地落下，经过45°位置直到落到地面都要绷直双腿，如图4-209、图4-210所示。

（二）吸左前腿

图4-211　　　　　　　　图4-212　　　　　　　　图4-213

图4-214　　　　　　　　图4-215

（1）第一个八拍：

1~4拍，左脚绷脚，脚尖贴紧地面向上吸腿，左腿膝关节弯曲贴紧右腿，右腿始终保持伸直，如图4-212所示。

5~8拍，左腿抬起小腿膝关节伸直，两条腿的脚尖都向远延伸，这样才能更好地拉伸腿部的线条，如图4-213所示。

（2）第二个八拍

1~8拍，落腿时，保持整条腿伸直有控制的落下，经过45°位置直到落到地面都要绷直双腿，如图4-214、图4-215所示。

二、单一动作：吸旁腿

（一）吸右旁腿

图4-216　　　　　　　　图4-217　　　　　　　　图4-218

图 4-219　　　　　　　　图 4-220　　　　　　　　图 4-221

（1）第一个八拍

1～4 拍，右脚绷脚，脚尖贴紧地面向上吸腿，右腿膝关节弯曲贴紧左腿，左腿始终保持伸直。首先贴紧主力腿（左腿）吸起动力腿（右腿），如图 4-217 所示。

5～8 拍，右腿膝关节向右打开贴在地面上，要求主力腿（左腿）不能离开地面，左边的髋关节同样要贴紧地面，尽量用右腿的膝关节去贴近地面，如图 4-218 所示。

（2）第二个八拍

1～4 拍，右腿膝关节伸直，小腿向远无限延伸，如图 4-219 所示。

5～8 拍，右腿顺着地面，大腿根部慢慢往回加紧，回到准备位置，如图 4-220、图 4-221 所示。

（二）吸左旁腿

图 4-222　　　　　　　　图 4-223　　　　　　　　图 4-224

图 4-225　　　　　　　　图 4-226　　　　　　　　图 4-227

（1）第一个八拍

1～4 拍，左脚绷脚，脚尖贴紧地面向上吸腿，左腿膝关节弯曲贴紧右腿，右腿始终保持伸直。首先贴紧主力腿（右腿）吸起动力腿（左腿），如图 4-223 所示。

5～8 拍，左腿膝关节向左打开贴在地面上，要求主力腿（右腿）不能离开地面，右边的髋关节同样要贴紧地面，尽量用左腿的膝关节去贴近地面，如

图 4-224 所示。

（2）第二个八拍

1～4 拍，左腿膝关节伸直，小腿向远无限延伸，如图 4-225 所示。

5～8 拍，左腿顺着地面，大腿根部慢慢往回加紧，回到准备位置，如图 4-226、图 4-227 所示。

重点提示：做吸伸腿训练时，腿可不必抬很高，但双腿一定要绷直，这样才能更好的拉长腿部的线条，从而达到形体训练的目的，力量要无限延伸，不能憋在大腿上。

▶ 第八节 抬腿组合

一、腿抬前 25°的外开练习

图 4-228
准备位

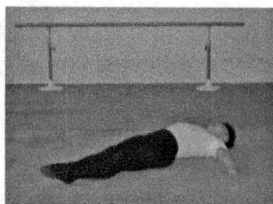
图 4-229
准备拍一个八拍

图 4-230
第一个八拍 1～4 拍

图 4-231
第一个八拍 5～8 拍

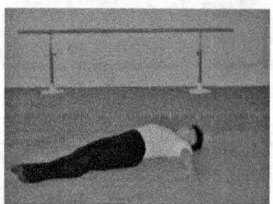
图 4-232
第二个八拍 1～4 拍

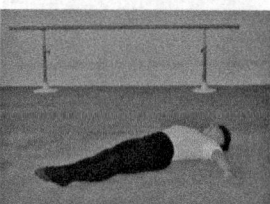
图 4-233
第二个八拍 5～8 拍

图 4-234
第三个八拍 1～4 拍

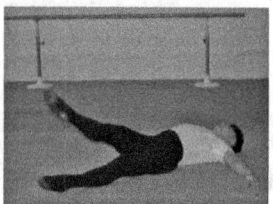
图 4-235
第三个八拍 5～8 拍

图 4-236
第四个八拍 1～4 拍

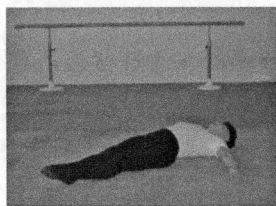

图 4-237
第四个八拍 5~8 拍

图 4-238
第五个八拍 1~4 拍

图 4-239
第五个八拍 5~8 拍

图 4-240
第六个八拍 1~4 拍

图 4-241
第六个八拍 5~8 拍

图 4-242
第七个八拍 1~4 拍

图 4-243
第七个八拍 5~8 拍

图 4-244
第八个八拍 1~4 拍

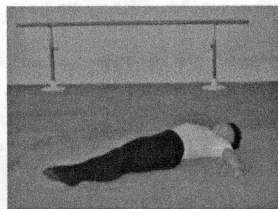

图 4-245
第八个八拍 5~8 拍

动作做法：

准备位：双腿并拢、绷脚，平躺于地面上，双手臂打开在身体两侧，如图 4-228 所示。

准备拍：一个八拍。在准备位上保持不动，如图 4-229 所示。

（1）第一个八拍：

1~4 拍，以双脚脚跟为轴，两脚脚尖向外打开（约 90°），保持绷全脚的状态，双腿保持伸直，上身保持不动，如图 4-230 所示。

5~8 拍，以双脚脚跟为轴，双脚向内合拢（约 90°），保持绷全脚的状态，双腿保持伸直，上身保持不动，如图 4-231 所示。

（2）第二个八拍：重复第一个八拍的动作，如图 4-232、图 4-233 所示。

（3）第三个八拍：

1~4 拍，以双脚脚跟为轴，两脚脚尖向外打开（约 90°），保持绷全脚的状态，双腿保持伸直，上身保持不动，如图 4-234 所示。

5～8 拍，右腿稍离地面，向前、向上打开 25°，保持绷全脚的状态，双腿保持伸直，上身保持不动，如图 4-235 所示。

(4)第四个八拍：

1～4 拍，右腿收回到左腿边，保持外开、伸直双腿、绷脚，上身保持不动，如图 4-236 所示。

5～8 拍，以双脚脚跟为轴，双脚向内合拢(约 90°)，保持绷全脚的状态，双腿保持伸直，上身保持不动，如图 4-237 所示。

(5)第五个八拍：

1～4 拍，以双脚脚跟为轴，两脚脚尖向外打开(约 90°)，保持绷全脚的状态，双腿保持伸直，上身保持不动，如图 4-238 所示。

5～8 拍，以双脚脚跟为轴，双脚向内合拢(约 90°)，保持绷全脚的状态，双腿保持伸直，上身保持不动，如图 4-239 所示。

(6)第六个八拍：重复第五个八拍的动作，如图 4-240 至图 4-241 所示。

(7)第七个八拍：

1～4 拍，以双脚脚跟为轴，两脚脚尖向外打开(约 90°)，保持绷全脚的状态，双腿保持伸直，上身保持不动，如图 4-242 所示。

5～8 拍，右腿稍离地面，向前、向上打开 25°，保持绷全脚的状态，双腿保持伸直，上身保持不动，如图 4-243 所示。

(8)第八个八拍：

1～4 拍，右腿收回到左腿边，保持外开、伸直双腿、绷脚，上身保持不动，如图 4-244 所示。

5～8 拍，以双脚脚跟为轴，双脚向内合拢(约 90°)，保持绷全脚的状态，双腿保持伸直，上身保持不动，如图 4-245 所示。

反面动作：

图 4-246
准备位

图 4-247
准备拍一个八拍

图 4-248
第一个八拍 1～4 拍

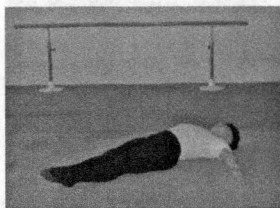
图 4-249
第一个八拍 5～8 拍

图 4-250
第二个八拍 1～4 拍

图 4-251
第二个八拍 5～8 拍

图 4-252
第三个八拍 1～4 拍

图 4-253
第三个八拍 5～8 拍

图 4-254
第四个八拍 1～4 拍

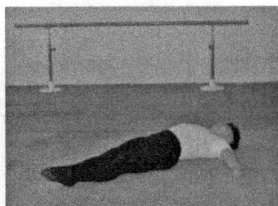
图 4-255
第四个八拍 5～8 拍

图 4-256
第五个八拍 1～4 拍

图 4-257
第五个八拍 5～7 拍

图 4-258
第六个八拍 1～4 拍

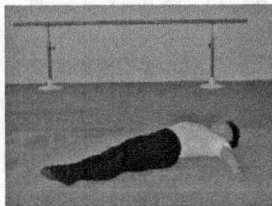
图 4-259
第六个八拍 5～8 拍

图 4-260
第七个八拍 1～4 拍

第四章　地面动作组合

图 4-261　　　　　　　　图 4-262　　　　　　　　图 4-263
第七个八拍 5～8 拍　　　第八个八拍 1～4 拍　　　第八个八拍 5～8 拍

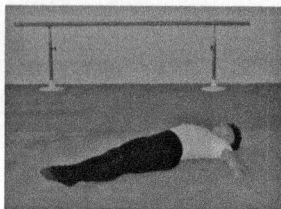

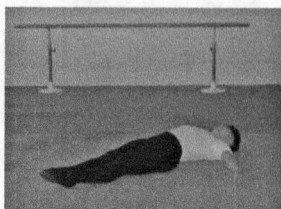

动作做法：

准备位：双腿并拢、绷脚，平躺于地面上，双手臂打开在身体两侧，如图 4-246 所示。

准备拍：一个八拍，在准备位上保持不动，如图 4-247 所示。

(1)第一个八拍：

1～4 拍，以双脚脚跟为轴，两脚脚尖向外打开(约 90°)，保持绷全脚的状态，双腿保持伸直，上身保持不动，如图 4-248 所示。

5～8 拍，以双脚脚跟为轴，双脚向内合拢(约 90°)，保持绷全脚的状态，双腿保持伸直，上身保持不动，如图 4-249 所示。

(2)第二个八拍：重复第一个八拍的动作，如图 4-250 至图 4-251 所示。

(3)第三个八拍：

1～4 拍，以双脚脚跟为轴，两脚脚尖向外打开(约 90°)，保持绷全脚的状态，双腿保持伸直，上身保持不动，如图 4-252 所示。

5～8 拍，左腿稍离地面，向前、向上打开 25°，保持绷全脚的状态，双腿保持伸直，上身保持不动，如图 4-253 所示。

(4)第四个八拍：

1～4 拍，左腿收回到右腿边，保持外开、伸直双腿、绷脚，上身保持不动，如图 4-254 所示。

5～8 拍，以双脚脚跟为轴，双脚向内合拢(约 90°)，保持绷全脚的状态，双腿保持伸直，上身保持不动，如图 4-255 所示。

(5)第五个八拍：

1～4 拍，以双脚脚跟为轴，两脚脚尖向外打开(约 90°)，保持绷全脚的状态，双腿保持伸直，上身保持不动，如图 4-256 所示。

5～8 拍，以双脚脚跟为轴，双脚向内合拢(约 90°)，保持绷全脚的状态，双腿保持伸直，上身保持不动，如图 4-257 所示。

(6)第六个八拍：重复第五个八拍的动作，如图 4-258、图 4-259 所示。

（7）第七个八拍：

1～4拍，以双脚脚跟为轴，两脚脚尖向外打开（约90°），保持绷全脚的状态，双腿保持伸直，上身保持不动，如图4-260所示。

5～8拍，左腿稍离地面，向前、向上打开25°，保持绷全脚的状态，双腿保持伸直，上身保持不动，如图4-261所示。

（8）第八个八拍：

1～4拍，左腿收回到右腿边，保持外开、伸直双腿、绷脚，上身保持不动，如图4-262所示。

5～8拍，以双脚脚跟为轴，双脚向内合拢（约90°），保持绷全脚的状态，双腿保持伸直，上身保持不动，如图4-263所示。

动作要求：在勾、绷脚训练中，尽量保持双腿膝关节的伸直，双脚半脚掌勾脚时，大脚背还保持绷脚状态，双脚全脚勾回时，双脚跟应离地，但腿部膝关节的后窝处，尽量保持不离开地面。

双脚半脚掌绷脚时，脚尖还保持勾脚状态，双脚脚尖向前绷脚时，应尽量用双脚尖去找地面。外开训练中，双腿肌肉带动双脚向外打开，同时保持双腿膝关节伸直。

二、腿抬 向旁 25°的外开练习

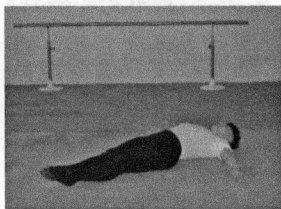

图 4-264
准备位

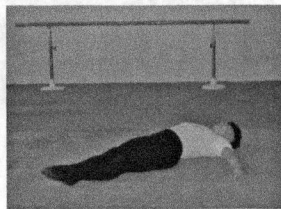

图 4-265
准备拍一个八拍

图 4-266
第一个八拍 1～4 拍

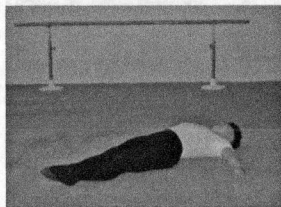

图 4-267
第一个八拍 5～8 拍

图 4-268
第二个八拍 1～4 拍

图 4-269
第二个八拍 5～8 拍

图 4-270
第三个八拍 1~4 拍

图 4-271
第三个八拍 5~8 拍

图 4-272
第四个八拍 1~4 拍

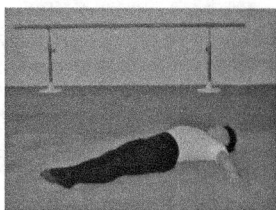

图 4-273
第四个八拍 5~8 拍

图 4-274
第五个八拍 1~4 拍

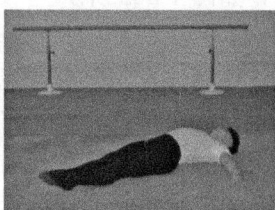

图 4-275
第五个八拍 5~7 拍

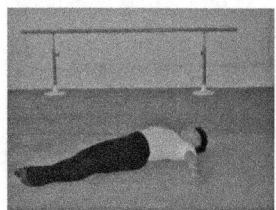

图 4-276
第六个八拍 1~4 拍

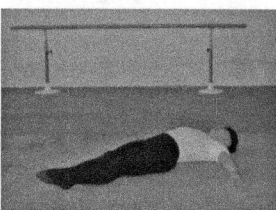

图 4-277
第六个八拍 5~8 拍

图 4-278
第七个八拍 1~4 拍

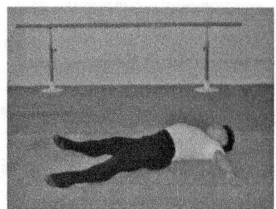

图 4-279
第七个八拍 5~8 拍

图 4-280
第八个八拍 1~4 拍

图 4-281
第八个八拍 5~8 拍

动作做法：

准备位：双腿并拢、绷脚，平躺于地面上，双手臂打开在身体两侧，如图 4-264 所示。

准备拍：一个八拍，在准备位上保持动，如图 4-265 所示。

（1）第一个八拍：

1～4拍，以双脚脚跟为轴，两脚脚尖向外打开（约90°），保持绷全脚的状态，双腿保持伸直，上身保持不动，如图4-266所示。

5～8拍，以双脚脚跟为轴，双脚向内合拢（约90°），保持绷全脚的状态，双腿保持伸直，上身保持不动，如图4-267所示。

（2）第二个八拍：重复第一个八拍的动作，如图4-268至图4-269所示。

（3）第三个八拍：

1～4拍，以双脚脚跟为轴，两脚脚尖向外打开（约90°），保持绷全脚的状态，双腿保持伸直，上身保持不动，如图4-270所示。

5～8拍，右腿稍离地面，向右旁打开25°，保持绷全脚的状态，双腿保持伸直，上身保持不动，如图4-271所示。

（4）第四个八拍：

1～4拍，右腿收回到左腿边，保持外开、伸直双腿、绷脚，上身保持不动，如图4-272所示。

5～8拍，以双脚脚跟为轴，双脚向内合拢（约90°），保持绷全脚的状态，双腿保持伸直，上身保持不动，如图4-273所示。

（5）第五个八拍：

1～4拍，以双脚脚跟为轴，两脚脚尖向外打开（约90°），保持绷全脚的状态，双腿保持伸直，上身保持不动，如图4-274所示。

5～8拍，以双脚脚跟为轴，双脚向内合拢（约90°），保持绷全脚的状态，双腿保持伸直，上身保持不动，如图4-275所示。

（6）第六个八拍：重复第五个八拍的动作，如图4-276至图4-277所示。

（7）第七个八拍：

1～4拍，以双脚脚跟为轴，两脚脚尖向外打开（约90°），保持绷全脚的状态，双腿保持伸直，上身保持不动，如图4-278所示。

5～8拍，右腿稍离地面，向右旁打开25°，保持绷全脚的状态，双腿保持伸直，上身保持不动，如图4-279所示。

第八个八拍：

1～4拍，右腿收回到左腿边，保持外开、伸直双腿、绷脚，上身保持不动，如图4-280所示。

5～8拍，以双脚脚跟为轴，双脚向内合拢（约90°），保持绷全脚的状态，双腿保持伸直，上身保持不动，如图4-281所示。

反面动作：

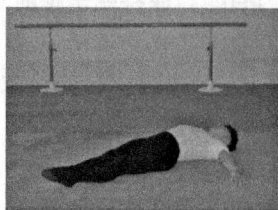

图 4-282
准备位

图 4-283
准备拍一个八拍

图 4-284
第一个八拍 1～4 拍

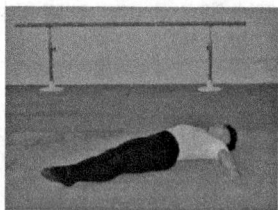

图 4-285
第一个八拍 5～8 拍

图 4-286
第二个八拍 1～4 拍

图 4-287
第二个八拍 5～8 拍

图 4-288
第三个八拍 1～4 拍

图 4-289
第三个八拍 5～8 拍

图 4-290
第四个八拍 1～4 拍

图 4-291
第四个八拍 5～8 拍

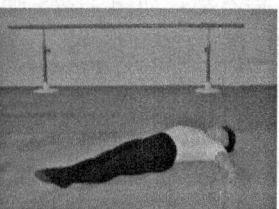

图 4-292
第五个八拍 1～4 拍

图 4-293
第五个八拍 5～8 拍

图 4-294
第六个八拍 1～4 拍

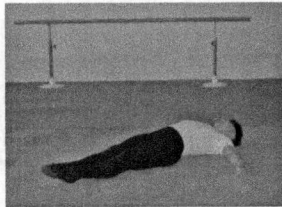

图 4-295
第六个八拍 5～8 拍

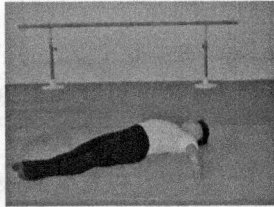

图 4-296
第七个八拍 1～4 拍

图 4-297
第七个八拍 5～8 拍

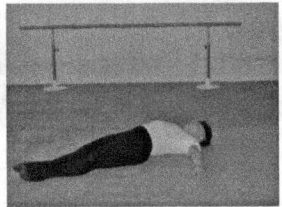

图 4-298
第八个八拍 1～4 拍

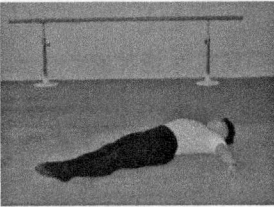

图 4-299
第八个八拍 5～8 拍

动作做法：

准备位：双腿并拢、绷脚，平躺于地面上，双手臂打开在身体两侧，如图 4-282 所示。

准备拍：一个八拍。在准备位上保持不动，如图 4-283 所示。

（1）第一个八拍：

1～4 拍，以双脚脚跟为轴，两脚脚尖向外打开（约 90°），保持绷全脚的状态，双腿保持伸直，上身保持不动，如图 4-284 所示。

5～8 拍，以双脚脚跟为轴，双脚向内合拢（约 90°），保持绷全脚的状态，双腿保持伸直，上身保持不动，如图 4-285 所示。

（2）第二个八拍：重复第一个八拍的动作，如图 4-286、图 4-287 所示。

（3）第三个八拍：

1～4 拍，以双脚脚跟为轴，两脚脚尖向外打开（约 90°），保持绷全脚的状态，双腿保持伸直，上身保持不动，如图 4-288 所示。

5～8 拍，左腿稍离地面，向左旁打开 25°，保持绷全脚的状态，双腿保持伸直，上身保持不动，如图 4-289 所示。

（4）第四个八拍：

1～4 拍，左腿收回到右腿边，保持外开、伸直双腿、绷脚，上身保持不动，如图 4-290 所示。

5～8 拍，以双脚脚跟为轴，双脚向内合拢（约 90°），保持绷全脚的状态，双腿保持伸直，上身保持不动，如图4-291所示。

（5）第五个八拍：

1～4拍，以双脚脚跟为轴，两脚脚尖向外打开（约90°），保持绷全脚的状态，双腿保持伸直，上身保持不动，如图4-292所示。

5～8拍，以双脚脚跟为轴，双脚向内合拢（约90°），保持绷全脚的状态，双腿保持伸直，上身保持不动，如图4-293所示。

（6）第六个八拍：重复第五个八拍动作，如图4-294、图4-295所示。

（7）第七个八拍：

1～4拍，以双脚脚跟为轴，两脚脚尖向外打开（约90°），保持绷全脚的状态，双腿保持伸直，上身保持不动，如图4-296所示。

5～8拍，左腿稍离地面，向左旁打开25°，保持绷全脚的状态，双腿保持伸直，上身保持不动，如图4-297所示。

（8）第八个八拍：

1～4拍，左腿收回到右腿边，保持外开、伸直双腿、绷脚，上身保持不动，如图4-298所示。

5～8拍，以双脚脚跟为轴，双脚向内合拢（约90°），保持绷全脚的状态，双腿保持伸直，上身保持不动，如图4-299所示。

动作要求：在勾、绷的训练中，尽量保持双腿膝关节的伸直，双脚半脚掌勾脚时，大脚背还保持绷脚状态，双脚全脚勾回时，双脚跟应离地，但腿部膝关节的后窝处，尽量保持不离开地面。

双脚半脚掌绷脚时，脚尖还保持勾脚状态，双脚脚尖向前绷脚时，应尽量用双脚尖去找地面。外开训练中，双腿肌肉带动双脚向外打开，同时保持双腿膝关节伸直。

三、腿抬 后 25°的外开练习

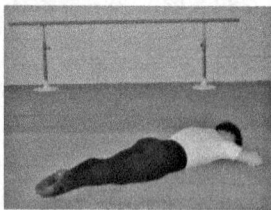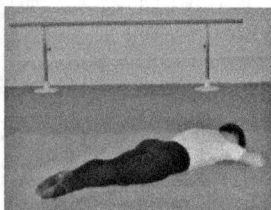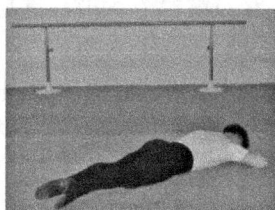

图4-300	图4-301	图4-302
准备位	准备拍一个八拍	第一个八拍1～4拍

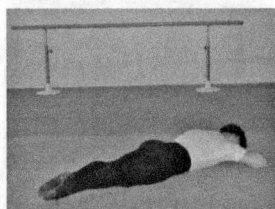

图 4-303
第一个八拍 5～8 拍

图 4-304
第二个八拍 1～4 拍

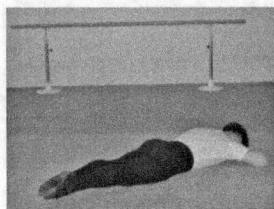

图 4-305
第二个八拍 5～8 拍

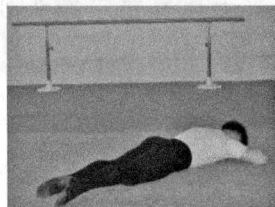

图 4-306
第三个八拍 1～4 拍

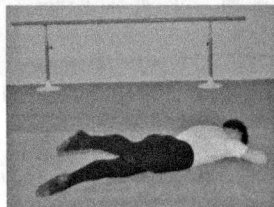

图 4-307
第三个八拍 5～8 拍

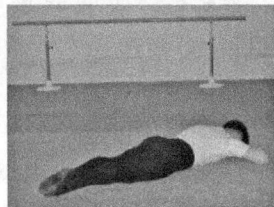

图 4-308
第四个八拍 1～4 拍

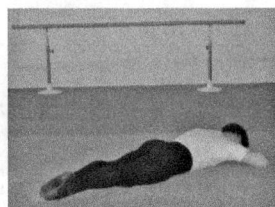

图 4-309
第四个八拍 5～8 拍

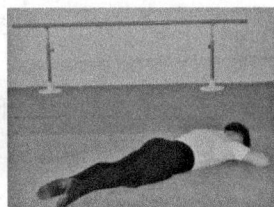

图 4-310
第五个八拍 1～4 拍

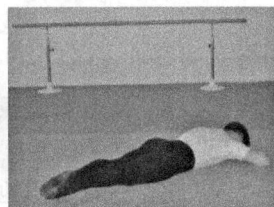

图 4-311
第五个八拍 5～8 拍

图 4-312
第六个八拍 1～4 拍

图 4-313
第六个八拍 5～8 拍

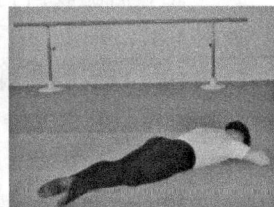

图 4-314
第七个八拍 1～4 拍

第四章　地面动作组合

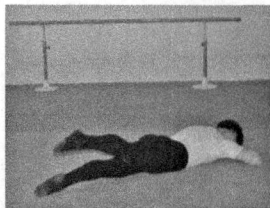

图 4-315
第七个八拍 5~8 拍

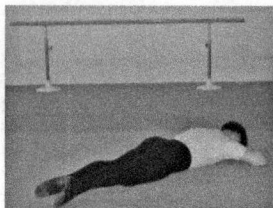

图 4-316
第八个八拍 1~4 拍

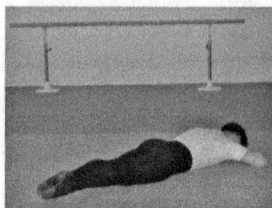

图 4-317
第八个八拍 5~8 拍

动作做法：

准备位：双腿并拢、绷脚，平趴于地面上，双手屈臂垫于额头处，如图 4-300 所示。

准备拍：一个八拍。在准备位上保持不动，如图 4-301 所示。

(1)第一个八拍：

1~4 拍，以双脚脚跟为轴，两脚脚尖向外打开(约 90°)，保持绷全脚的状态，双腿保持伸直，上身保持不动，如图 4-302 所示。

5~8 拍，以双脚脚跟为轴，双脚向内合拢(约 90°)，保持绷全脚的状态，双腿保持伸直，上身保持不动，如图 4-303 所示。

(2)第二个八拍：重复第一个八拍的动作，如图 4-304、图 4-305 所示。

(3)第三个八拍：

1~4 拍，以双脚脚跟为轴，两脚脚尖向外打开(约 90°)，保持绷全脚的状态，双腿保持伸直，上身保持不动，如图 4-306 所示。

5~8 拍，右腿稍离地面，向后、向上打开 25°，保持绷全脚的状态，双腿保持伸直，上身保持不动，如图 4-307 所示。

(4)第四个八拍：

1~4 拍，右腿收回到左腿边，保持外开、伸直双腿、绷脚，上身保持不动，如图 4-308 所示。

5~8 拍，以双脚脚跟为轴，双脚向内合拢(约 90°)，保持绷全脚的状态，双腿保持伸直，上身保持不动，如图 4-309 所示。

(5)第五个八拍：

1~4 拍，以双脚脚跟为轴，两脚脚尖向外打开(约 90°)，保持绷全脚的状态，双腿保持伸直，上身保持不动，如图 4-310 所示。

5~8 拍，以双脚脚跟为轴，双脚向内合拢(约 90°)，保持绷全脚的状态，双腿保持伸直，上身保持不动，如图 4-311 所示。

(6)第六个八拍：重复第五个八拍的动作，如图 4-312、图 4-313 所示。

（7）第七个八拍：

1～4 拍，以双脚脚跟为轴，两脚脚尖向外打开（约 90°），保持绷全脚的状态，双腿保持伸直，上身保持不动，如图 4-314 所示。

5～8 拍，右腿稍离地面，向后、向上打开 25°，保持绷全脚的状态，双腿保持伸直，上身保持不动，如图 4-315 所示。

（8）第八个八拍：

1～4 拍，右腿收回到左腿边，保持外开、伸直双腿、绷脚，上身保持不动，如图 4-316 所示。

5～8 拍，以双脚脚跟为轴，双脚向内合拢（约 90°），保持绷全脚的状态，双腿保持伸直，上身保持不动，如图 4-317 所示。

反面动作：

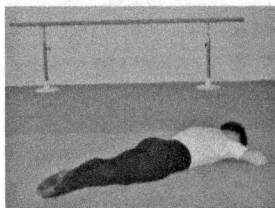

图 4-318
准备位

图 4-319
准备拍一个八拍

图 4-320
第一个八拍 1～4 拍

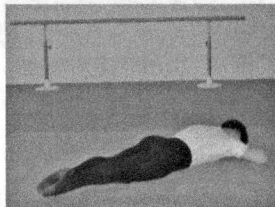

图 4-321
第一个八拍 5～8 拍

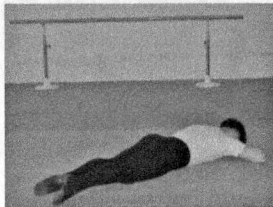

图 4-322
第二个八拍 1～4 拍

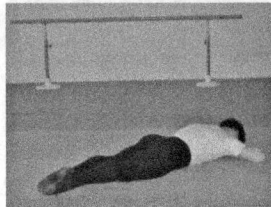

图 4-323
第二个八拍 5～8 拍

图 4-324
第三个八拍 1～4 拍

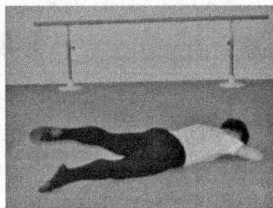

图 4-325
第三个八拍 5～8 拍

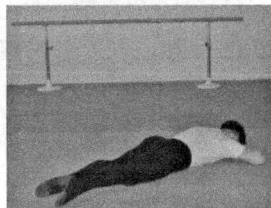

图 4-326
第四个八拍 1～4 拍

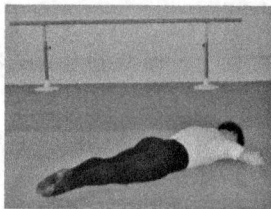

图 4-327
第四个八拍 5~8 拍

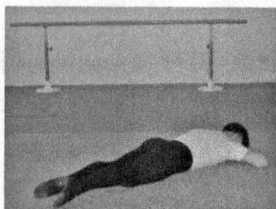

图 4-328
第五个八拍 1~4 拍

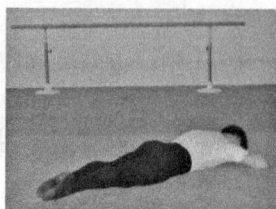

图 4-329
第五个八拍 5~8 拍

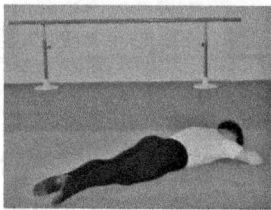

图 4-330
第六个八拍 1~4 拍

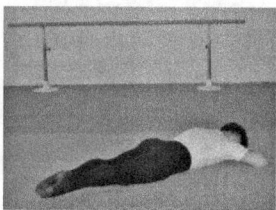

图 4-331
第六个八拍 5~8 拍

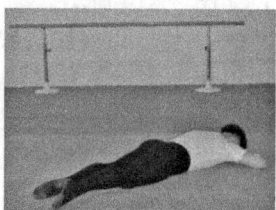

图 4-332
第七个八拍 1~4 拍

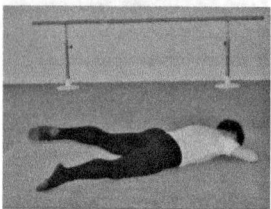

图 4-333
第七个八拍 5~8 拍

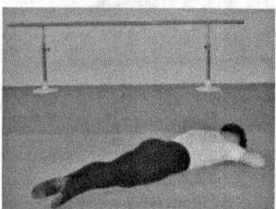

图 4-334
第八个八拍 1~4 拍

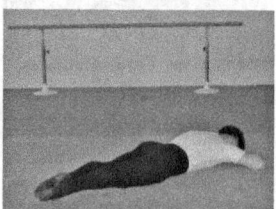

图 4-335
第八个八拍 5~8 拍

动作做法：

准备位：双腿并拢、绷脚，平趴于地面上，双手屈臂垫于额头处，如图 4-318 所示。

准备拍：一个八拍。在准备位上保持不动，如图 4-319 所示。

（1）第一个八拍：

1~4 拍，以双脚脚跟为轴，两脚脚尖向外打开（约 90°），保持绷全脚的状态，双腿保持伸直，上身保持不动，如图 4-320 所示。

5~8 拍，以双脚脚跟为轴，双脚向内合拢（约 90°），保持绷全脚的状态，双腿保持伸直，上身保持不动，如图 4-321 所示。

（2）第二个八拍：重复第一个八拍的动作，如图 4-322、图 4-323 所示。

(3)第三个八拍：

1～4拍，以双脚脚跟为轴，两脚脚尖向外打开(约90°)，保持绷全脚的状态，双腿保持伸直，上身保持不动，如图4-324所示。

5～8拍，左腿稍离地面，向后、向上打开25°，保持绷全脚的状态，双腿保持伸直，上身保持不动，如图4-325所示。

(4)第四个八拍：

1～4拍，左腿收回到右腿边，保持外开、伸直双腿、绷脚，上身保持不动，如图4-326所示。

5～8拍，以双脚脚跟为轴，双脚向内合拢(约90°)，保持绷全脚的状态，双腿保持伸直，上身保持不动，如图4-327所示。

(5)第五个八拍：

1～4拍，以双脚脚跟为轴，两脚脚尖向外打开(约90°)，保持绷全脚的状态，双腿保持伸直，上身保持不动，如图4-328所示。

5～8拍，以双脚脚跟为轴，双脚向内合拢(约90°)，保持绷全脚的状态，双腿保持伸直，上身保持不动，如图4-329所示。

(6)第六个八拍：重复第五个八拍的动作，如图4-330至图4-331所示。

(7)第七个八拍：

1～4拍，以双脚脚跟为轴，两脚脚尖向外打开(约90°)，保持绷全脚的状态，双腿保持伸直，上身保持不动，如图4-332所示。

5～8拍，左腿稍离地面，向后、向上打开25°，保持绷全脚的状态，双腿保持伸直，上身保持不动，如图4-333所示。

(8)第八个八拍：

1～4拍，左腿收回到右腿边，保持外开、伸直双腿、绷脚，上身保持不动，如图4-334所示。

5～8拍，以双脚脚跟为轴，双脚向内合拢(约90°)，保持绷全脚的状态，双腿保持伸直，上身保持不动，如图4-335所示。

动作要求：在勾、绷脚训练中，尽量保持双腿膝关节的伸直，双脚半脚掌勾脚时，大脚背还保持绷脚状态，双脚全脚勾回时，双脚跟应离地，但腿部膝关节的后窝处，尽量保持不离开地面。

双脚半脚掌绷脚时，脚尖还保持勾脚状态，双脚脚尖向前绷脚时，应尽量用双脚尖去找地面。外开训练中，双腿肌肉带动双脚向外打开，同时保持双腿膝关节伸直。

▶ 第九节　腿部伸展组合

一、正前腿 45°的伸展练习

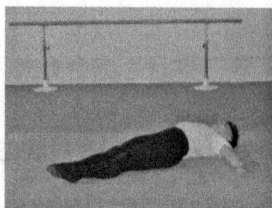

图 4-336
准备位

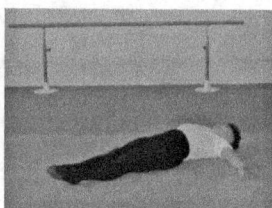

图 4-337
准备拍一个八拍

图 4-338
第一个八拍 1～4 拍

图 4-339
第一个八拍 5～8 拍

图 4-340
第二个八拍 1～4 拍

图 4-341
第二个八拍 5～8 拍

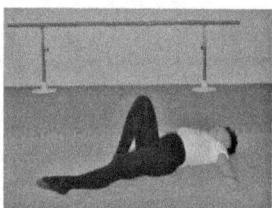

图 4-342
第三个八拍 1～4 拍

图 4-343
第三个八拍 5～8 拍

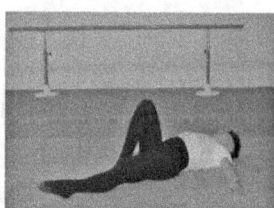

图 4-344
第四个八拍 1～4 拍

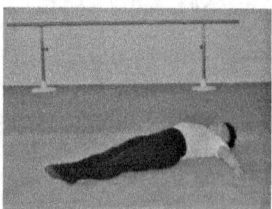

图 4-345
第四个八拍 5～8 拍

动作做法：

准备位：双腿并拢、绷脚，平躺于地面上，双手臂打开在身体两侧，如图 4-336 所示。

准备拍：一个八拍。在准备位上保持不动，如图 4-337 所示。

(1)第一个八拍：

1～4 拍，右腿弯曲向上吸腿，到左腿膝关节处，双脚保持绷全脚的状态，左腿保持伸直，上身保持不动，如图 4-338 所示。

5～8 拍，右腿离开地面，向前、向上打开 45°，双脚保持绷全脚的状态，左腿保持伸直，上身保持不动，如图 4-339 所示。

(2)第二个八拍：

1～4 拍，右腿弯曲收回到右腿边，到左腿膝关节处，双脚保持绷全脚的状态，左腿保持伸直，上身保持不动，如图 4-340 所示。

5～8 拍，右腿向下伸直，保持绷全脚的状态，双腿保持伸直，上身保持不动，如图 4-341 所示。

(3)第三个八拍：

1～4 拍，右腿弯曲向上吸腿，到左腿膝关节处，双脚保持绷全脚的状态，左腿保持伸直，上身保持不动，如图 4-342 所示。

5～8 拍，右腿离开地面，向前、向上打开 45°，双脚保持绷全脚的状态，左腿保持伸直，上身保持不动，如图 4-343 所示。

(4)第四个八拍：

1～4 拍，右腿弯曲收回到左腿边，到左腿膝关节处，双脚保持绷全脚的状态，左腿保持伸直，上身保持不动，如图 4-344 所示。

5～8 拍，右腿向下伸直，保持绷全脚的状态，双腿保持伸直，上身保持不动，如图 4-345 所示。

(5)第五个八拍：同第一个八拍，如图 4-338、图 4-339 所示。

(6)第六个八拍：同第二个八拍，如图 4-340、图 4-341 所示。

(7)第七个八拍：同第三个八拍，如图 4-342、图 4-343 所示。

(8)第八个八拍：同第四个八拍，如图 4-344、图 4-345 所示。

反面动作：

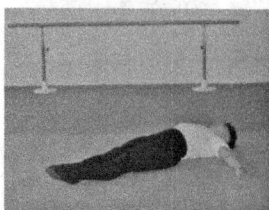
图 4-346
准备位

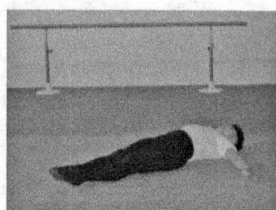
图 4-347
准备拍一个八拍

图 4-348
第一个八拍 1～4 拍

图 4-349
第一个八拍 5～8 拍

图 4-350
第二个八拍 1～4 拍

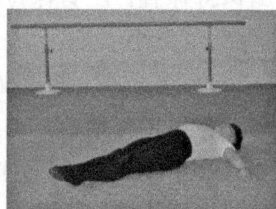
图 4-351
第二个八拍 5～8 拍

图 4-352
第三个八拍 1～4 拍

图 4-353
第三个八拍 5～8 拍

图 4-354
第四个八拍 1～4 拍

图 4-355
第四个八拍 5～8 拍

动作做法：

准备位：双腿并拢、绷脚，平躺于地面上，双手臂打开在身体两侧，如图 4-346 所示。

准备拍：一个八拍，如图 4-347 所示。

（1）第一个八拍：

1～4 拍，左腿弯曲向上吸腿，到右腿膝关节处，双脚保持绷全脚的状态，右腿保持伸直，上身保持不动，如图 4-348 所示。

5～8 拍，左腿离开地面，向前、向上打开 45°，双脚保持绷全脚的状态，右腿保持伸直，上身保持不动，如图 4-349 所示。

（2）第二个八拍：

1～4 拍，左腿弯曲收回到右腿边，到右腿膝关节处，双脚保持绷全脚的状态，右腿保持伸直，上身保持不动，如图 4-350 所示。

5～8 拍，左腿向下伸直，保持绷全脚的状态，双腿保持伸直，上身保持不动，如图 4-351 所示。

（3）第三个八拍：

1～4 拍，左腿弯曲向上吸腿，到右腿膝关节处，双脚保持绷全脚的状态，右腿保持伸直，上身保持不动，如图 4-352 所示。

5～8 拍，左腿离开地面，向前、向上打开 45°，双脚保持绷全脚的状态，右腿保持伸直，上身保持不动，如图 4-353 所示。

（4）第四个八拍：

1～4 拍，左腿弯曲收回到右腿边，到右腿膝关节处，双脚保持绷全脚的状态，右腿保持伸直，上身保持不动，如图 4-354 所示。

5～8 拍，左腿向下伸直，保持绷全脚的状态，双腿保持伸直，上身保持不动，如图 4-355 所示。

（5）第五个八拍：同第一个八拍，如图 4-348、图 4-349 所示。

（6）第六个八拍：同第二个八拍，如图 4-350、图 4-351 所示。

（7）第七个八拍：同第三个八拍，如图 4-352、图 4-353 所示。

（8）第八个八拍：同第四个八拍，如图 4-354、图 4-355 所示。

二、旁腿 45°的伸展练习

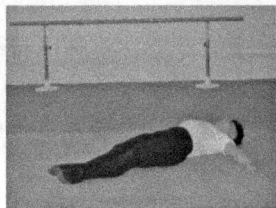

图 4-356
准备位

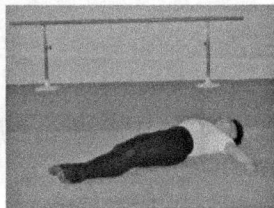

图 4-357
准备拍一个八拍

图 4-358
第一个八拍 1～4 拍

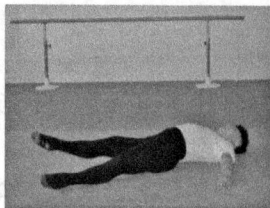

图 4-359
第一个八拍 5～8 拍

图 4-360
第二个八拍 1～4 拍

图 4-361
第二个八拍 5～8 拍

图 4-362
第三个八拍 1～4 拍

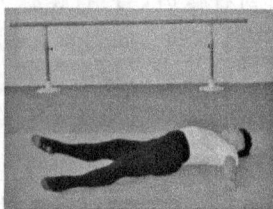

图 4-363
第三个八拍 5～8 拍

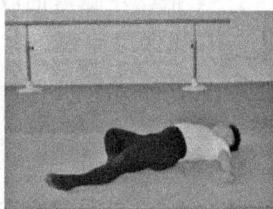

图 4-364
第四个八拍 1～4 拍

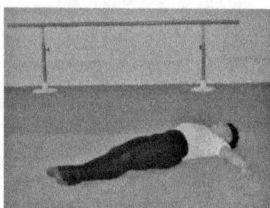

图 4-365
第四个八拍 5～8 拍

动作做法：

准备位：双腿并拢、外开绷脚，平躺于地面上，双手臂打开在身体两侧，如图 4-356 所示。

准备拍：一个八拍。在准备位上保持不动，如图 4-357 所示。

（1）第一个八拍：

1～4 拍，右腿保持外开，弯曲向上吸腿，到左腿膝关节处，双脚保持绷全脚的状态，左腿保持伸直，上身保持不动，如图 4-358 所示。

5～8 拍，右腿离开地面，向右旁打开 45°，双脚保持绷全脚的状态，左腿保持伸直，上身保持不动，如图 4-359 所示。

（2）第二个八拍：

1～4 拍，右腿保持外开，弯曲收回到左腿膝关节处，双脚保持绷全脚的状态，左腿保持伸直，上身保持不动，如图 4-360 所示。

5～8 拍，右腿保持外开，向下伸直，保持绷全脚的状态，双腿保持伸直，上身保持不动，如图 4-361 所示。

（3）第三个八拍：

1～4 拍，右腿保持外开，弯曲向上吸腿，到左腿膝关节处，双脚保持绷全脚的状态，左腿保持伸直，上身保持不动，如图 4-362 所示。

5～8 拍，右腿离开地面，向右旁打开 45°，双脚保持绷全脚的状态，左腿保持伸直，上身保持不动，如图 4-363 所示。

（4）第四个八拍：

1～4 拍，右腿保持外开，弯曲收回到左腿膝关节处，双脚保持绷全脚的状态，左腿保持伸直，上身保持不动，如图 4-364 所示。

5～8 拍，右腿保持外开，向下伸直，保持绷全脚的状态，双腿保持伸直，上身保持不动，如图 4-365 所示。

（5）第五个八拍：同第一个八拍，如图 4-358、图 4-359 所示。

（6）第六个八拍：同第二个八拍，如图 4-360、图 4-361 所示。

（7）第七个八拍：同第三个八拍，如图 4-362、图 4-363 所示。

（8）第八个八拍：同第四个八拍，如图 4-364、图 4-365 所示。

反面动作：

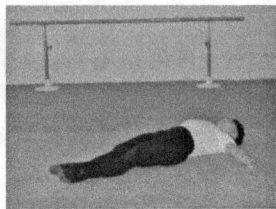

图 4-366
准备位

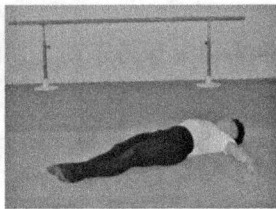

图 4-367
准备拍一个八拍

图 4-368
第一个八拍 1～4 拍

图 4-369
第一个八拍 5～8 拍

图 4-370
第二个八拍 1～4 拍

图 4-361
第二个八拍 5～8 拍

图 4-372
第三个八拍 1～4 拍

图 4-373
第三个八拍 5～8 拍

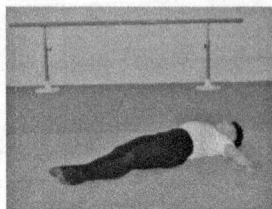

图 4-374
第四个八拍 1～4 拍

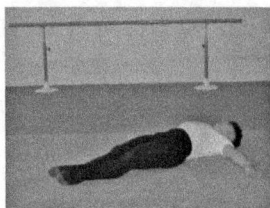

图 4-375
第四个八拍 5～8 拍

动作做法：

准备位：双腿并拢、外开绷脚，平躺于地面上，双手臂打开在身体两侧，如图 4-366 所示。

准备拍：一个八拍。在准备位上保持不动，如图 4-367 所示。

(1)第一个八拍：

1～4 拍，左腿保持外开，弯曲向上吸腿，到右腿膝关节处，双脚保持绷全脚的状态，右腿保持伸直，上身保持不动，如图 4-368 所示。

5～8 拍，左腿离开地面，向左旁打开 45°，双脚保持绷全脚的状态，右腿保持伸直，上身保持不动，如图 4-369 所示。

(2)第二个八拍：

1～4 拍，左腿保持外开，弯曲收回到右腿膝关节处，双脚保持绷全脚的状态，右腿保持伸直，上身保持不动，如图 4-370 所示。

5～8 拍，左腿保持外开，向下伸直，保持绷全脚的状态，双腿保持伸直，上身保持不动，如图 4-371 所示。

(3)第三个八拍：

1～4 拍，左腿保持外开，弯曲向上吸腿，到右腿膝关节处，双脚保持绷全脚的状态，右腿保持伸直，上身保持不动，如图 4-372 所示。

5～8 拍，左腿离开地面，向左旁打开 45°，双脚保持绷全脚的状态，右腿保持伸直，上身保持不动，如图 4-373 所示。

（4）第四个八拍：

1~4 拍，左腿保持外开，弯曲收回到右腿膝关节处，双脚保持绷全脚的状态，右腿保持伸直，上身保持不动，如图 4-374 所示。

5~8 拍，左腿保持外开，向下伸直，保持绷全脚的状态，双腿保持伸直，上身保持不动，如图 4-375 所示。

（5）第五个八拍：同第一个八拍，如图 4-368、图 4-369 所示。

（6）第六个八拍：同第二个八拍，如图 4-370、图 4-371 所示。

（7）第七个八拍：同第三个八拍，如图 4-372、图 4-373 所示。

（8）第八个八拍：同第四个八拍，如图 4-374、图 4-375 所示。

三、开关腿往前 90°伸直练习

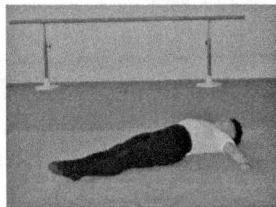

图 4-376
准备位

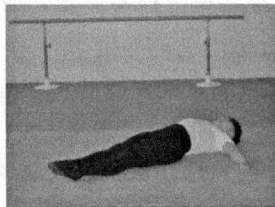

图 4-377
准备拍一个八拍

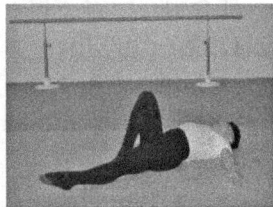

图 4-378
第一个八拍 1~4 拍

图 4-379
第一个八拍 5~8 拍

图 4-380
第二个八拍 1~4 拍

图 4-381
第二个八拍 5~8 拍

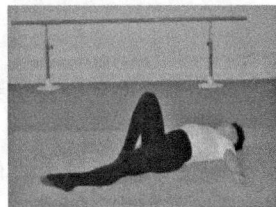

图 4-382
第三个八拍 1~4 拍

图 4-383
第三个八拍 5~8 拍

图 4-384
第四个八拍 1~4 拍

图 4-385

第四个八拍 5～8 拍

动作做法：

准备位置：双腿并拢、绷脚，平躺于地面上，双手臂打开在身体两侧，如图 4-376 所示。

准备拍：一个八拍。在准备位上保持不动，如图 4-377 所示。

(1)第一个八拍：

1～4 拍，右腿弯曲向上吸腿，到左腿膝关节处，双脚保持绷全脚的状态，左腿保持伸直，上身保持不动，如图 4-378 所示。

5～8 拍，右腿外开，向右旁打开 45°，双脚保持绷全脚的状态，左腿保持伸直，上身保持不动，如图 4-379 所示。

(2)第二个八拍：

1～4 拍，右腿保持外开，向前、向上抬离地面打开 90°伸直，双脚保持绷全脚的状态，左腿保持伸直，上身保持不动，如图 4-380 所示。

5～8 拍，右腿保持外开，向下伸直收回，还原到准备位，保持绷全脚的状态，双腿保持伸直，上身保持不动，如图 4-381 所示。

(3)第三个八拍：

1～4 拍，右腿弯曲向上吸腿，到左腿膝关节处，双脚保持绷全脚的状态，左腿保持伸直，上身保持不动，如图 4-382 所示。

5～8 拍，右腿外开，向右旁打开 45°，双脚保持绷全脚的状态，左腿保持伸直，上身保持不动，如图 4-383 所示。

(4)第四个八拍：

1～4 拍，右腿保持外开，向前、向上抬离地面打开 90°伸直，双脚保持绷全脚的状态，左腿保持伸直，上身保持不动，如图 4-384 所示。

5～8 拍，右腿保持外开，向下伸直收回，还原到准备位，保持绷全脚的状态，双腿保持伸直，上身保持不动，如图 4-385 所示。

(5)第五个八拍：同第一个八拍，如图 4-378、图 4-379 所示。

(6)第六个八拍：同第二个八拍，如图 4-380、图 4-381 所示。

(7)第七个八拍：同第三个八拍，如图 4-382、图 4-383 所示。

(8)第八个八拍：同第四个八拍，如图 4-384、图 4-385 所示。

反面动作：

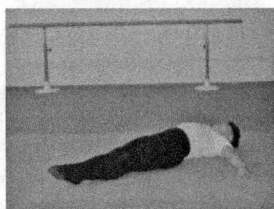

图 4-386
准备位

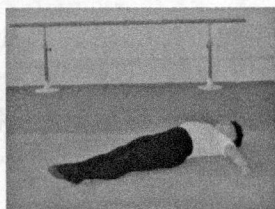

图 4-387
准备拍一个八拍

图 4-388
第一个八拍 1～4 拍

图 4-389
第一个八拍 5～8 拍

图 4-390
第二个八拍 1～4 拍

图 4-391
第二个八拍 5～8 拍

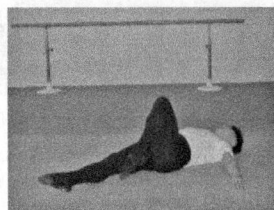

图 4-392
第三个八拍 1～4 拍

图 4-393
第三个八拍 5～8 拍

图 4-394
第四个八拍 1～4 拍

图 4-395
第四个八拍 5～8 拍

第四章　地面动作组合

动作做法：

准备位：双腿并拢、绷脚，平躺于地面上，双手臂打开在身体两侧，如

图 4-386 所示。

准备拍：一个八拍。在准备位上保持不动，如图 4-387。

(1)第一个八拍：

1~4 拍，左腿弯曲向上吸腿，到右腿膝关节处，双脚保持绷全脚的状态，右腿保持伸直，上身保持不动，如图 4-388 所示。

5~8 拍，左腿外开，向左旁打开 45°，双脚保持绷全脚的状态，右腿保持伸直，上身保持不动，如图 4-389 所示。

(2)第二个八拍：

1~4 拍，左腿保持外开，向前、向上抬离地面打开 90°伸直，双脚保持绷全脚的状态，右腿保持伸直，上身保持不动，如图 4-390 所示。

5~8 拍，左腿保持外开，向下伸直收回，还原到准备位，保持绷全脚的状态，双腿保持伸直，上身保持不动，如图 4-391 所示。

(3)第三个八拍：

1~4 拍，左腿弯曲向上吸腿，到右腿膝关节处，双脚保持绷全脚的状态，右腿保持伸直，上身保持不动，如图 4-392 所示。

5~8 拍，左腿外开，向左旁打开 45°，双脚保持绷全脚的状态，右腿保持伸直，上身保持不动，如图 4-393 所示。

(4)第四个八拍：

1~4 拍，左腿保持外开，向前、向上抬离地面打开 90°伸直，双脚保持绷全脚的状态，右腿保持伸直，上身保持不动，如图 4-394 所示。

5~8 拍，左腿保持外开，向下伸直收回，还原到准备位，保持绷全脚的状态，双腿保持伸直，上身保持不动，如图 4-395 所示。

(5)第五个八拍：同第一个八拍，如图 4-388、图 4-389 所示。

(6)第六个八拍：同第二个八拍，如图 4-390、图 4-391 所示。

(7)第七个八拍：同第三个八拍，如图 4-392、图 4-393 所示。

(8)第八个八拍：同第四个八拍，如图 4-394、图 4-395 所示。

四、开关腿往旁 90°伸直练习

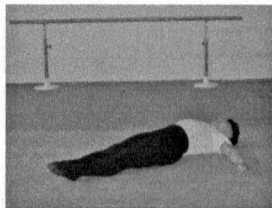

图 4-396
准备位

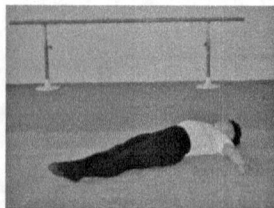

图 4-397
准备拍一个八拍

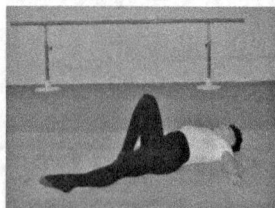

图 4-398
第一个八拍 1~4 拍

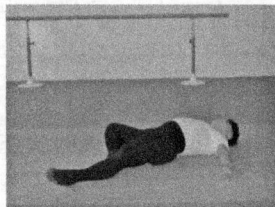

图 4-399
第一个八拍 5～8 拍

图 4-400
第二个八拍 1～4 拍

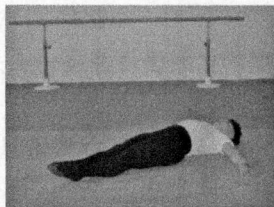

图 4-401
第二个八拍 5～8 拍

图 4-402
第三个八拍 1～4 拍

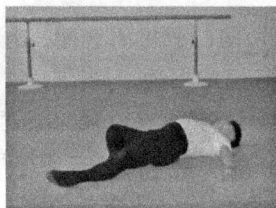

图 4-403
第三个八拍 5～8 拍

图 4-404
第四个八拍 1～4 拍

图 4-405
第四个八拍 5～8 拍

动作做法：

准备位：双腿并拢、绷脚，平躺于地面上，双手臂打开在身体两侧，如图 4-396 所示。

准备拍：一个八拍。在准备位上保持不动，如图 4-397。

（1）第一个八拍：

1～4 拍，右腿弯曲向上吸腿，到左腿膝关节处，双脚保持绷全脚的状态，左腿保持伸直，上身保持不动，如图 4-398 所示。

5～8 拍，右腿外开，向右旁打开 90°，双脚保持绷全脚的状态，左腿保持伸直，上身保持不动，如图 4-399 所示。

（2）第二个八拍：

1～4 拍，右腿保持外开，向右旁抬离地面打开 90°伸直，双脚保持绷全脚的状态，左腿保持伸直，上身保持不动，如图 4-400 所示。

5～8拍，右腿保持外开，向下伸直收回，还原到准备位，保持绷全脚的状态，双腿保持伸直，上身保持不动，如图4-401所示。

（3）第三个八拍：

1～4拍，右腿弯曲向上吸腿，到左腿膝关节处，双脚保持绷全脚的状态，左腿保持伸直，上身保持不动，如图4-402所示。

5～8拍，右腿外开，向右旁打开90°，双脚保持绷全脚的状态，左腿保持伸直，上身保持不动，如图4-403所示。

（4）第四个八拍：

1～4拍，右腿保持外开，向右旁抬离地面打开90°伸直，双脚保持绷全脚的状态，左腿保持伸直，上身保持不动，如图4-404所示。

5～8拍，右腿保持外开，向下伸直收回，还原到准备位，保持绷全脚的状态，双腿保持伸直，上身保持不动，如图4-405所示。

（5）第五个八拍：同第一个八拍，如图4-398、图4-399所示。

（6）第六个八拍：同第二个八拍，如图4-400、图4-401所示。

（7）第七个八拍：同第三个八拍，如图4-402、图4-403所示。

（8）第八个八拍：同第四个八拍，如图4-404、图4-405所示。

反面动作：

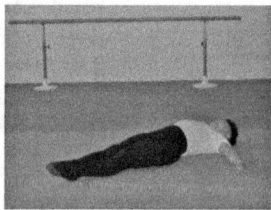

图4-406
准备位

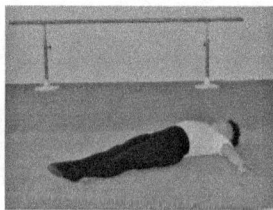

图4-407
准备拍一个八拍

图4-408
第一个八拍1～4拍

图4-409
第一个八拍5～8拍

图4-410
第二个八拍1～4拍

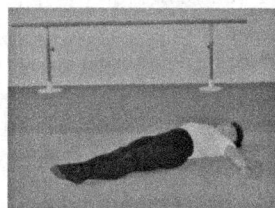

图4-411
第二个八拍5～8拍

图 4-412
第三个八拍 1～4 拍

图 4-413
第三个八拍 5～8 拍

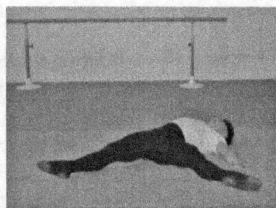

图 4-414
第四个八拍 1～4 拍

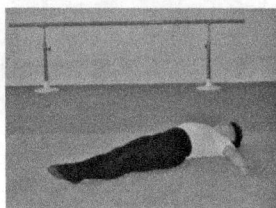

图 4-415
第四个八拍 5～8 拍

动作做法：

准备位：双腿并拢、绷脚，平躺于地面上，双手臂打开在身体两侧，如图 4-406 所示。

准备拍：一个八拍。在准备位上保持不动，如图 4-407 所示。

（1）第一个八拍：

1～4 拍，左腿弯曲向上吸腿，到右腿膝关节处，双脚保持绷全脚的状态，右腿保持伸直，上身保持不动，如图 4-408 所示。

5～8 拍，左腿外开，向左旁打开 90°，双脚保持绷全脚的状态，右腿保持伸直，上身保持不动，如图 4-409 所示。

（2）第二个八拍：

1～4 拍，左腿保持外开，向左旁抬离地面打开 90°伸直，双脚保持绷全脚的状态，右腿保持伸直，上身保持不动，如图 4-410 所示。

5～8 拍，左腿保持外开，向下伸直收回，还原到准备位，保持绷全脚的状态，双腿保持伸直，上身保持不动，如图 4-411 所示。

（3）第三个八拍：

1～4 拍，左腿弯曲向上吸腿，到右腿膝关节处，双脚保持绷全脚的状态，右腿保持伸直，上身保持不动，如图 4-412 所示。

5～8 拍，左腿外开，向左旁打开 90°，双脚保持绷全脚的状态，右腿保持伸直，上身保持不动，如图 4-413 所示。

（4）第四个八拍：

1～4 拍，左腿保持外开，向左旁抬离地面打开 90°伸直，双脚保持绷全脚的状态，右腿保持伸直，上身保持不动，如图 4-414 所示。

5～8 拍，左腿保持外开，向下伸直收回，还原到准备位，保持绷全脚的状态，双腿保持伸直，上身保持不动，如图 4-415 所示。

（5）第五个八拍：同第一个八拍，如图 4-408、图 4-409 所示。

（6）第六个八拍：同第二个八拍，如图 4-410、图 4-411 所示。

（7）第七个八拍：同第三个八拍，如图 4-412、图 4-413 所示。

（8）第八个八拍：同第四个八拍，如图 4-414、图 4-415 所示。

五、开关腿往后 90°伸直练习

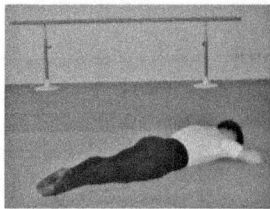

图 4-416
准备位

图 4-417
准备拍一个八拍

图 4-418
第一个八拍 1～4 拍

图 4-419
第一个八拍 5～8 拍

图 4-420
第二个八拍 1～4 拍

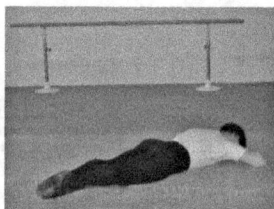

图 4-421
第二个八拍 5～8 拍

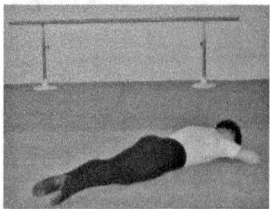

图 4-422
第三个八拍 1～4 拍

图 4-423
第三个八拍 5～8 拍

图 4-424
第四个八拍 1～4 拍

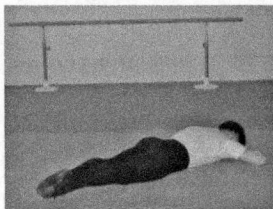

图 4-425

第四个八拍 5～8 拍

动作做法：

准备位：双腿并拢、绷脚，平趴于地面上，双手屈臂垫于额头处，如图 4-416 所示。

准备拍：一个八拍，如图 4-417 所示。

(1)第一个八拍：

1～4 拍，以双脚脚跟为轴，两脚脚尖向外打开，保持绷全脚的状态，双腿保持伸直，上身保持不动，如图 4-418 所示。

5～8 拍，右腿保持外开，向右旁打开 90°，弯曲向上吸腿，到左腿膝关节处，保持绷全脚的状态，双腿保持伸直，上身保持不动，如图 4-419 所示。

(2)第二个八拍：

1～4 拍，右腿抬离地面，向后、向上打开 90°，保持绷全脚的状态，双腿保持伸直，上身保持不动，如图 4-420 所示。

5～8 拍，右腿保持外开，向下伸直收回，还原到准备位，保持绷全脚的状态，双腿保持伸直，上身保持不动，如图 4-421 所示。

(3)第三个八拍：

1～4 拍，以双脚脚跟为轴，两脚脚尖向外打开，保持绷全脚的状态，双腿保持伸直，上身保持不动，如图 4-422 所示。

5～8 拍，右腿保持外开，向右旁打开 90°，弯曲向上吸腿，到左腿膝关节处，保持绷全脚的状态，双腿保持伸直，上身保持不动，如图 4-423 所示。

(4)第四个八拍：

1～4 拍，右腿抬离地面，向后、向上打开 90°，保持绷全脚的状态，双腿保持伸直，上身保持不动，如图 4-424 所示。

5～8 拍，右腿保持外开，向下伸直收回，还原到准备位，保持绷全脚的状态，双腿保持伸直，上身保持不动，如图 4-425 所示。

(5)第五个八拍：同第一个八拍，如图 4-418、图 4-419 所示。

(6)第六个八拍：同第二个八拍，如图 4-420、图 4-421 所示。

(7)第七个八拍：同第三个八拍，如图 4-422、图 4-423 所示。

(8)第八个八拍：同第四个八拍，如图 4-424、图 4-425 所示。

反面动作：

图 4-426
准备位

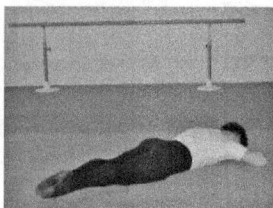
图 4-427
准备拍一个八拍

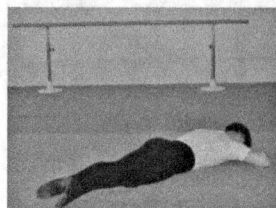
图 4-428
第一个八拍 1～4 拍

图 4-429
第一个八拍 5～8 拍

图 4-430
第二个八拍 1～4 拍

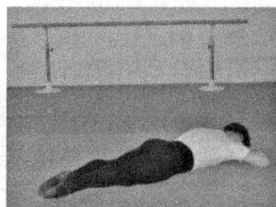
图 4-431
第二个八拍 5～8 拍

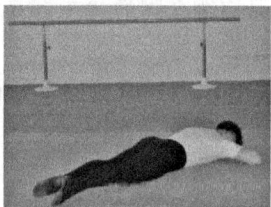
图 4-432
第三个八拍 1～4 拍

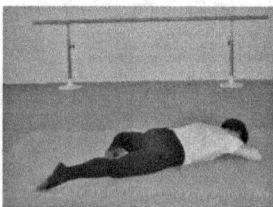
图 4-433
第三个八拍 5～8 拍

图 4-434
第四个八拍 1～4 拍

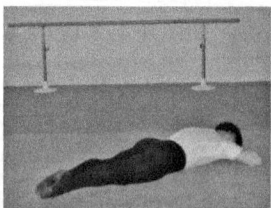
图 4-435
第四个八拍 5～8 拍

动作做法：

准备位：双腿并拢、绷脚，平趴于地面上，双手屈臂垫于额头处，如图 4-426 所示。

准备拍：一个八拍，如图 4-427 所示。

(1)第一个八拍：

1～4 拍，以双脚脚跟为轴，两脚脚尖向外打开，保持绷全脚的状态，双腿保持伸直，上身保持不动，如图 4-428 所示。

5～8 拍，左腿保持外开，向左旁打开 90°，弯曲向上吸腿，到右腿膝关节处，保持绷全脚的状态，双腿保持伸直，上身保持不动，如图 4-429 所示。

(2)第二个八拍：

1～4 拍，左腿抬离地面，向后、向上打开 90°，保持绷全脚的状态，双腿保持伸直，上身保持不动，如图 4-430 所示。

5～8 拍，左腿保持外开，向下伸直收回，还原到准备位，保持绷全脚的状态，双腿保持伸直，上身保持不动，如图 4-431 所示。

(3)第三个八拍：

1～4 拍，以双脚脚跟为轴，两脚脚尖向外打开，保持绷全脚的状态，双腿保持伸直，上身保持不动，如图 4-432 所示。

5～8 拍，左腿保持外开，向左旁打开 90°，弯曲向上吸腿，到右腿膝关节处，保持绷全脚的状态，双腿保持伸直，上身保持不动，如图 4-433 所示。

(4)第四个八拍：

1～4 拍，左腿抬离地面，向后、向上打开 90°，保持绷全脚的状态，双腿保持伸直，上身保持不动，如图 4-434 所示。

5～8 拍，左腿保持外开，向下伸直收回，还原到准备位，保持绷全脚的状态，双腿保持伸直，上身保持不动，如图 4-435 所示。

(5)第五个八拍：同第一个八拍，如图 4-428、图 4-429 所示。

(6)第六个八拍：同第二个八拍，如图 4-430、图 4-431 所示。

(7)第七个八拍：同第三个八拍，如图 4-432、图 4-433 所示。

(8)第八个八拍：同第四个八拍，如图 4-434、图 4-435 所示。

特别提示：后腿 90°抬高时，应尽量抬高。

六、双腿的屈伸练习

图 4-436
准备位

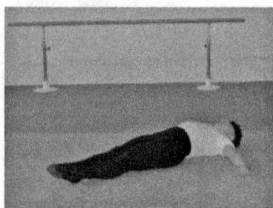
图 4-437
准备拍一个八拍

图 4-438
第一个八拍 1～4 拍

图 4-439
第一个八拍 5～8 拍

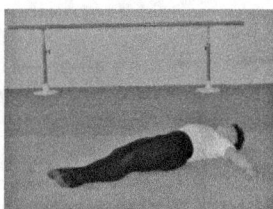
图 4-440
第二个八拍 1～4 拍

图 4-441
第二个八拍 5～8 拍

图 4-442
第三个八拍 1～4 拍

图 4-443
第三个八拍 5～8 拍

图 4-444
第四个八拍 1～4 拍

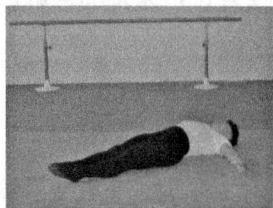
图 4-445
第四个八拍 5～8 拍

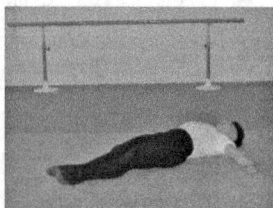
图 4-446
第五个八拍 1～4 拍

图 4-447
第五个八拍 5～8 拍

图 4-448
第六个八拍 1～4 拍

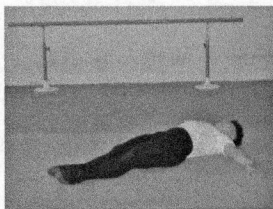

图 4-449
第六个八拍 5～8 拍

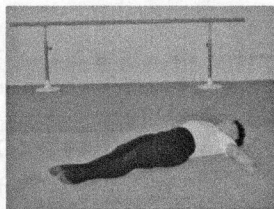

图 4-450
第七个八拍 1～4 拍

图 4-451
第七个八拍 5～8 拍

图 4-452
第八个八拍 1～4 拍

图 4-453
第八个八拍 5～8 拍

动作做法:

准备位:双腿并拢、绷脚,平躺于地面上,双手臂打开在身体两侧,如图 4-436 所示。

准备拍:一个八拍,如图 4-437 所示。

(1)第一个八拍:

1～4 拍,双脚绷脚,双腿屈膝收回,双脚跟尽量靠近臀部,上身保持不动,如图 4-438 所示。

5～8 拍,以双脚脚尖为轴,双腿膝关节弯曲向外打开,保持绷全脚的状态,上身保持不动,如图 4-439 所示。

(2)第二个八拍:

1～4 拍,双腿保持外开的状态伸直、绷全脚,上身保持不动,如图 4-440 所示。

5～8 拍,以双脚脚跟为轴,双脚向内合拢(约 90°),保持绷全脚的状态,双腿保持伸直,上身保持不动,如图 4-441 所示。

(3)第三个八拍:

1～4 拍,双脚绷脚,双腿屈膝收回,双脚跟尽量靠近臀部,上身保持不动,如图 4-442 所示。

5～8 拍,以双脚脚尖为轴,双腿膝关节弯曲向外打开,保持绷全脚的状态,上身保持不动,如图 4-443 所示。

(4)第四个八拍：

1～4拍，双腿保持外开的状态伸直、绷全脚，上身保持不动，如图4-444所示。

5～8拍，以双脚脚跟为轴，双脚向内合拢（约90°），保持绷全脚的状态，双腿保持伸直，上身保持不动，如图4-445所示。

(5)第五个八拍：

1～4拍，以双脚脚跟为轴，两脚脚尖向外打开（约90°），保持绷全脚的状态，双腿保持伸直，上身保持不动，如图4-446所示。

5～8拍，双腿屈膝向上收回，使双脚跟靠近臀部，保持绷全脚的状态，上身保持不动，如图4-447所示。

(6)第六个八拍：

1～4拍，以双脚尖跟为轴，两腿膝关节向外合拢（约90°），保持绷全脚的状态，上身保持不动，如图4-448所示。

5～8拍，双腿向下伸直还原到准备位，保持绷全脚的状态，双腿保持伸直，上身保持不动，如图4-449所示。

(7)第七个八拍：

1～4拍，以双脚脚跟为轴，两脚脚尖向外打开（约90°），保持绷全脚的状态，双腿保持伸直，上身保持不动，如图4-450所示。

5～8拍，双腿屈膝向上收回，使双脚跟靠近臀部，保持绷全脚的状态，上身保持不动，如图4-451所示。

(8)第八个八拍：

1～4拍，以双脚尖跟为轴，两腿膝关节向外合拢（约90°），保持绷全脚的状态，上身保持不动，如图4-452所示。

5～8拍，双腿向下伸直还原到准备位，保持绷全脚的状态，双腿保持伸直，上身保持不动，如图4-453所示。

动作要求：在勾、绷脚训练中，尽量保持双腿膝关节的伸直，双脚半脚掌勾脚时，大脚背还保持绷脚状态，双脚全脚勾回时，双脚跟应离地，但腿部膝关节的后窝处，尽量保持不离开地面。

双脚半脚掌绷脚时，脚尖还保持勾脚状态，双脚脚尖向前绷脚时，应尽量用双脚尖去找地面。外开训练中，双腿肌肉带动双脚向外打开，同时保持双腿膝关节伸直。

▶ 第十节　单腿环动练习

一、前、旁 90°环动练习

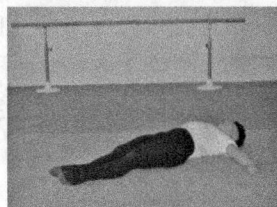

图 4-454
准备位

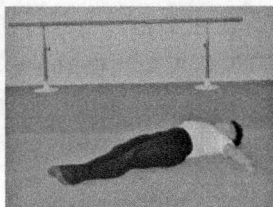

图 4-455
准备拍一个八拍

图 4-456
第一个八拍 1～4 拍

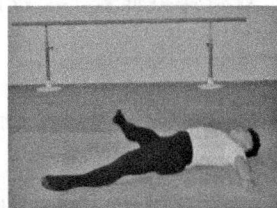

图 4-457
第一个八拍 5～8 拍

图 4-458
第二个八拍 1～4 拍

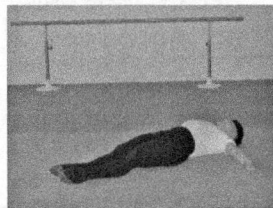

图 4-459
第二个八拍 5～8 拍

图 4-460
第三个八拍 1～4 拍

图 4-461
第三个八拍 5～8 拍

图 4-462
第四个八拍 1～4 拍

图 4-463
第四个八拍 5～8 拍

第四章　地面动作组合

117

动作做法：

准备位：双腿并拢外开、绷脚，平躺于地面上，双手臂打开在身体两侧，如图 4-454 所示。

准备拍：一个八拍，如图 4-455 所示。

(1)第一个八拍：

1～4 拍，左腿保持外开，向左旁抬离地面打开 90°伸直，双脚保持绷全脚的状态，右腿保持伸直，上身保持不动，如图 4-456 所示。

5～8 拍，右腿保持外开，向右旁打开 90°，双脚保持绷全脚的状态，左腿保持伸直，上身保持不动，如图 4-457 所示。

(2)第二个八拍：

1～4 拍，右腿保持外开伸直，收回到准备位，双脚保持绷全脚的状态，左腿保持伸直，上身保持不动，如图 4-458 所示。

5～8 拍，停留在准备位上，保持绷全脚的状态，双腿保持伸直，上身保持不动，如图 4-459 所示。

(3)第三个八拍：

1～4 拍，右腿保持外开，向右旁抬离地面打开 90°伸直，双脚保持绷全脚的状态，左腿保持伸直，上身保持不动，如图 4-460 所示。

5～8 拍，右腿保持外开，向右旁打开 90°，双脚保持绷全脚的状态，左腿保持伸直，上身保持不动，如图 4-461 所示。

(4)第四个八拍：

1～4 拍，右腿保持外开伸直，收回到准备位，双脚保持绷全脚的状态，左腿保持伸直，上身保持不动，如图 4-462 所示。

5～8 拍，停留在准备位上，保持绷全脚的状态，双腿保持伸直，上身保持不动，如图 4-463 所示。

(5)第五个八拍：同第一个八拍，如图 4-456、图 4-457 所示。

(6)第六个八拍：同第二个八拍，如图 4-458、图 4-459 所示。

(7)第七个八拍：同第三个八拍，如图 4-460、图 4-461 所示。

(8)第八个八拍：同第四个八拍，如图 4-462、图 4-463 所示。

反面动作：

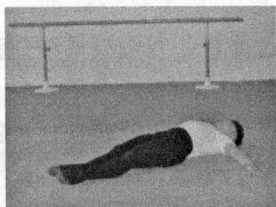

图 4-464
准备位

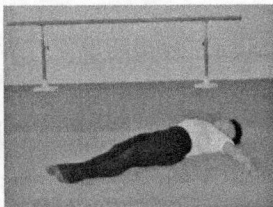

图 4-465
准备拍一个八拍

图 4-466
第一个八拍 1～4 拍

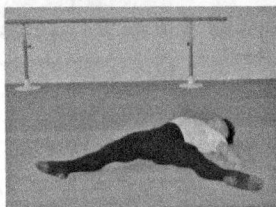

图 4-467
第一个八拍 5～8 拍

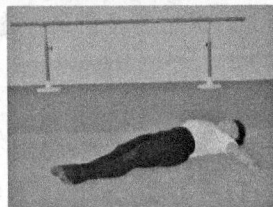

图 4-468
第二个八拍 1～4 拍

图 4-469
第二个八拍 5～8 拍

图 4-470
第三个八拍 1～4 拍

图 4-471
第三个八拍 5～8 拍

图 4-472
第四个八拍 1～4 拍

图 4-473
第四个八拍 5～8 拍

动作做法：

准备位：双腿并拢外开、绷脚，平躺于地面上，双手臂打开在身体两侧，如图 4-464 所示。

准备拍：一个八拍，如图 4-465 所示。

(1)第一个八拍：

1～4 拍，左腿保持外开，向左旁抬离地面打开 90°伸直，双脚保持绷全脚的状态，右腿保持伸直，上身保持不动，如图 4-466 所示。

5～8 拍，左腿保持外开，向左旁打开 90°，双脚保持绷全脚的状态，右腿保持伸直，上身保持不动，如图 4-467 所示。

(2)第二个八拍：

1～4 拍，左腿保持外开伸直，收回到准备位，双脚保持绷全脚的状态，右腿保持伸直，上身保持不动，如图 4-468 所示。

5～8 拍，停留在准备位上，保持绷全脚的状态，双腿保持伸直，上身保持不动，如图 4-469 所示。

(3)第三个八拍：

1～4 拍，左腿保持外开，向左旁抬离地面打开 90°伸直，双脚保持绷全脚的状态，右腿保持伸直，上身保持不动，如图 4-470 所示。

5～8 拍，左腿保持外开，向左旁打开 90°，双脚保持绷全脚的状态，右腿保持伸直，上身保持不动，如图 4-471 所示。

(4)第四个八拍：

1～4 拍，左腿保持外开伸直，收回到准备位，双脚保持绷全脚的状态，右腿保持伸直，上身保持不动，如图 4-472 所示。

5～8 拍，停留在准备位上，保持绷全脚的状态，双腿保持伸直，上身保持不动，如图 4-473 所示。

(5)第五个八拍：同第一个八拍，如图 4-466、图 4-467 所示。

(6)第六个八拍：同第二个八拍，如图 4-468、图 4-469 所示。

(7)第七个八拍：同第三个八拍，如图 4-470、图 4-471 所示。

(8)第八个八拍：同第四个八拍，如图 4-472、图 4-473 所示。

二、后、旁 45°的环动练习

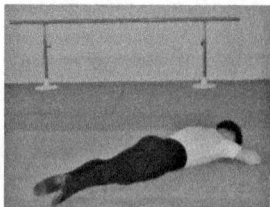

图 4-474
准备位

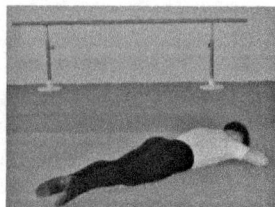

图 4-475
准备拍一个八拍

图 4-476
第一个八拍 1～4 拍

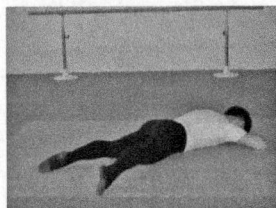

图 4-477
第一个八拍 5～8 拍

图 4-478
第二个八拍 1～4 拍

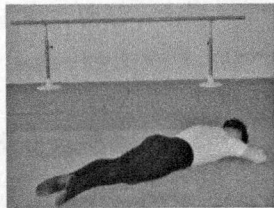

图 4-479
第二个八拍 5～8 拍

图 4-480
第三个八拍 1～4 拍

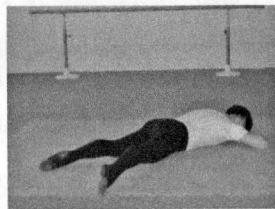

图 4-481
第三个八拍 5～8 拍

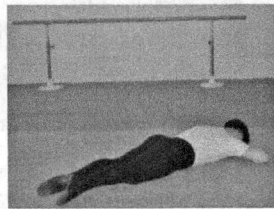

图 4-482
第四个八拍 1～4 拍

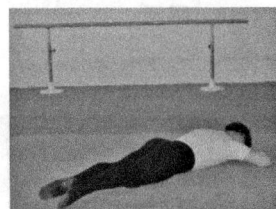

图 4-483
第四个八拍 5～8 拍

动作做法：

准备位：双腿并拢外开、绷脚，平趴于地面上，双手屈臂垫于额头处，如图 4-474 所示。

准备拍：一个八拍，如图 4-475 所示。

(1)第一个八拍：

1～4 拍，右腿保持外开，向后、向上旁抬离地面打开 45°伸直，双脚保持绷全脚的状态，左腿保持伸直，上身保持不动，如图 4-476 所示。

5～8 拍，右腿保持外开，向右旁打开 45°，双脚保持绷全脚的状态，左腿保持伸直，上身保持不动，如图 4-477 所示。

(2)第二个八拍：

1～4 拍，右腿保持外开伸直，收回到准备位，双脚保持绷全脚的状态，左腿保持伸直，上身保持不动，如图 4-478 所示。

5~8 拍，停留在准备位上，保持绷全脚的状态，双腿保持伸直，上身保持不动，如图 4-479 所示。

（3）第三个八拍：

1~4 拍，右腿保持外开，向后、向上旁抬离地面打开 45°伸直，双脚保持绷全脚的状态，左腿保持伸直，上身保持不动，如图 4-480 所示。

5~8 拍，右腿保持外开，向右旁打开 45°，双脚保持绷全脚的状态，左腿保持伸直，上身保持不动，如图 4-481 所示。

（4）第四个八拍：

1~4 拍，右腿保持外开伸直，收回到准备位，双脚保持绷全脚的状态，左腿保持伸直，上身保持不动，如图 4-482 所示。

5~8 拍，停留在准备位上，保持绷全脚的状态，双腿保持伸直，上身保持不动，如图 4-483 所示。

（5）第五个八拍：同第一个八拍，如图 4-476、图 4-477 所示。

（6）第六个八拍：同第二个八拍，如图 4-478、图 4-479 所示。

（7）第七个八拍：同第三个八拍，如图 4-480、图 4-481 所示。

（8）第八个八拍：同第四个八拍，如图 4-482、图 4-483 所示。

反面动作：

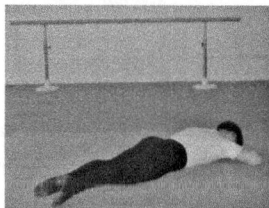

图 4-484
准备位

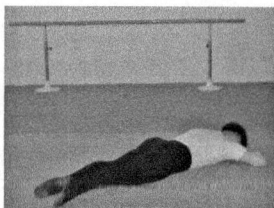

图 4-485
准备拍一个八拍

图 4-486
第一个八拍 1~4 拍

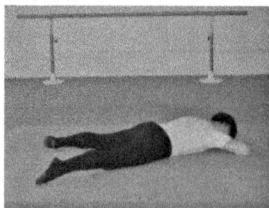

图 4-487
第一个八拍 5~8 拍

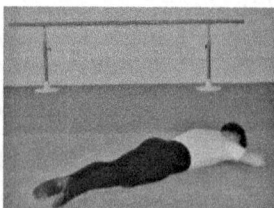

图 4-488
第二个八拍 1~4 拍

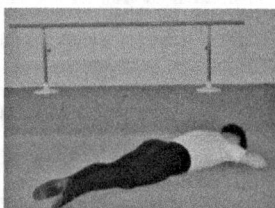

图 4-489
第二个八拍 5~8 拍

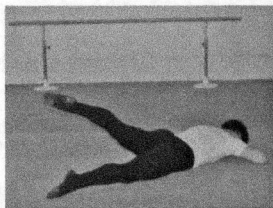

图 4-490
第三个八拍 1～4 拍

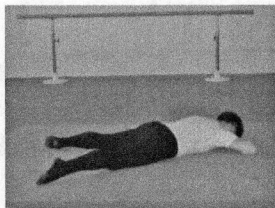

图 4-491
第三个八拍 5～8 拍

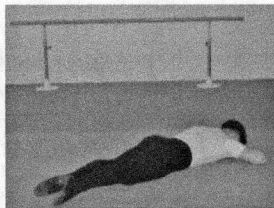

图 4-492
第四个八拍 1～4 拍

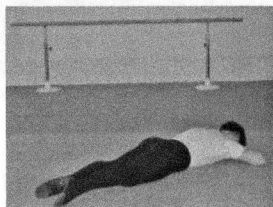

图 4-493
第四个八拍 5～8 拍

动作做法：

准备位：双腿并拢外开、绷脚，平趴于地面上，双手屈臂垫于额头处，如图 4-484 所示。

准备拍：一个八拍，如图 4-485 所示。

（1）第一个八拍：

1～4 拍，左腿保持外开，向后、向上旁抬离地面打开 45°伸直，双脚保持绷全脚的状态，右腿保持伸直，上身保持不动，如图 4-486 所示。

5～8 拍，左腿保持外开，向左旁打开 45°，双脚保持绷全脚的状态，右腿保持伸直，上身保持不动，如图 4-487 所示。

（2）第二个八拍：

1～4 拍，左腿保持外开伸直，收回到准备位，双脚保持绷全脚的状态，右腿保持伸直，上身保持不动，如图 4-488 所示。

5～8 拍，停留在准备位上，保持绷全脚的状态，双腿保持伸直，上身保持不动，如图 4-489 所示。

（3）第三个八拍：

1～4 拍，左腿保持外开，向后、向上旁抬离地面打开 45°伸直，双脚保持绷全脚的状态，右腿保持伸直，上身保持不动，如图 4-490 所示。

5～8 拍，左腿保持外开，向左旁打开 45°，双脚保持绷全脚的状态，右腿保持伸直，上身保持不动，如图 4-491 所示。

(4)第四个八拍：

1～4 拍，左腿保持外开伸直，收回到准备位，双脚保持绷全脚的状态，右腿保持伸直，上身保持不动，如图 4-492 所示。

5～8 拍，停留在准备位上，保持绷全脚的状态，双腿保持伸直，上身保持不动，如图 4-493 所示。

(5)第五个八拍：同第一个八拍，如图 4-486、图 4-487 所示。

(6)第六个八拍：同第二个八拍，如图 4-488、图 4-489 所示。

(7)第七个八拍：同第三个八拍，如图 4-490、图 4-491 所示。

(8)第八个八拍：同第四个八拍，如图 4-492、图 4-493 所示。

三、双腿环动练习

(一)组合一

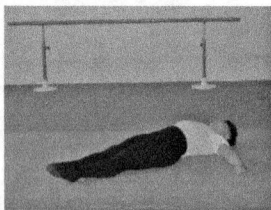

图 4-494
准备位

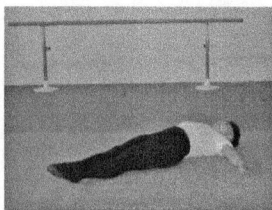

图 4-495
准备拍一个八拍

图 4-496
第一个八拍 1～4 拍

图 4-497
第一个八拍 5～8 拍

图 4-498
第二个八拍 1～4 拍

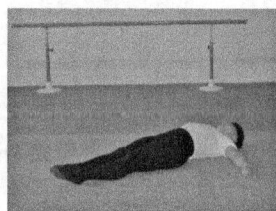

图 4-499
第二个八拍 5～8 拍

图 4-500
第三个八拍 1～4 拍

图 4-501
第三个八拍 5～8 拍

图 4-502
第四个八拍 1～4 拍

图 4-503
第四个八拍 5～8 拍

动作做法：

准备位：双腿并拢、绷脚，平躺于地面上，双手臂打开在身体两侧，如图 4-494 所示。

准备拍：一个八拍，如图 4-495 所示。

(1)第一个八拍：

1～4 拍，双腿弯曲向上吸腿，双脚跟靠近臀部，双脚保持绷全脚的状态，上身保持不动，如图 4-496 所示。

5～8 拍，双腿外开，向前、向上抬离地面打开 90°伸直，双脚保持绷全脚的状态，上身保持不动，如图 4-497 所示。

(2)第二个八拍：

1～4 拍，双腿保持外开，向左、右两侧打开 90°伸直，双脚保持绷全脚的状态，上身保持不动，如图 4-498 所示。

5～8 拍，双腿保持外开，向下伸直收回，还原到准备位，保持绷全脚的状态，双腿保持伸直，上身保持不动，如图 4-499 所示。

(3)第三个八拍：

1～4 拍，双腿弯曲向上吸腿，双脚跟靠近臀部，双脚保持绷全脚的状态，上身保持不动，如图 4-500 所示。

5～8 拍，双腿外开，向前、向上抬离地面打开 90°伸直，双脚保持绷全脚的状态，上身保持不动，如图 4-501 所示。

(4)第四个八拍：

1～4 拍，双腿保持外开，向左、右两侧打开 90°伸直，双脚保持绷全脚的状态，上身保持不动，如图 4-502 所示。

5～8 拍，双腿保持外开，向下伸直收回，还原到准备位，保持绷全脚的状态，双腿保持伸直，上身保持不动，如图 4-503 所示。

(5)第五个八拍：同第一个八拍，如图 4-496、图 4-497 所示。

(6)第六个八拍：同第二个八拍，如图 4-498、图 4-499 所示。

(7)第七个八拍：同第三个八拍，如图 4-500、图 4-501 所示。

(8)第八个八拍：同第四个八拍，如图 4-502、图 4-503 所示。

反面动作：

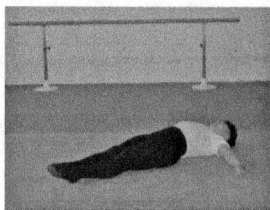

图 4-504
准备位

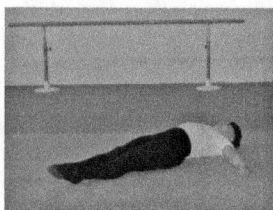

图 4-505
准备拍一个八拍

图 4-506
第一个八拍 1～4 拍

图 4-507
第一个八拍 5～8 拍

图 4-508
第二个八拍 1～4 拍

图 4-509
第二个八拍 5～8 拍

图 4-510
第三个八拍 1～4 拍

图 4-511
第三个八拍 5～8 拍

图 4-512
第四个八拍 1～4 拍

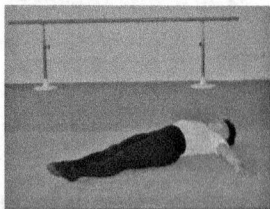

图 4-513
第四个八拍 5～8 拍

动作做法：

准备位：双腿并拢、绷脚，平躺于地面上，双手臂打开在身体两侧，如

图 4-504 所示。

准备拍：一个八拍，如图 4-505 所示。

(1)第一个八拍：

1~4 拍，双腿外开，经左、右两侧向上，打开 90°伸直，双脚保持绷全脚的状态，上身保持不动，如图 4-506 所示。

5~8 拍，双腿保持外开伸直，向中间合拢，双脚保持绷全脚的状态，上身保持不动，如图 4-507 所示。

(2)第二个八拍：

1~4 拍，双腿膝关节弯曲向下，双脚尖触地，双脚跟靠近臀部，双脚保持绷全脚的状态，上身保持不动，如图 4-508。

5~8 拍，双腿向下伸直收回，还原到准备位，保持绷全脚的状态，双腿保持伸直，上身保持不动，如图 4-509。

(3)第三个八拍：

1~4 拍，双腿外开，经左、右两侧向上，打开 90°伸直，双脚保持绷全脚的状态，上身保持不动，如图 4-510 所示。

5~8 拍，双腿保持外开伸直，向中间合拢，双脚保持绷全脚的状态，上身保持不动，如图 4-511 所示。

(4)第四个八拍：

1~4 拍，双腿膝关节弯曲向下，双脚尖触地，双脚跟靠近臀部，双脚保持绷全脚的状态，上身保持不动，如图 4-512 所示。

5~8 拍，双腿向下伸直收回，还原到准备位，保持绷全脚的状态，双腿保持伸直，上身保持不动，如图 4-513 所示。

(5)第五个八拍：同第一个八拍，如图 4-506、图 4-507 所示。

(6)第六个八拍：同第二个八拍，如图 4-508、图 4-509 所示。

(7)第七个八拍：同第三个八拍，如图 4-510、图 4-511 所示。

(8)第八个八拍：同第四个八拍，如图 4-512、图 4-513 所示。

(二)组合二

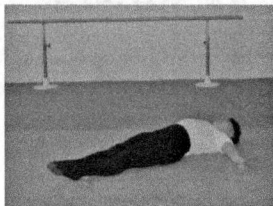

图 4-514
准备位

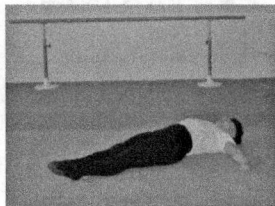

图 4-515
准备拍一个八拍

图 4-516
第一个八拍 1~2 拍

图 4-517
第一个八拍 3～4 拍

图 4-518
第一个八拍 5～6 拍

图 4-519
第一个八拍 7～8 拍

图 4-520
第二个八拍 1～2 拍

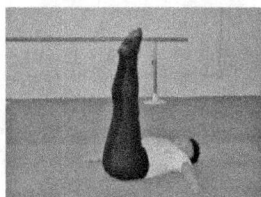
图 4-521
第二个八拍 3～4 拍

图 4-522
第二个八拍 5～6 拍

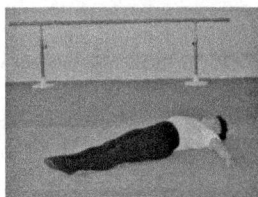
图 4-523
第二个八拍 7～8 拍

图 4-524
第三个八拍 1～2 拍

图 4-525
第三个八拍 3～4 拍

图 4-526
第三个八拍 5～8 拍

图 4-527
第四个八拍 1～2 拍

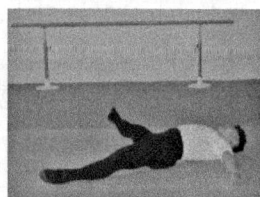
图 4-528
第四个八拍 3～4 拍

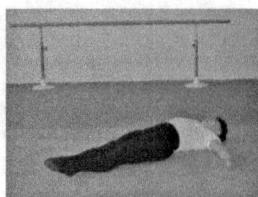
图 4-529
第四个八拍 5～8 拍

动作做法：

准备位：双腿并拢、绷脚，平躺于地面上，双手臂打开在身体两侧，如图 4-514 所示。

准备拍：一个八拍，如图 4-515 所示。

(1)第一个八拍：

1～2 拍，双脚并拢、绷脚、屈膝，双脚跟靠近臀部，上身保持不动，如图 4-516 所示。

3～4 拍，双腿向前、向上伸直，绷脚、上身保持不动，如图 4-517 所示。

5～6 拍，双腿向两侧打开伸直，双脚绷全脚，上身保持不动，如图 4-518 所示。

7～8 拍，双腿保持伸直，向下经两侧收回还原到准备位，双脚绷全脚，上身保持不动，如图 4-519 所示。

(2)第二个八拍：重复第一个八拍的动作，如图 4-520 至图 4-523 所示。

(3)第三个八拍：

1～2 拍，先外开双脚，右脚绷脚、向前、向上伸直抬离地面 45°，双腿保持伸直，上身保持不动，如图 4-524 所示。

3～4 拍，右脚保持绷脚外开，向旁保持伸直抬离地面打开 90°，双腿保持伸直，上身保持不动，如图 4-525 所示。

5～8 拍，右脚保持绷脚外开，还原收回到左脚边，双腿保持伸直，上身保持不动，如图 4-526 所示。

(4)第四个八拍：重复第三个八拍的动作，如图 4-527 至图 4-529 所示。

(5)第五个八拍：同第一个八拍，如图 4-516 至图 4-519 所示。

(6)第六个八拍：同第二个八拍，如图 4-520 至图 4-523 所示。

(7)第七个八拍：同第三个八拍，如图 4-524 至图 4-526 所示。

(8)第八个八拍：同第四个八拍，如图 4-527 至图 4-529 所示。

反面动作：

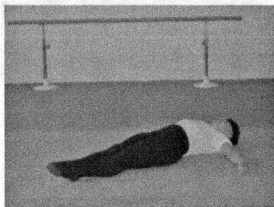

图 4-530
准备位

图 4-531
准备拍一个八拍

图 4-532
第一个八拍 1～2 拍

图 4-533
第一个八拍 3~4 拍

图 4-534
第一个八拍 5~6 拍

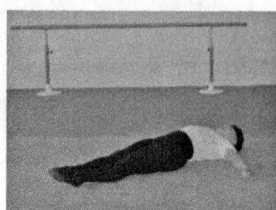

图 4-535
第一个八拍 7~8 拍

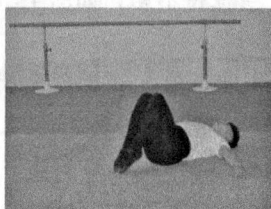

图 4-536
第二个八拍 1~2 拍

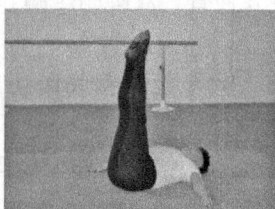

图 4-537
第二个八拍 3~4 拍

图 4-538
第二个八拍 5~6 拍

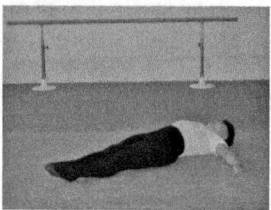

图 4-539
第二个八拍 7~8 拍

图 4-540
第三个八拍 1~2 拍

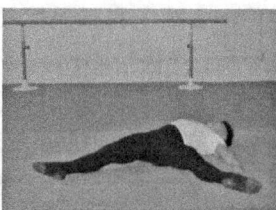

图 4-541
第三个八拍 3~4 拍

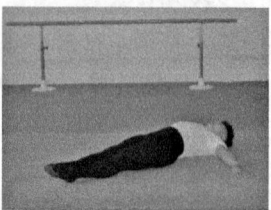

图 4-542
第三个八拍 5~8 拍

图 4-543
第四个八拍 1~2 拍

图 4-544
第四个八拍 3~4 拍

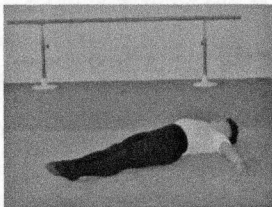
图 4-545
第四个八拍 5~8 拍

动作做法：

准备位：双腿并拢、绷脚，平躺于地面上，双手臂打开在身体两侧，如图 4-530 所示。

准备拍：一个八拍，如图 4-531 所示。

(1)第一个八拍：

1~2 拍，双脚并拢、绷脚、屈膝，双脚跟靠近臀部，上身保持不动，如图 4-532 所示。

3~4 拍，双腿向前、向上伸直，绷脚、上身保持不动，如图 4-533 所示。

5~6 拍，双腿向两侧打开伸直，双脚绷全脚，上身保持不动，如图 4-534 所示。

7~8 拍，双腿保持伸直，向下经两侧收回还原到准备位，双脚绷全脚，上身保持不动，如图 4-535 所示。

(2)第二个八拍：重复第一个八拍的动作，如图 4-536 至图 4-539 所示。

(3)第三个八拍：

1~2 拍，先外开双脚，左脚绷脚、向前、向上伸直抬离地面 45°，双腿保持伸直，上身保持不动，如图 4-540 所示。

3~4 拍，左脚保持绷脚外开，向旁保持伸直抬离地面打开 90°，双腿保持伸直，上身保持不动，如图 4-541 所示。

5~8 拍，左脚保持绷脚外开，还原收回到右脚边，双腿保持伸直，上身保持不动，如图 4-542 所示。

(4)第四个八拍：重复第三个八拍的动作，如图 4-543 至图 4-545 所示。

(5)第五个八拍：同第一个八拍，如图 4-532 至图 4-535 所示。

(6)第六个八拍：同第二个八拍，如图 4-536 至图 4-539 所示。

(7)第七个八拍：同第三个八拍，如图 4-540 至图 4-542 所示。

(8)第八个八拍：同第四个八拍，如图 4-543 至图 4-545 所示。

特别提示：此动作可返回做。

▶ 第十一节 腿的外开练习

一、腿的外开练习

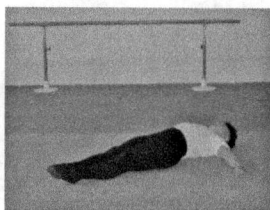
图 4-546
准备位

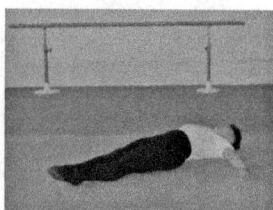
图 4-547
准备拍一个八拍

图 4-548
第一个八拍 1~4 拍

图 4-549
第一个八拍 5~8 拍

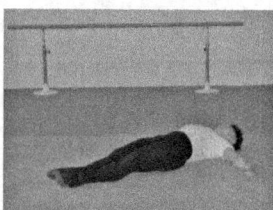
图 4-550
第二个八拍 1~4 拍

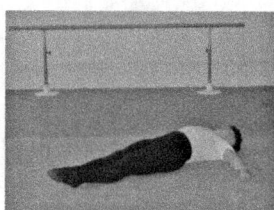
图 4-551
第二个八拍 5~8 拍

图 4-552
第三个八拍 1~4 拍

图 4-553
第三个八拍 5~8 拍

图 4-554
第四个八拍 1~4 拍

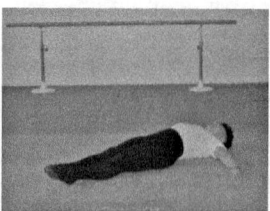
图 4-555
第四个八拍 5~8 拍

图 4-556
第五个八拍 1~4 拍

图 4-557
第五个八拍 5~8 拍

形
体
训
练

图 4-558
第六个八拍 1~4 拍

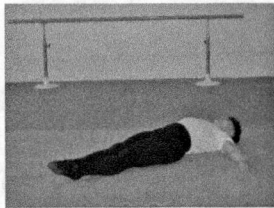

图 4-559
第六个八拍 5~8 拍

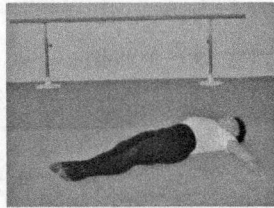

图 4-560
第七个八拍 1~4 拍

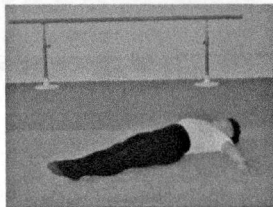

图 4-561
第七个八拍 5~8 拍

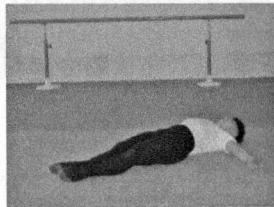

图 4-562
第八个八拍 1~4 拍

图 4-563
第八个八拍 5~8 拍

动作做法：

准备位：双腿并拢、绷脚，平躺于地面上，双手臂打开在身体两侧，如图 4-546 所示。

准备拍：一个八拍，如图 4-547 所示。

（1）第一个八拍：

1~4 拍，双脚绷脚外开，双腿保持伸直，上身保持不动，如图 4-548 所示。

5~8 拍，还原到准备位，双腿保持伸直，上身保持不动，如图 4-549 所示。

（2）第二个八拍：重复第一个八拍的动作，如图 4-550、图 4-551 所示。

（3）第三个八拍：

1~4 拍，双脚尖并拢，向上勾半脚掌，双腿保持伸直，上身保持不动，如图 4-552 所示。

5~8 拍，双脚尖并拢，继续向上完成勾全脚掌，双腿保持伸直，上身保持不动，如图 4-553 所示。

（4）第四个八拍：

1~4 拍，以双脚脚跟为轴，两脚脚尖向外打开（约90°），保持勾全脚的状态，双腿保持伸直，上身保持不动，如图 4-554 所示。

5~8 拍，经两侧向下绷双脚，保持双腿伸直，上身保持不动。还原到准备位置，如图 4-555 所示。

（5）第五个八拍：

1～4 拍，外开双脚，经两侧向上勾双脚，保持双腿伸直，上身保持不动，如图 4-556 所示。

5～8 拍，以双脚脚跟为轴，双脚向内合拢（约 90°），双脚尖并拢，保持勾全脚的状态，双腿保持伸直，上身保持不动，如图 4-557 所示。

（6）第六个八拍：

1～4 拍，双脚尖并拢，向下绷半脚掌，双腿保持伸直，上身保持不动，如图 4-558 所示。

5～8 拍，双脚尖并拢，继续向下完成绷全脚掌，双腿保持伸直，上身保持不动，如图 4-559 所示。

（7）第七个八拍：

1～4 拍，双脚绷脚外开，双腿保持伸直，上身保持不动，如图 4-560 所示。

5～8 拍，还原到准备位，双腿保持伸直，上身保持不动，如图 4-561 所示。

（8）第八个八拍：重复第七个八拍的动作，如图 4-562、图 4-563 所示。

动作要求：在勾、绷脚训练中，尽量保持双腿膝关节的伸直，双脚半脚掌勾脚时，大脚背还保持绷脚状态，双脚全脚勾回时，双脚跟应离地，但腿部膝关节的后窝处，尽量保持不离开地面。

双脚半脚掌绷脚时，脚尖还保持勾脚状态，双脚脚尖向前绷脚时，应尽量用双脚尖去找地面。外开训练中，双腿肌肉带动双脚向外打开，同时保持双腿膝关节伸直。

二、向前屈、伸的外开练习

图 4-564
准备位

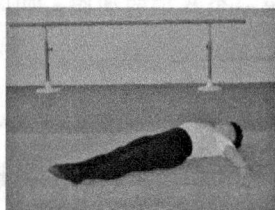

图 4-565
准备拍一个八拍

图 4-566
第一个八拍 1～4 拍

图 4-567
第一个八拍 5～6 拍

图 4-568
第一个八拍 7～8 拍

图 4-569
第二个八拍 1～4 拍

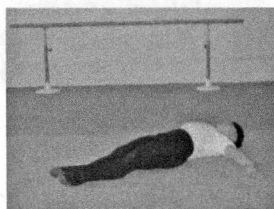

图 4-570
第二个八拍 5～6 拍

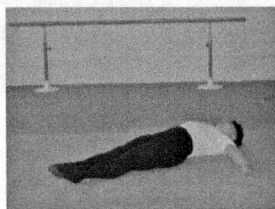

图 4-571
第二个八拍 7～8 拍

图 4-572
第三个八拍 1～4 拍

图 4-573
第三个八拍 5～6 拍

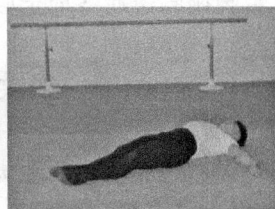

图 4-574
第三个八拍 7～8 拍

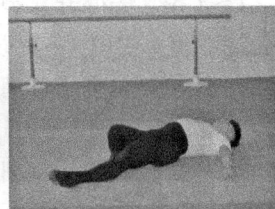

图 4-575
第四个八拍 1～4 拍

图 4-576
第四个八拍 5～6 拍

图 4-577
第四个八拍 7～8 拍

动作做法：

准备位：双腿并拢、绷脚，平躺于地面上，双手臂打开在身体两侧，如图 4-564 所示。

准备拍：一个八拍，如图 4-565 所示。

（1）第一个八拍：

1～4 拍，双脚并拢、绷脚、屈膝，双脚跟靠近臀部，上身保持不动，如图 4-566 所示。

5～6 拍，双腿屈膝向两侧打开，绷脚、脚尖相触，上身保持不动，如图 4-567 所示。

7～8 拍，双腿保持屈膝向两侧打开的基础上，双脚勾全脚、脚跟相靠，上身保持不动，如图 4-568 所示。

（2）第二个八拍：

1～4 拍，保持脚跟相靠的基础上，双腿向下伸直，双脚保持勾全脚，上身保持不动，如图 4-569 所示。

5～6 拍，双腿保持伸直，双脚绷全脚、保持外开，上身保持不动，如图 4-570 所示。

7～8 拍，双脚向内合拢，还原到准备位，上身保持不动，如图 4-571 所示。

（3）第三个八拍：

1～4 拍，先外开双脚，右脚绷脚、屈膝向上吸腿到左腿的膝关节处，上身保持不动，如图 4-572 所示。

5～6 拍，右脚保持绷脚外开，向前、向上伸直抬离地面90°，双腿保持伸直，上身保持不动，如图 4-573 所示。

7～8 拍，右脚保持绷脚外开，还原收回到左脚边，双腿保持伸直，上身保持不动，如图 4-574 所示。

（4）第四个八拍：重复第三个八拍的动作，如图 4-575 至图 4-577 所示。

（5）第五个八拍：同第一个八拍，如图 4-566 至图 4-568 所示。

（6）第六个八拍：同第二个八拍，如图 4-569 至图 4-571 所示。

（7）第七个八拍：同第三个八拍，如图 4-572 至图 4-574 所示。

（8）第八个八拍：同第四个八拍，如图 4-575 至图 4-577 所示。

反面动作：

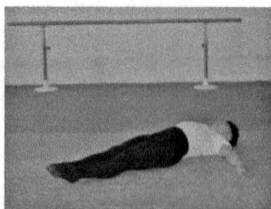

图 4-578 准备位

图 4-579 准备拍一个八拍

图 4-580 第一个八拍 1～4 拍

图 4-581
第一个八拍 5～6 拍

图 4-582
第一个八拍 7～8 拍

图 4-583
第二个八拍 1～4 拍

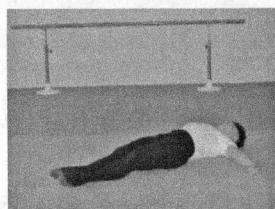

图 4-584
第二个八拍 5～6 拍

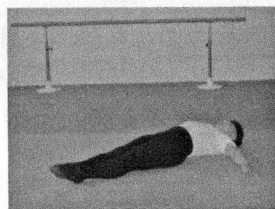

图 4-585
第二个八拍 7～8 拍

图 4-586
第三个八拍 1～4 拍

图 4-587
第三个八拍 5～6 拍

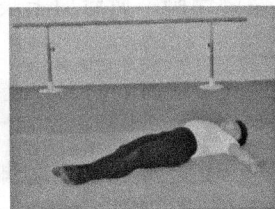

图 4-588
第三个八拍 7～8 拍

图 4-589
第四个八拍 1～4 拍

图 4-590
第四个八拍 5～6 拍

图 4-591
第四个八拍 7～8 拍

动作做法：

准备位：双腿并拢、绷脚，平躺于地面上，双手臂打开在身体两侧，如图 4-578 所示。

准备拍：一个八拍，如图 4-579 所示。

(1)第一个八拍：

1～4拍，双脚并拢、绷脚、屈膝，双脚跟靠近臀部，上身保持不动，如图4-580所示。

5～6拍，双腿屈膝向两侧打开，绷脚、脚尖相触，上身保持不动，如图4-581所示。

7～8拍，双腿保持屈膝向两侧打开的基础上，双脚勾全脚、脚跟相靠，上身保持不动，如图4-582所示。

(2)第二个八拍：

1～4拍，保持脚跟相靠的基础上，双腿向下伸直，双脚保持勾全脚，上身保持不动，如图4-583所示。

5～6拍，双腿保持伸直，双脚绷全脚、保持外开，上身保持不动，如图4-584所示。

7～8拍，双脚向内合拢，还原到准备位，上身保持不动，如图4-585所示。

(3)第三个八拍：

1～4拍，先外开双脚，左脚绷脚、屈膝向上吸腿到右腿的膝关节处，上身保持不动，如图4-586所示。

5～6拍，左脚保持绷脚外开，向前、向上伸直抬离地面90°，双腿保持伸直，上身保持不动，如图4-587所示。

7～8拍，左脚保持绷脚外开，还原收回到右脚边，双腿保持伸直，上身保持不动，如图4-588所示。

(4)第四个八拍：重复第三个八拍的动作，如图4-589至图4-591所示。

(5)第五个八拍：同第一个八拍，如图4-580至图4-582所示。

(6)第六个八拍：同第二个八拍，如图4-583至图4-585所示。

(7)第七个八拍：同第三个八拍，如图4-586至图4-588所示。

(8)第八个八拍：同第四个八拍，如图4-589至图4-591所示。

三、双腿屈、伸向旁外开练习

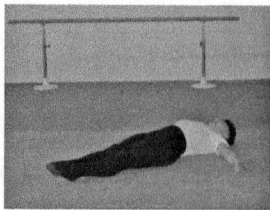

图 4-592
准备位

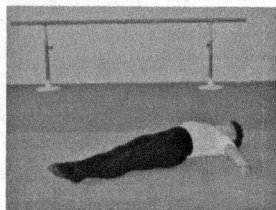

图 4-593
准备拍一个八拍

图 4-594
第一个八拍 1～2 拍

图 4-595
第一个八拍 3～4 拍

图 4-596
第一个八拍 5～8 拍

图 4-597
第二个八拍 1～2 拍

图 4-598
第二个八拍 3～4 拍

图 4-599
第二个八拍 5～8 拍

图 4-600
第三个八拍 1～4 拍

图 4-601
第三个八拍 5～6 拍

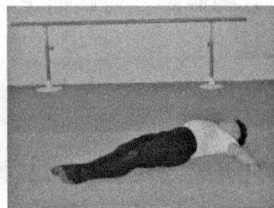

图 4-602
第三个八拍 7～8 拍

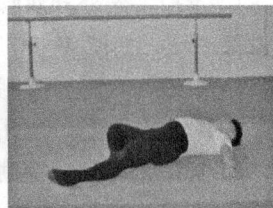

图 4-603
第四个八拍 1～4 拍

图 4-604
第四个八拍 5～6 拍

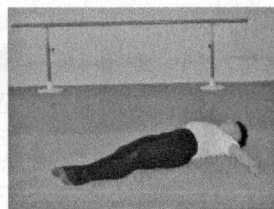

图 4-605
第四个八拍 7～8 拍

动作做法：

准备位：双腿并拢、绷脚，平躺于地面上，双手臂打开在身体两侧，如图 4-592 所示。

准备拍：一个八拍，如图 4-593 所示。

（1）第一个八拍：

1～2拍，双脚并拢、绷脚、屈膝，双脚跟靠近臀部，上身保持不动，如图4-594所示。

3～4拍，双腿屈膝向两侧打开，绷脚、脚尖相触，上身保持不动，如图4-595所示。

5～8拍，双腿向两侧打开伸直，双脚绷全脚，上身保持不动，如图4-596所示。

（2）第二个八拍：

1～2拍，双腿向内收回、屈膝，双脚尖相触，上身保持不动，如图4-597所示。

3～4拍，双腿屈膝向内合拢，绷脚、双脚跟靠近臀部，上身保持不动，如图4-598所示。

5～8拍，双腿向下伸直，还原到准备位，双脚绷全脚，上身保持不动，如图4-599所示。

（3）第三个八拍：

1～4拍，先外开双脚，右脚绷脚、屈膝向上吸腿到左腿的膝关节处，上身保持不动，如图4-600所示。

5～6拍，右脚保持绷脚外开，向旁、向上伸直抬离地面90°，双腿保持伸直，上身保持不动，如图4-601所示。

7～8拍，右脚保持绷脚外开，还原收回到左脚边，双腿保持伸直，上身保持不动，如图4-602所示。

（4）第四个八拍：重复第三个八拍的动作，如图4-603至图4-605所示。

（5）第五个八拍：同第一个八拍，如图4-594至图4-596所示。

（6）第六个八拍：同第二个八拍，如图4-597至图4-599所示。

（7）第七个八拍：同第三个八拍，如图4-600至图4-602所示。

（8）第八个八拍：同第四个八拍，如图4-603至图4-605所示。

反面动作：

图4-606　　　　　　　　图4-607　　　　　　　　图4-608
准备位　　　　　　准备拍一个八拍　　　　第一个八拍1～2拍

图 4-609
第一个八拍 3～4 拍

图 4-610
第一个八拍 5～8 拍

图 4-611
第二个八拍 1～2 拍

图 4-612
第二个八拍 3～4 拍

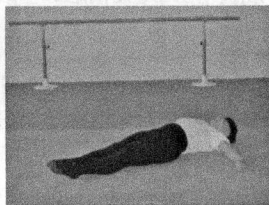

图 4-613
第二个八拍 5～8 拍

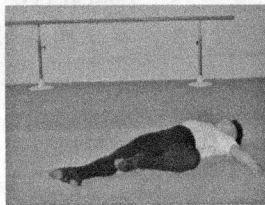

图 4-614
第三个八拍 1～4 拍

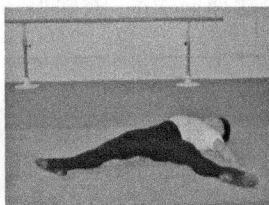

图 4-615
第三个八拍 5～6 拍

图 4-616
第三个八拍 7～8 拍

图 4-617
第四个八拍 1～4 拍

图 4-618
第四个八拍 5～6 拍

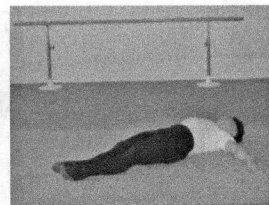

图 4-619
第四个八拍 7～8 拍

动作做法：

准备位：双腿并拢、绷脚，平躺于地面上，双手臂打开在身体两侧，如图 4-606 所示。

准备拍：一个八拍，如图 4-607 所示。

（1）第一个八拍：

1～2拍，双脚并拢、绷脚、屈膝，双脚跟靠近臀部，上身保持不动，如图 4-608 所示。

3～4拍，双腿屈膝向两侧打开，绷脚、脚尖相触，上身保持不动，如图 4-609 所示。

5～8拍，双腿向两侧打开伸直，双脚绷全脚，上身保持不动，如图 4-610 所示。

（2）第二个八拍：

1～2拍，双腿向内收回、屈膝，双脚尖相触，上身保持不动，如图 4-611 所示。

3～4拍，双腿屈膝向内合拢，绷脚、双脚跟靠近臀部，上身保持不动，如图 4-612 所示。

5～8拍，双腿向下伸直，还原到准备位，双脚绷全脚，上身保持不动，如图 4-613 所示。

（3）第三个八拍：

1～4拍，先外开双脚，左脚绷脚、屈膝向上吸腿到右腿的膝关节处，上身保持不动，如图 4-614 所示。

5～6拍，左脚保持绷脚外开，向旁、向上伸直抬离地面90°，双腿保持伸直，上身保持不动，如图 4-615 所示。

7～8拍，左脚保持绷脚外开，还原收回到右脚边，双腿保持伸直，上身保持不动，如图 4-616 所示。

（4）第四个八拍：重复第三个八拍的动作，如图 4-617 至图 4-619 所示。

（5）第五个八拍：同第一个八拍，如图 4-608 至图 4-610 所示。

（6）第六个八拍：同第二个八拍，如图 4-611 至图 4-613 所示。

（7）第七个八拍：同第三个八拍，如图 4-614 至图 4-616 所示。

（8）第八个八拍：同第四个八拍，如图 4-617 至图 4-619 所示。

▶ 第十二节　抬前、旁 25°勾绷脚的练习

一、向前抬腿

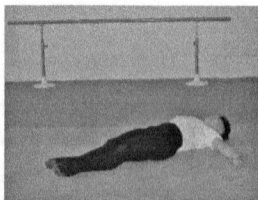 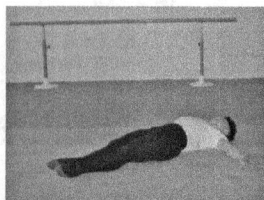 

| 图 4-620 | 图 4-621 | 图 4-622 |
| 准备位 | 准备拍一个八拍 | 第一个八拍 1～4 拍 |

图 4-623
第一个八拍 5～8 拍

图 4-624
第二个八拍 1～4 拍

图 4-625
第二个八拍 5～8 拍

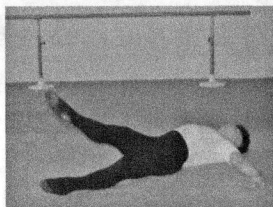

图 4-626
第三个八拍 1～4 拍

图 4-627
第三个八拍 5～6 拍

图 4-628
第三个八拍 7～8 拍

图 4-629
第四个八拍 1～2 拍

图 4-630
第四个八拍 3～4 拍

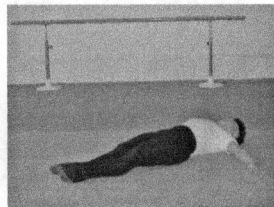

图 4-631
第四个八拍 5～8 拍

动作做法：

准备位：双腿并拢、绷脚，平躺于地面上，双手臂打开在身体两侧，如图 4-620 所示。

准备拍：一个八拍，如图 4-621 所示。

(1)第一个八拍：

1～4 拍，右脚绷脚外开，向前、向上抬离地面 25°，双腿保持伸直，上身保持不动如图 4-622 所示。

5～8 拍，还原到准备位，双腿保持伸直，上身保持不动，如图 4-623 所示。

(2)第二个八拍：重复第一个八拍的动作，如图 4-624、图 4-625 所示。

(3)第三个八拍：

1～4 拍，右脚绷脚外开，向前、向上抬离地面 25°，双腿保持伸直，上身保持不动，如图 4-626 所示。

　　5～6 拍，右脚保持绷脚外开，向前、向上抬离地面 25° 的基础上，向上勾全脚，双腿保持伸直，上身保持不动，如图 4-627 所示。

　　7～8 拍，右脚保持绷脚外开，向前、向上抬离地面 25° 的基础上，向上绷全脚，双腿保持伸直，上身保持不动，如图 4-628 所示。

　　(4) 第四个八拍：

　　1～2 拍，右脚保持绷脚外开，向前、向上抬离地面 25° 的基础上，向上勾全脚，双腿保持伸直，上身保持不动，如图 4-629 所示。

　　3～4 拍，右脚保持绷脚外开，向前、向上抬离地面 25° 的基础上，向上绷全脚，双腿保持伸直，上身保持不动，如图 4-630 所示。

　　5～8 拍，还原到准备位，双腿保持伸直，上身保持不动，如图 4-631 所示。

　　(5) 第五个八拍：同第一个八拍，如图 4-622、图 4-623 所示。

　　(6) 第六个八拍：同第二个八拍，如图 4-624、图 4-625 所示。

　　(7) 第七个八拍：同第三个八拍，如图 4-626 至图 4-628 所示。

　　(8) 第八个八拍：同第四个八拍，如图 4-629 至图 4-631 所示。

反面动作：

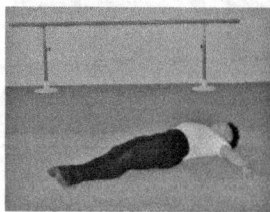

图 4-632
准备位

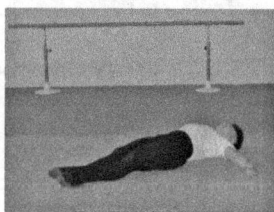

图 4-633
准备拍一个八拍

图 4-634
第一个八拍 1～4 拍

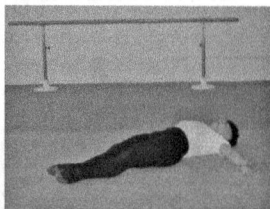

图 4-635
第一个八拍 5～8 拍

图 4-636
第二个八拍 1～4 拍

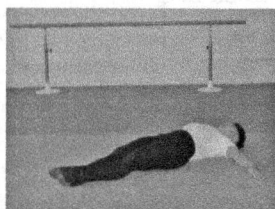

图 4-637
第二个八拍 5～8 拍

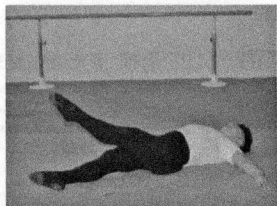

图 4-638
第三个八拍 1～4 拍

图 4-639
第三个八拍 5～6 拍

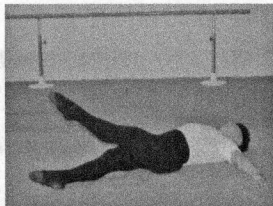

图 4-640
第三个八拍 7～8 拍

图 4-641
第四个八拍 1～2 拍

图 4-642
第四个八拍 3～4 拍

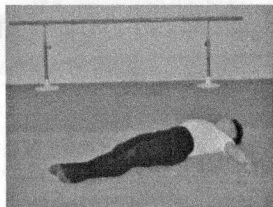

图 4-643
第四个八拍 5～8 拍

动作做法：

准备位：双腿并拢、绷脚，平躺于地面上，双手臂打开在身体两侧，如图 4-632 所示。

准备拍：一个八拍，如图 4-633 所示。

(1)第一个八拍：

1～4 拍，左脚绷脚外开，向前、向上抬离地面 25°，双腿保持伸直，上身保持不动，如图 4-634 所示。

5～8 拍，还原到准备位，双腿保持伸直，上身保持不动，如图 4-635 所示。

(2)第二个八拍：重复一个八拍的动作，如图 4-636 至图 4-637 所示。

(3)第三个八拍：

1～4 拍，左脚绷脚外开，向前、向上抬离地面 25°，双腿保持伸直，上身保持不动，如图 4-638 所示。

5～6 拍，左脚保持绷脚外开，向前、向上抬离地面 25°的基础上，向上勾全脚，双腿保持伸直，上身保持不动，如图 4-639 所示。

7～8 拍，左脚保持绷脚外开，向前、向上抬离地面 25°的基础上，向上绷全脚，双腿保持伸直，上身保持不动，如图 4-640 所示。

(4)第四个八拍：

1～2 拍，左脚保持绷脚外开，向前、向上抬离地面 25°的基础上，向上勾全脚，双腿保持伸直，上身保持不动，如图 4-641 所示。

3～4 拍，左脚保持绷脚外开，向前、向上抬离地面 25°的基础上，向上绷全脚，双腿保持伸直，上身保持不动，如图 4-642 所示。

5～8 拍，还原到准备位，双腿保持伸直，上身保持不动，如图 4-643 所示。

(5)第五个八拍：同第一个八拍，如图 4-634、图 4-635 所示。

(6)第六个八拍：同第二个八拍，如图 4-636、图 4-637 所示。

(7)第七个八拍：同第三个八拍，如图 4-638 至图 4-640 所示。

(8)第八个八拍：同第四个八拍，如图 4-641 至图 4-643 所示。

二、向旁抬腿

图 4-644
准备位

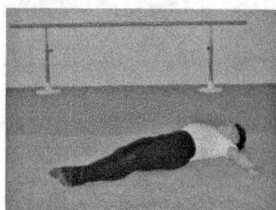
图 4-645
准备拍一个八拍

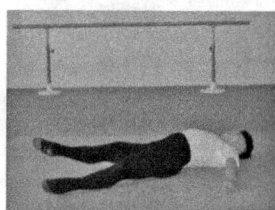
图 4-646
第一个八拍 1～4 拍

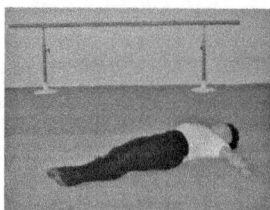
图 4-647
第一个八拍 5～8 拍

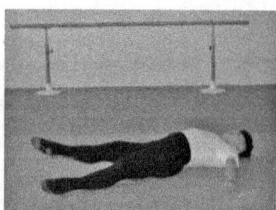
图 4-648
第二个八拍 1～4 拍

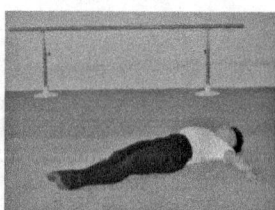
图 4-649
第二个八拍 5～8 拍

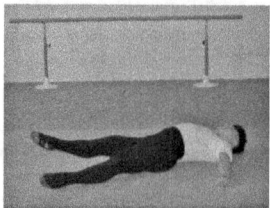
图 4-650
第三个八拍 1～4 拍

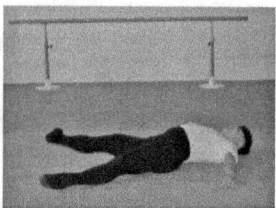
图 4-651
第三个八拍 5～6 拍

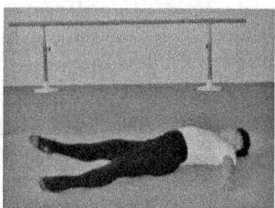
图 4-652
第三个八拍 7～8 拍

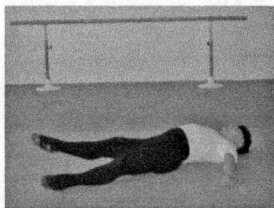

图 4-653
第四个八拍 1～2 拍

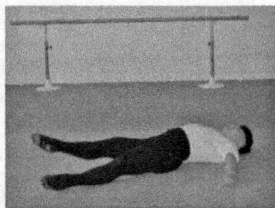

图 4-654
第四个八拍 3～4 拍

图 4-655
第四个八拍 5～8 拍

动作做法：

准备位：双腿并拢、绷脚，平躺于地面上，双手臂打开在身体两侧，如图 4-644 所示。

准备拍：一个八拍，如图 4-645 所示。

（1）第一个八拍：

1～4 拍，右脚绷脚外开，向旁、向上抬离地面 25°，双腿保持伸直，上身保持不动，如图 4-646 所示。

5～8 拍，还原到准备位，双腿保持伸直，上身保持不动，如图 4-647 所示。

（2）第二个八拍：重复第一个八拍的动作，如图 4-648 至图 4-649 所示。

（3）第三个八拍：

1～4 拍，右脚绷脚外开，向旁、向上抬离地面 25°，双腿保持伸直，上身保持不动，如图 4-650 所示。

5～6 拍，右脚保持绷脚外开，向旁、向上抬离地面 25°的基础上，向上勾全脚，双腿保持伸直，上身保持不动，如图 4-651 所示。

7～8 拍，右脚保持绷脚外开，向旁、向上抬离地面 25°的基础上，向上绷全脚，双腿保持伸直，上身保持不动，如图 4-652 所示。

（4）第四个八拍：

1～2 拍，右脚保持绷脚外开，向旁、向上抬离地面 25°的基础上，向上勾全脚，双腿保持伸直，上身保持不动，如图 4-653 所示。

3～4 拍，右脚保持绷脚外开，向旁、向上抬离地面 25°的基础上，向上绷全脚，双腿保持伸直，上身保持不动，如图 4-654 所示。

5～8 拍，还原到准备位，双腿保持伸直，上身保持不动，如图 4-655 所示。

（5）第五个八拍：同第一个八拍，如图 4-646、图 4-647 所示。

（6）第六个八拍：同第二个八拍，如图 4-648、图 4-649 所示。

（7）第七个八拍：同第三个八拍，如图 4-650 至图 4-652 所示。

(8)第八个八拍：同第四个八拍，如图 4-653 至图 4-655 所示。

反面动作：

图 4-656
准备位

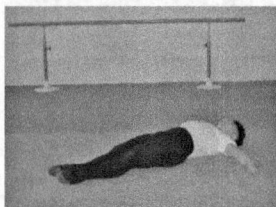
图 4-657
准备拍一个八拍

图 4-658
第一个八拍 1～4 拍

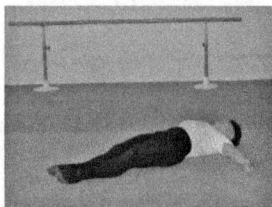
图 4-659
第一个八拍 5～8 拍

图 4-660
第二个八拍 1～4 拍

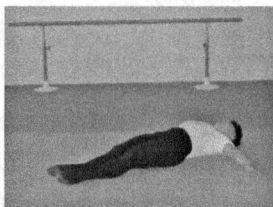
图 4-661
第二个八拍 5～8 拍

图 4-662
第三个八拍 1～4 拍

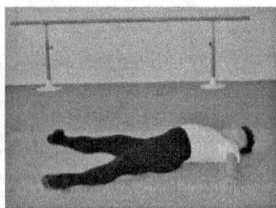
图 4-663
第三个八拍 5～6 拍

图 4-664
第三个八拍 7～8 拍

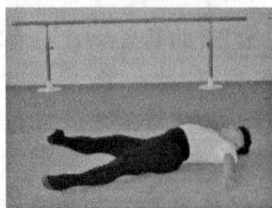
图 4-665
第四个八拍 1～2 拍

图 4-666
第四个八拍 3～4 拍

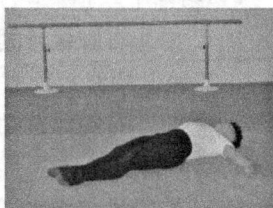
图 4-667
第四个八拍 5～8 拍

动作做法：

准备位：双腿并拢、绷脚，平躺于地面上，双手臂打开在身体两侧，如

图 4-656 所示。

准备拍：一个八拍，如图 4-657 所示。

（1）第一个八拍：

1～4 拍，左脚绷脚外开，向旁、向上抬离地面 25°，双腿保持伸直，上身保持不动，如图 4-658 所示。

5～8 拍，还原到准备位，双腿保持伸直，上身保持不动，如图 4-659 所示。

（2）第二个八拍：重复第一个八拍的动作，如图 4-660 至图 4-661 所示。

（3）第三个八拍：

1～4 拍，左脚绷脚外开，向旁、向上抬离地面 25°，双腿保持伸直，上身保持不动，如图 4-662 所示。

5～6 拍，左脚保持绷脚外开，向旁、向上抬离地面 25°的基础上，向上勾全脚，双腿保持伸直，上身保持不动，如图 4-663 所示。

7～8 拍，左脚保持绷脚外开，向旁、向上抬离地面 25°的基础上，向上绷全脚，双腿保持伸直，上身保持不动，如图 4-664。

（4）第四个八拍：

1～2 拍，左脚保持绷脚外开，向旁、向上抬离地面 25°的基础上，向上勾全脚，双腿保持伸直，上身保持不动，如图 4-665 所示。

3～4 拍，左脚保持绷脚外开，向旁、向上抬离地面 25°的基础上，向上绷全脚，双腿保持伸直，上身保持不动，如图 4-666 所示。

5～8 拍，还原到准备位，双腿保持伸直，上身保持不动，如图 4-667 所示。

（5）第五个八拍：同第一个八拍，如图 4-658、图 4-659 所示。

（6）第六个八拍：同第二个八拍，如图 4-660、图 4-661 所示。

（7）第七个八拍：同第三个八拍，如图 4-662 至图 4-664 所示。

（8）第八个八拍：同第四个八拍，如图 4-665 至图 4-667 所示。

三、抬后 25°勾、绷脚的练习

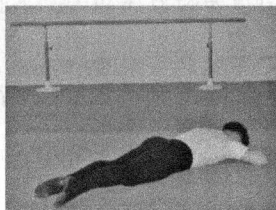
图 4-668
准备位

图 4-669
准备拍一个八拍

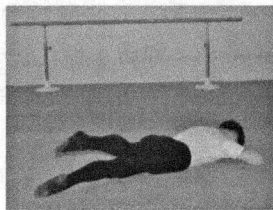
图 4-670
第一个八拍 1～4 拍

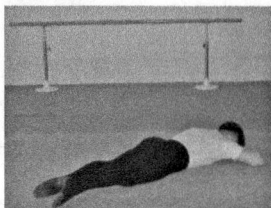

图 4-671
第一个八拍 5～8 拍

图 4-672
第二个八拍 1～4 拍

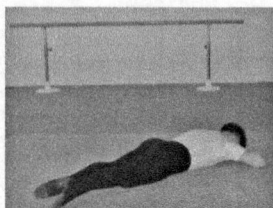

图 4-673
第二个八拍 5～8 拍

图 4-674
第三个八拍 1～4 拍

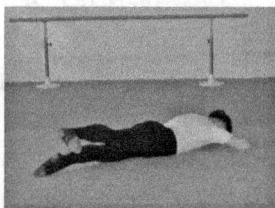

图 4-675
第三个八拍 5～6 拍

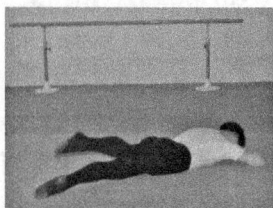

图 4-676
第三个八拍 7～8 拍

图 4-677
第四个八拍 1～2 拍

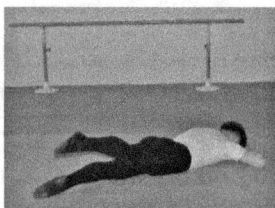

图 4-678
第四个八拍 3～4 拍

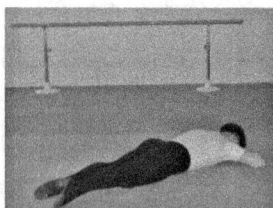

图 4-679
第四个八拍 5～8 拍

动作做法：

准备位：双腿并拢、绷脚、外开，平趴于地面上，双手屈臂垫于额头处，如图 4-668 所示。

准备拍：一个八拍，如图 4-669 所示。

（1）第一个八拍：

1～4 拍，右脚绷脚外开，向后、向上抬离地面 25°，双腿保持伸直，上身保持不动，如图 4-670 所示。

5～8 拍，还原到准备位，双腿保持伸直，上身保持不动，如图 4-671 所示。

（2）第二个八拍：重复第一个八拍的动作，如图 4-672、图 4-673 所示。

（3）第三个八拍：

1～4 拍，右脚绷脚外开，向后、向上抬离地面 25°，双腿保持伸直，上身保持不动，如图 4-674 所示。

5～6 拍，右脚保持绷脚外开，向后、向上抬离地面 25°的基础上，向上勾全脚，双腿保持伸直，上身保持不动，如图 4-675 所示。

7～8 拍，右脚保持绷脚外开，向后、向上抬离地面 25°的基础上，向上绷全脚，双腿保持伸直，上身保持不动，如图 4-676 所示。

(4)第四个八拍：

1～2 拍，右脚保持绷脚外开，向后、向上抬离地面 25°的基础上，向上勾全脚，双腿保持伸直，上身保持不动，如图 4-677 所示。

3～4 拍，右脚保持绷脚外开，向后、向上抬离地面 25°的基础上，向上绷全脚，双腿保持伸直，上身保持不动，如图 4-678 所示。

5～8 拍，还原到准备位，双腿保持伸直，上身保持不动，如图 4-679 所示。

(5)第五个八拍：同第一个八拍，如图 4-670、图 4-671 所示。

(6)第六个八拍：同第二个八拍，如图 4-672、图 4-673 所示。

(7)第七个八拍：同第三个八拍，如图 4-674 至图 4-676 所示。

(8)第八个八拍：同第四个八拍，如图 4-677 至图 4-679 所示。

反面动作：

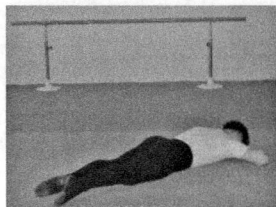

图 4-680
准备位

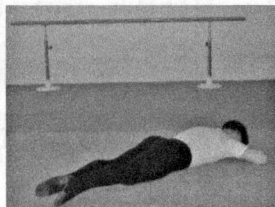

图 4-681
准备拍一个八拍

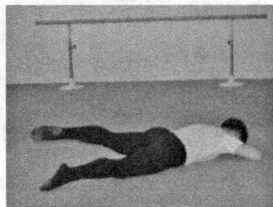

图 4-682
第一个八拍 1～4 拍

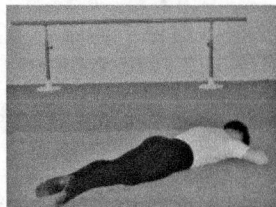

图 4-683
第一个八拍 5～8 拍

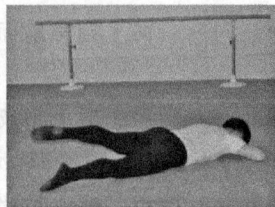

图 4-684
第二个八拍 1～4 拍

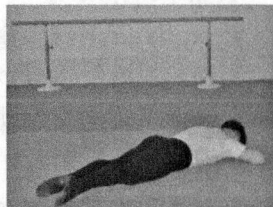

图 4-685
第二个八拍 5～8 拍

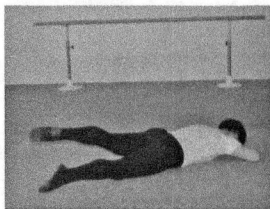

图 4-686
第三个八拍 1～4 拍

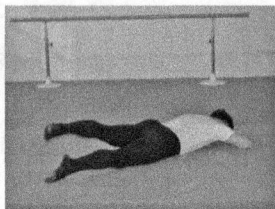

图 4-687
第三个八拍 5～6 拍

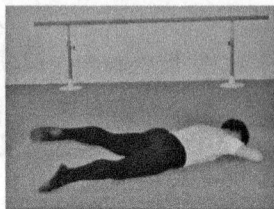

图 4-688
第三个八拍 7～8 拍

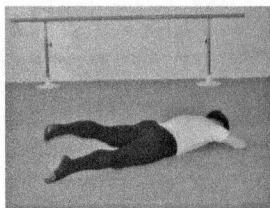

图 4-689
第四个八拍 1～2 拍

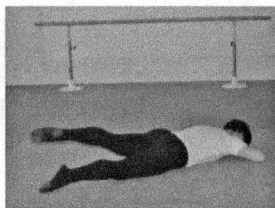

图 4-690
第四个八拍 3～4 拍

图 4-691
第四个八拍 5～8 拍

动作做法:

准备位:双腿并拢、绷脚、外开,平趴于地面上,双手屈臂垫于额头处,如图 4-680 所示。

准备拍:一个八拍,如图 4-681 所示。

(1)第一个八拍:

1～4 拍,左脚绷脚外开,向后、向上抬离地面 25°,双腿保持伸直,上身保持不动,如图 4-682 所示。

5～8 拍,还原到准备位,双腿保持伸直,上身保持不动,如图 4-683 所示。

(2)第二个八拍:重复第一个八拍的动作,如图 4-684、4-685 所示。

(3)第三个八拍:

1～4 拍,左脚绷脚外开,向后、向上抬离地面 25°,双腿保持伸直,上身保持不动,如图 4-686 所示。

5～6 拍,左脚保持绷脚外开,向后、向上抬离地面 25°的基础上,向上勾全脚,双腿保持伸直,上身保持不动,如图 4-687 所示。

7～8 拍,左脚保持绷脚外开,向后、向上抬离地面 25°的基础上,向上绷全脚,双腿保持伸直,上身保持不动,如图 4-688 所示。

(4)第四个八拍:

1～2 拍,左脚保持绷脚外开,向后、向上抬离地面 25°的基础上,向上勾全脚,双腿保持伸直,上身保持不动,如图 4-689 所示。

3～4拍，左脚保持绷脚外开，向后、向上抬离地面25°的基础上，向上绷全脚，双腿保持伸直，上身保持不动，如图4-690所示。

5～8拍，还原到准备位，双腿保持伸直，上身保持不动，如图4-691所示。

（5）第五个八拍：同第一个八拍，如图4-682、图4-683所示。

（6）第六个八拍：同第二个八拍，如图4-684、图4-685所示。

（7）第七个八拍：同第三个八拍，如图4-686至图4-688所示。

（8）第八个八拍：同第四个八拍，如图4-689至图4-691所示。

▶ 第十三节　踢腿组合

一、向前踢

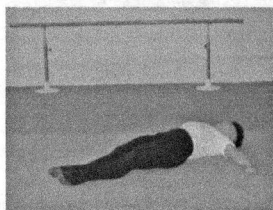

图 4-692
准备位

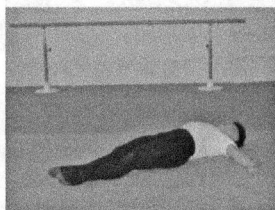

图 4-693
准备拍一个八拍

图 4-694
第一个八拍 1～2 拍

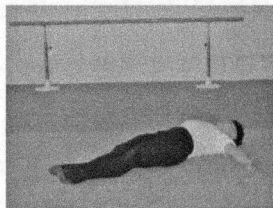

图 4-695
第一个八拍 3～4 拍

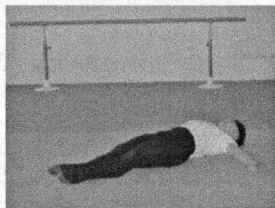

图 4-696
第一个八拍 5～8 拍

图 4-697
第二个八拍 1～2 拍

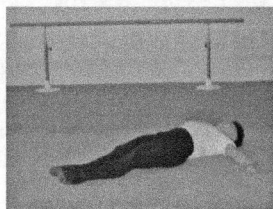

图 4-698
第二个八拍 3～4 拍

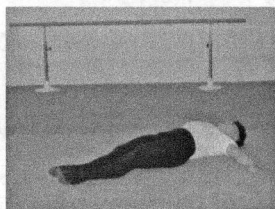

图 4-699
第二个八拍 5～8 拍

图 4-700
第三个八拍 1～2 拍

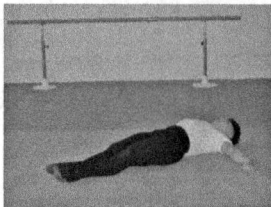

图 4-701
第三个八拍 3～4 拍

图 4-702
第三个八拍 5～6 拍

图 4-703
第三个八拍 7～8 拍

图 4-704
第四个八拍 1～2 拍

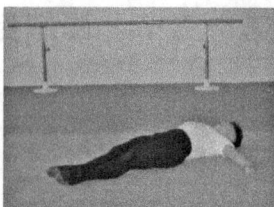

图 4-705
第四个八拍 3～4 拍

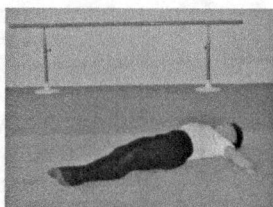

图 4-706
第四个八拍 5～8 拍

动作做法：

准备位：双腿并拢外开、绷脚，平躺于地面上，双手臂打开在身体两侧，如图 4-692 所示。

准备拍：一个八拍，如图 4-693 所示。

(1)第一个八拍：

1～2 拍，右腿保持外开，向前、向上踢腿，双脚保持绷全脚的状态，双腿保持伸直，上身保持不动，如图 4-694 所示。

3～4 拍，还原到准备位，双脚保持绷全脚的状态，双腿保持伸直，上身保持不动，如图 4-695 所示。

5～8 拍，在准备位上保持不动，如图 4-696 所示。

(2)第二个八拍：重复第一个八拍的动作，如图 4-697 至图 4-699 所示。

(3)第三个八拍：

1～2 拍，右腿保持外开，向前、向上踢腿，双脚保持绷全脚的状态，双腿保持伸直，上身保持不动，如图 4-700 所示。

3～4 拍，还原到准备位，双脚保持绷全脚的状态，双腿保持伸直，上身保持不动，如图 4-701 所示。

5～6 拍，右腿保持外开，向前、向上踢腿，双脚保持绷全脚的状态，双腿保持伸直，上身保持不动，如图 4-702 所示。

7～8 拍，还原到准备位，双脚保持绷全脚的状态，双腿保持伸直，上身

保持不动，如图 4-703 所示。

(4)第四个八拍：

1~2 拍，右腿保持外开，向前、向上踢腿，双脚保持绷全脚的状态，双腿保持伸直，上身保持不动，如图 4-704 所示。

3~4 拍，还原到准备位，双脚保持绷全脚的状态，双腿保持伸直，上身保持不动，如图 4-705 所示。

5~8 拍，在准备位上保持不动，如图 4-706 所示。

(5)第五个八拍：同第一个八拍，如图 4-694 至图 4-696 所示。

(6)第六个八拍：同第二个八拍，如图 4-697 至图 4-699 所示。

(7)第七个八拍：同第三个八拍，如图 4-700 至图 4-703 所示。

(8)第八个八拍：同第四个八拍，如图 4-704 至图 4-706 所示。

反面动作：

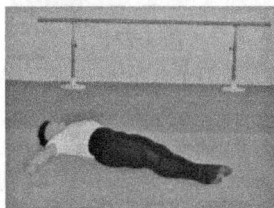

图 4-707
准备位

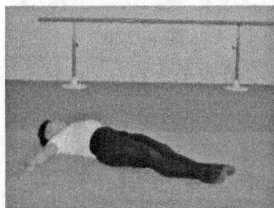

图 4-708
准备拍一个八拍

图 4-709
第一个八拍 1~2 拍

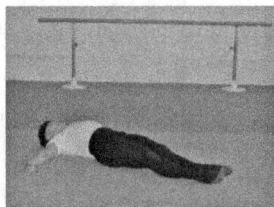

图 4-710
第一个八拍 3~4 拍

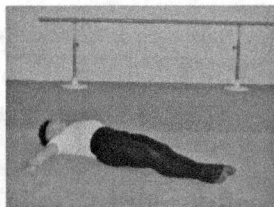

图 4-711
第一个八拍 5~8 拍

图 4-712
第二个八拍 1~2 拍

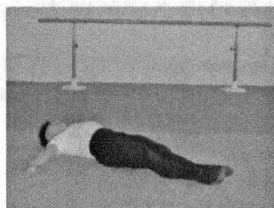

图 4-713
第二个八拍 3~4 拍

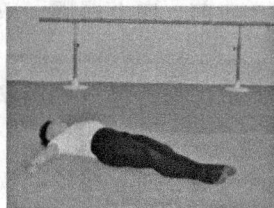

图 4-714
第二个八拍 5~8 拍

图 4-715
第三个八拍 1~2 拍

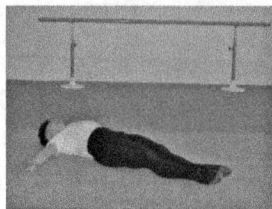

图 4-716
第三个八拍 3～4 拍

图 4-717
第三个八拍 5～6 拍

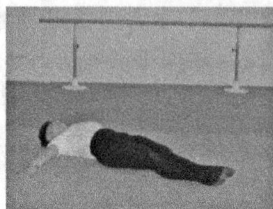

图 4-718
第三个八拍 7～8 拍

图 4-719
第四个八拍 1～2 拍

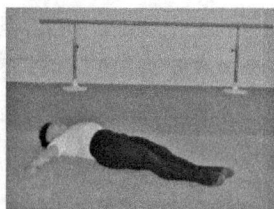

图 4-720
第四个八拍 3～4 拍

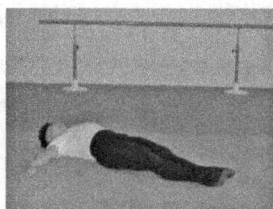

图 4-721
第四个八拍 5～8 拍

动作做法：

准备位：双腿并拢外开、绷脚，平躺于地面上，双手臂打开在身体两侧，如图 4-707 所示。

准备拍：一个八拍，如图 4-708 所示。

(1)第一个八拍：

1～2 拍，左腿保持外开，向前、向上踢腿，双脚保持绷全脚的状态，双腿保持伸直，上身保持不动，如图 4-709 所示。

3～4 拍，还原到准备位，双脚保持绷全脚的状态，双腿保持伸直，上身保持不动，如图 4-710 所示。

5～8 拍，在准备位上保持不动，如图 4-711 所示。

(2)第二个八拍：重复第一个八拍的动作，如图 4-712 至图 4-714 所示。

(3)第三个八拍：

1～2 拍，左腿保持外开，向前、向上踢腿，双脚保持绷全脚的状态，双腿保持伸直，上身保持不动，如图 4-715 所示。

3～4 拍，还原到准备位，双脚保持绷全脚的状态，双腿保持伸直，上身保持不动，如图 4-716 所示。

5～6 拍，左腿保持外开，向前、向上踢腿，双脚保持绷全脚的状态，双腿保持伸直，上身保持不动，如图 4-717 所示。

7～8 拍，还原到准备位，双脚保持绷全脚的状态，双腿保持伸直，上身

保持不动，如图 4-718 所示。

（4）第四个八拍：

1～2 拍，左腿保持外开，向前、向上踢腿，双脚保持绷全脚的状态，双腿保持伸直，上身保持不动，如图 4-719 所示。

3～4 拍，还原到准备位，双脚保持绷全脚的状态，双腿保持伸直，上身保持不动，如图 4-720 所示。

5～8 拍，在准备位上保持不动，如图 4-721 所示。

（5）第五个八拍：同第一个八拍，如图 4-709 至图 4-711 所示。

（6）第六个八拍：同第二个八拍，如图 4-712 至图 4-714 所示。

（7）第七个八拍：同第三个八拍，如图 4-715 至图 4-718 所示。

（8）第八个八拍：同第四个八拍，如图 4-719 至图 4-721 所示。

二、向旁踢

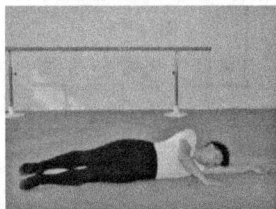

图 4-722
准备位

图 4-723
准备拍一个八拍

图 4-724
第一个八拍 1～2 拍

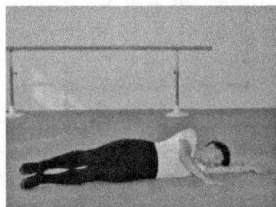

图 4-725
第一个八拍 3～4 拍

图 4-726
第一个八拍 5～8 拍

图 4-727
第二个八拍 1～2 拍

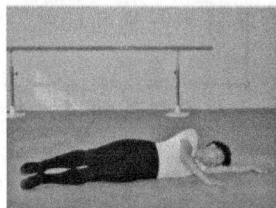

图 4-728
第二个八拍 3～4 拍

图 4-729
第二个八拍 5～8 拍

图 4-730
第三个八拍 1～2 拍

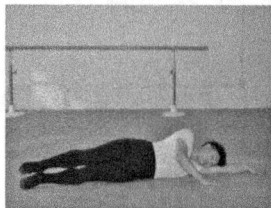

图 4-731
第三个八拍 3～4 拍

图 4-732
第三个八拍 5～6 拍

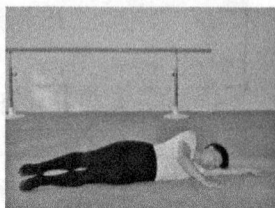

图 4-733
第三个八拍 7～8 拍

图 4-734
第四个八拍 1～2 拍

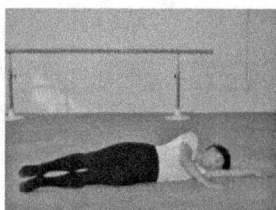

图 4-735
第四个八拍 3～4 拍

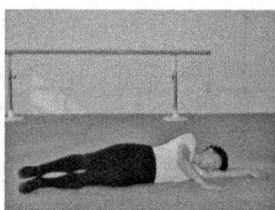

图 4-736
第四个八拍 5～8 拍

动作做法：

准备位：双腿并拢外开、绷脚，身体向左转侧躺于地面上，左手向上伸直放于地面上，头枕于左手臂，右手屈臂放于地面上，如图 4-722 所示。

准备拍：一个八拍，如图 4-723 所示。

(1)第一个八拍：

1～2 拍，右腿保持外开，向右、向上踢腿，双脚保持绷全脚的状态，双腿保持伸直，上身保持不动，如图 4-724 所示。

3～4 拍，还原到准备位，双脚保持绷全脚的状态，双腿保持伸直，上身保持不动，如图 4-725 所示。

5～8 拍，在准备位上保持不动，如图 4-726 所示。

(2)第二个八拍：重复第一个八拍的动作，如图 4-727 至图 4-729 所示。

(3)第三个八拍：

1～2 拍，右腿保持外开，向右、向上踢腿，双脚保持绷全脚的状态，双腿保持伸直，上身保持不动，如图 4-730 所示。

3～4 拍，还原到准备位，双脚保持绷全脚的状态，双腿保持伸直，上身保持不动，如图 4-731 所示。

5～6 拍，右腿保持外开，向右、向上踢腿，双脚保持绷全脚的状态，双腿保持伸直，上身保持不动，如图 4-732 所示。

7～8 拍，还原到准备位，双脚保持绷全脚的状态，双腿保持伸直，上身

保持不动，如图 4-733 所示。

（4）第四个八拍：

1～2 拍，右腿保持外开，向右、向上踢腿，双脚保持绷全脚的状态，双腿保持伸直，上身保持不动，如图 4-734 所示。

3～4 拍，还原到准备位，双脚保持绷全脚的状态，双腿保持伸直，上身保持不动，如图 4-735 所示。

5～8 拍，在准备位上保持不动，如图 4-736 所示。

（5）第五个八拍：同第一个八拍，如图 4-724 至图 4-726 所示。

（6）第六个八拍：同第二个八拍，如图 4-727 至图 4-729 所示。

（7）第七个八拍：同第三个八拍，如图 4-730 至图 4-733 所示。

（8）第八个八拍：同第四个八拍，如图 4-734 至图 4-736 所示。

反面动作：

图 4-737
准备位

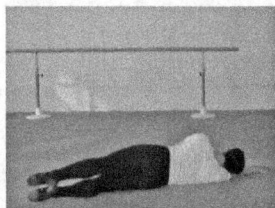

图 4-738
准备拍一个八拍

图 4-739
第一个八拍 1～2 拍

图 4-740
第一个八拍 3～4 拍

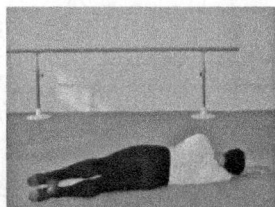

图 4-741
第一个八拍 5～8 拍

图 4-742
第二个八拍 1～2 拍

图 4-743
第二个八拍 3～4 拍

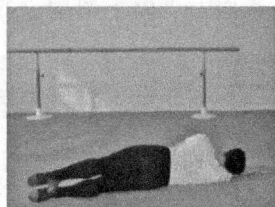

图 4-744
第二个八拍 5～8 拍

图 4-745
第三个八拍 1～2 拍

图 4-746
第三个八拍 3～4 拍

图 4-747
第三个八拍 5～6 拍

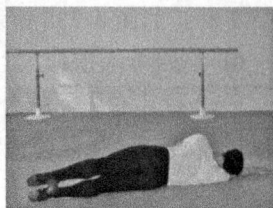

图 4-748
第三个八拍 7～8 拍

图 4-749
第四个八拍 1～2 拍

图 4-750
第四个八拍 3～4 拍

图 4-751
第四个八拍 5～8 拍

动作做法：

准备位：双腿并拢外开、绷脚，身体向右转侧躺于地面上，右手向上伸直放于地面上，头枕于右手臂，左手屈臂放于地面上，如图 4-737 所示。

准备拍：一个八拍，如图 4-738 所示。

(1)第一个八拍：

1～2 拍，左腿保持外开，向左、向上踢腿，双脚保持绷全脚的状态，双腿保持伸直，上身保持不动，如图 4-739 所示。

3～4 拍，还原到准备位，双脚保持绷全脚的状态，双腿保持伸直，上身保持不动，如图 4-740 所示。

5～8 拍，在准备位上保持不动，如图 4-741 所示。

(2)第二个八拍：重复第一个八拍的动作，如图 4-742 至图 4-744 所示。

(3)第三个八拍：

1～2 拍，左腿保持外开，向左、向上踢腿，双脚保持绷全脚的状态，双腿保持伸直，上身保持不动，如图 4-745 所示。

3～4 拍，还原到准备位，双脚保持绷全脚的状态，双腿保持伸直，上身保持不动，如图 4-746 所示。

5～6 拍，左腿保持外开，向左、向上踢腿，双脚保持绷全脚的状态，双腿保持伸直，上身保持不动，如图 4-747 所示。

7～8 拍，还原到准备位，双脚保持绷全脚的状态，双腿保持伸直，上身

保持不动，如图 4-748 所示。

（4）第四个八拍：

1～2 拍，左腿保持外开，向左、向上踢腿，双脚保持绷全脚的状态，双腿保持伸直，上身保持不动，如图 4-749 所示。

3～4 拍，还原到准备位，双脚保持绷全脚的状态，双腿保持伸直，上身保持不动，如图 4-750 所示。

5～8 拍，在准备位上保持不动，如图 4-751 所示。

（5）第五个八拍：同第一个八拍，如图 4-739 至图 4-741 所示。

（6）第六个八拍：同第二个八拍，如图 4-742 至图 4-744 所示。

（7）第七个八拍：同第三个八拍，如图 4-745 至图 4-748 所示。

（8）第八个八拍：同第四个八拍，如图 4-749 至图 4-751 所示。

三、向后踢

图 4-752
准备位

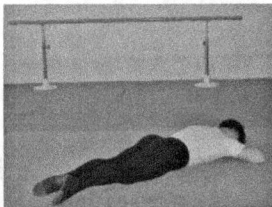

图 4-753
准备拍一个八拍

图 4-754
第一个八拍 1～2 拍

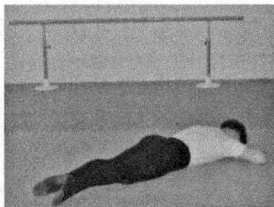

图 4-755
第一个八拍 3～4 拍

图 4-756
第一个八拍 5～8 拍

图 4-757
第二个八拍 1～2 拍

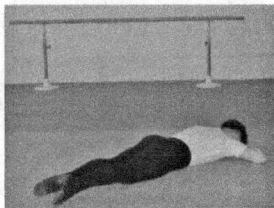

图 4-758
第二个八拍 3～4 拍

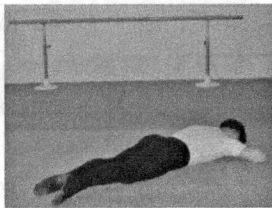

图 4-759
第二个八拍 5～8 拍

图 4-760
第三个八拍 1～2 拍

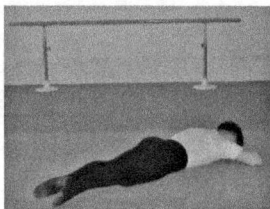

図 4-761
第二个八拍 3～4 拍

图 4-762
第二个八拍 5～6 拍

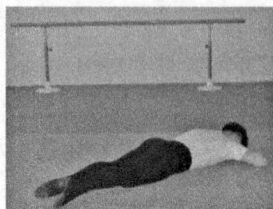

图 4-763
第二个八拍 7～8 拍

图 4-764
第四个八拍 1～2 拍

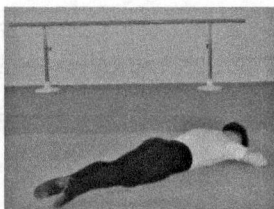

图 4-765
第四个八拍 3～4 拍

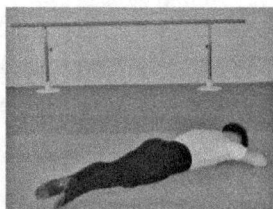

图 4-766
第四个八拍 5～8 拍

动作做法：

准备位：双腿并拢外开、绷脚，平趴于地面上，双手屈臂垫于额头处，如图 4-752 所示。

准备拍：一个八拍，如图 4-753 所示。

(1)第一个八拍：

1～2 拍，右腿保持外开，向后、向上踢腿，双脚保持绷全脚的状态，双腿保持伸直，上身保持不动，如图 4-754 所示。

3～4 拍，还原到准备位，双脚保持绷全脚的状态，双腿保持伸直，上身保持不动，如图 4-755 所示。

5～8 拍，在准备位上保持不动，如图 4-756 所示。

(2)第二个八拍：重复第一个八拍的动作，如图 4-757 至图 4-759 所示。

(3)第三个八拍：

1～2 拍，右腿保持外开，向后、向上踢腿，双脚保持绷全脚的状态，双腿保持伸直，上身保持不动，如图 4-760 所示。

3～4 拍，还原到准备位，双脚保持绷全脚的状态，双腿保持伸直，上身保持不动，如图 4-761 所示。

5～6 拍，右腿保持外开，向后、向上踢腿，双脚保持绷全脚的状态，双腿保持伸直，上身保持不动，如图 4-762 所示。

7～8 拍，还原到准备位，双脚保持绷全脚的状态，双腿保持伸直，上身

保持不动，如图 4-763 所示。

（4）第四个八拍：

1～2 拍，右腿保持外开，向后、向上踢腿，双脚保持绷全脚的状态，双腿保持伸直，上身保持不动，如图 4-764 所示。

3～4 拍，还原到准备位，双脚保持绷全脚的状态，双腿保持伸直，上身保持不动，如图 4-765 所示。

5～8 拍，在准备位上保持不动，如图 4-766 所示。

（5）第五个八拍：同第一个八拍，如图 4-754 至图 4-756 所示。

（6）第六个八拍：同第二个八拍，如图 4-757 至图 4-759 所示。

（7）第七个八拍：同第三个八拍，如图 4-760 至图 4-763 所示。

（8）第八个八拍：同第四个八拍，如图 4-764 至图 4-766 所示。

反面动作：

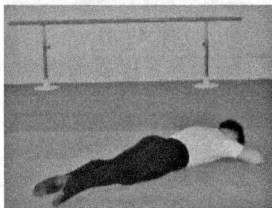

图 4-767
准备位

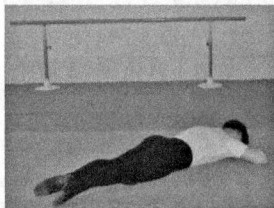

图 4-768
准备拍一个八拍

图 4-769
第一个八拍 1～2 拍

图 4-770
第一个八拍 3～4 拍

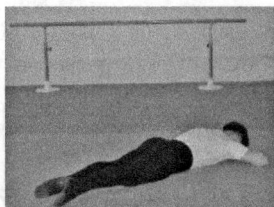

图 4-771
第一个八拍 5～8 拍

图 4-772
第二个八拍 1～2 拍

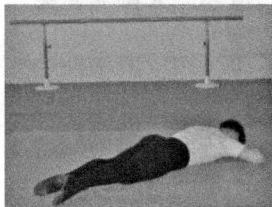

图 4-773
第二个八拍 3～4 拍

图 4-774
第二个八拍 5～8 拍

图 4-775
第三个八拍 1～2 拍

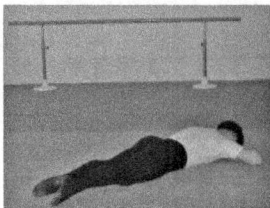

图 4-776
第三个八拍 3～4 拍

图 4-777
第三个八拍 5～6 拍

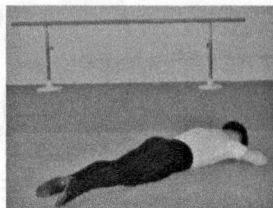

图 4-778
第三个八拍 7～8 拍

图 4-779
第四个八拍 1～2 拍

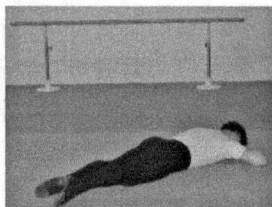

图 4-780
第四个八拍 3～4 拍

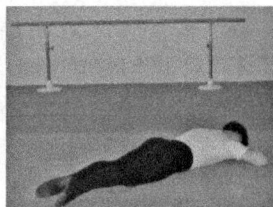

图 4-781
第四个八拍 5～8 拍

动作做法：

准备位：双腿并拢外开、绷脚，平趴于地面上，双手屈臂垫于额头处，如图 4-767 所示。

准备拍：一个八拍，如图 4-768 所示。

(1)第一个八拍：

1～2 拍，左腿保持外开，向后、向上踢腿，双脚保持绷全脚的状态，双腿保持伸直，上身保持不动，如图 4-769 所示。

3～4 拍，还原到准备位，双脚保持绷全脚的状态，双腿保持伸直，上身保持不动，如图 4-770 所示。

5～8 拍，在准备位上保持不动，如图 4-771 所示。

(2)第二个八拍：重复第一个八拍的动作，如图 4-772 至图 4-774 所示。

(3)第三个八拍：

1～2 拍，左腿保持外开，向后、向上踢腿，双脚保持绷全脚的状态，双腿保持伸直，上身保持不动，如图 4-775 所示。

3～4 拍，还原到准备位，双脚保持绷全脚的状态，双腿保持伸直，上身保持不动，如图 4-776 所示。

5～6 拍，左腿保持外开，向后、向上踢腿，双脚保持绷全脚的状态，双腿保持伸直，上身保持不动，如图 4-777 所示。

7～8 拍，还原到准备位，双脚保持绷全脚的状态，双腿保持伸直，上身

保持不动，如图 4-778 所示。

（4）第四个八拍：

1～2 拍，左腿保持外开，向后、向上踢腿，双脚保持绷全脚的状态，双腿保持伸直，上身保持不动，如图 4-779 所示。

3～4 拍，还原到准备位，双脚保持绷全脚的状态，双腿保持伸直，上身保持不动，如图 4-780 所示。

5～8 拍，在准备位上保持不动，如图 4-781 所示。

（5）第五个八拍：同第一个八拍，如图 4-769 至图 4-771 所示。

（6）第六个八拍：同第二个八拍，如图 4-772 至图 4-774 所示。

（7）第七个八拍：同第三个八拍，如图 4-875 至图 4-778 所示。

（8）第八个八拍：同第四个八拍，如图 4-779 至图 4-781 所示。

▶ 第十四节　腰腹背肌组合

一、腰的练习

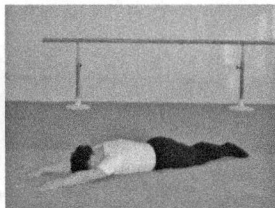

图 4-782
准备位

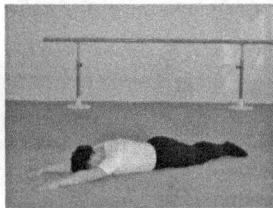

图 4-783
准备拍一个八拍

图 4-784
第一个八拍 1～2 拍

图 4-785
第一个八拍 3～4 拍

图 4-786
第一个八拍 5～8 拍

图 4-787
第二个八拍 1～4 拍

图 4-788
第二个八拍 5～6 拍

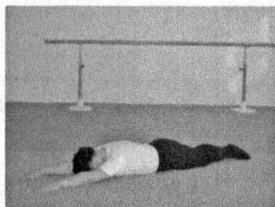

图 4-789
第二个八拍 7～8 拍

图 4-790
第三个八拍 1～2 拍

图 4-791
第三个八拍 3～4 拍

图 4-792
第三个八拍 5～8 拍

图 4-793
第四个八拍 1～4 拍

图 4-794
第四个八拍 5～6 拍

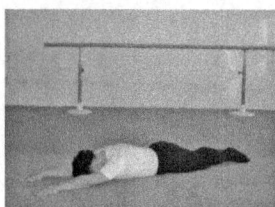

图 4-795
第四个八拍 7～8 拍

动作做法：

准备位：双腿并拢、绷脚，平趴于地面上，双手臂向前伸直于头上，如图 4-782 所示。

准备拍：一个八拍，如图 4-783 所示。

(1)第一个八拍：

1～2 拍，双手臂收回到身体两侧，手掌扶于地面上，双腿伸直、绷脚保持不动，如图 4-784 所示。

3～4 拍，双手臂伸直，手掌扶于地面上，上身直立，抬头、目视前方，双腿伸直、绷脚保持不动，如图 4-785 所示。

5～8 拍，向后下腰，使后脑靠近臀部，双手臂保持伸直，手掌扶于地面上，双腿伸直、绷脚保持不动，如图 4-786 所示。

（2）第二个八拍：

1～4拍，上身向前还原直立，双手臂保持伸直，手掌扶于地面上，上身直立，抬头、目视前方，双腿伸直、绷脚保持不动，如图4-787所示。

5～6拍，上身向下平趴于地面上，双手屈臂于身体两侧，手掌扶于地面上，双腿伸直、绷脚保持不动，如图4-788所示。

7～8拍，双手臂向前、向上伸直，还原到准备位，手掌扶于地面上，双腿伸直、绷脚保持不动，如图4-789所示。

（3）第三个八拍：

1～2拍，双手屈臂收回到身体两侧，手掌扶于地面上，上身直立，抬头、目视前方，双腿伸直、绷脚保持不动，如图4-790所示。

3～4拍，身体向左转打开90°，左腿在后保持伸直，右腿在前屈腿，上身保持直立，抬头、目视前方，坐于地面上。双手打开在身体两侧，指尖轻触底，如图4-791所示。

5～8拍，保持在第3～4拍的基础上，向后下腰，使后脑靠近臀部，如图4-792所示。

（4）第四个八拍：

1～4拍，上身向前还原直立，如图4-793所示。

5～6拍，身体向右转90°还原，左腿收回，两腿并拢、绷脚，双手臂伸直，手掌扶于地面上，上身直立，抬头、目视前方，双腿伸直、绷脚保持不动，如图4-794所示。

7～8拍，双手臂向前、向上伸直，还原到准备位，手掌扶于地面上，双腿伸直、绷脚保持不动，如图4-795所示。

（5）第五个八拍：同第一个八拍，如图4-784至图4-786所示。

（6）第六个八拍：同第二个八拍，如图4-787至图4-789所示。

（7）第七个八拍：同第三个八拍，如图4-790至图4-792所示。

（8）第八个八拍：同第四个八拍，如图4-793至图4-795所示。

反面动作：

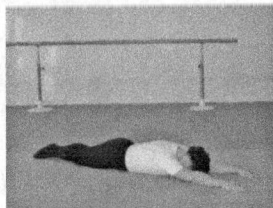
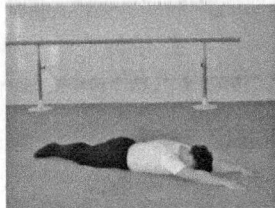

| 图4-796 | 图4-797 | 图4-798 |
| 准备位 | 准备拍一个八拍 | 第一个八拍1～2拍 |

图 4-799
第一个八拍 3～4 拍

图 4-800
第一个八拍 5～8 拍

图 4-801
第二个八拍 1～4 拍

图 4-802
第二个八拍 5～6 拍

图 4-803
第二个八拍 7～8 拍

图 4-804
第三个八拍 1～2 拍

图 4-805
第三个八拍 3～4 拍

图 4-806
第三个八拍 5～8 拍

图 4-807
第四个八拍 1～4 拍

图 4-808
第四个八拍 5～6 拍

图 4-809
第四个八拍 7～8 拍

动作做法：

准备位：双腿并拢、绷脚，平趴于地面上，双手臂向前伸直于头上，如图 4-796 所示。

准备拍：一个八拍，如图 4-797 所示。

(1)第一个八拍：

1～2拍，双手屈臂收回到身体两侧，手掌扶于地面上，双腿伸直、绷脚保持不动，如图 4-798 所示。

3～4拍，双手臂伸直，手掌扶于地面上，上身直立，抬头、目视前方，双腿伸直、绷脚保持不动，如图 4-799 所示。

5～8拍，向后下腰，使后脑靠近臀部，双手臂保持伸直，手掌扶于地面上，双腿伸直、绷脚保持不动，如图 4-800 所示。

(2)第二个八拍：

1～4拍，上身向前还原直立，双手臂保持伸直，手掌扶于地面上，上身直立，抬头、目视前方，双腿伸直、绷脚保持不动，如图 4-801 所示。

5～6拍，上身向下平趴于地面上，双手屈臂于身体两侧，手掌扶于地面上，双腿伸直、绷脚保持不动，如图 4-802 所示。

7～8拍，双手臂向前、向上伸直，还原到准备位，手掌扶于地面上，双腿伸直、绷脚保持不动，如图 4-803 所示。

(3)第三个八拍：

1～2拍，双手屈臂收回到身体两侧，手掌扶于地面上，上身直立，抬头、目视前方，双腿伸直、绷脚保持不动，如图 4-804 所示。

3～4拍，身体向右转打开 90°，右腿在后保持伸直，左腿在前屈腿，上身保持直立，抬头、目视前方，坐于地面上。双手打开在身体两侧，指尖轻触地，如图 4-805 所示。

5～8拍，保持在第 3～4 拍的基础上，向后下腰，使后脑靠近臀部，如图 4-806 所示。

(4)第四个八拍：

1～4拍，上身向前还原直立，如图 4-807 所示。

5～6拍，身体向左转 90°还原，右腿收回，两腿并拢、绷脚，双手臂伸直，手掌扶于地面上，上身直立，抬头、目视前方，双腿伸直、绷脚保持不动，如图 4-808 所示。

7～8拍，双手臂向前、向上伸直，还原到准备位，手掌扶于地面上，双腿伸直、绷脚保持不动，如图 4-809 所示。

(5)第五个八拍：同第一个八拍，如图 4-798 至图 4-800 所示。

(6)第六个八拍：同第二个八拍，如图 4-801 至图 4-803 所示。

(7)第七个八拍：同第三个八拍，如图 4-804 至图 4-806 所示。

(8)第八个八拍：同第四个八拍，如图 4-807 至图 4-809 所示。

二、背肌练习

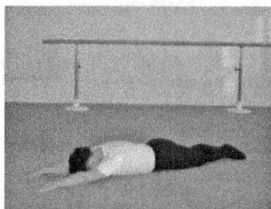

图 4-810
准备位

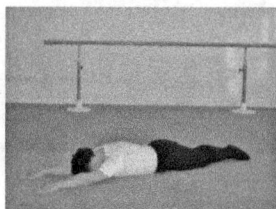

图 4-811
准备拍一个八拍

图 4-812
第一个八拍 1～2 拍

图 4-813
第一个八拍 3～4 拍

图 4-814
第一个八拍 5～6 拍

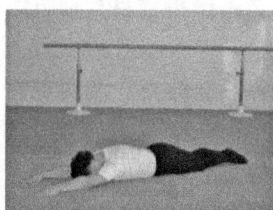

图 4-815
第一个八拍 7～8 拍

图 4-816
第二个八拍 1～2 拍

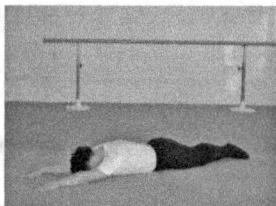

图 4-817
第二个八拍 3～4 拍

图 4-818
第二个八拍 5～6 拍

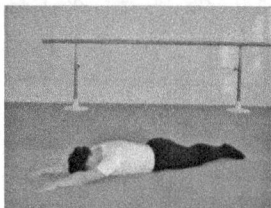

图 4-819
第二个八拍 7～8 拍

图 4-820
第三个八拍 1～4 拍

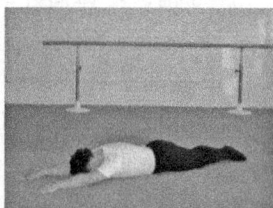

图 4-821
第三个八拍 5～8 拍

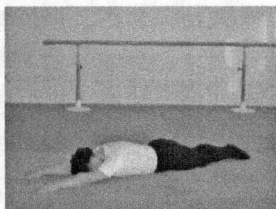

图 4-822   图 4-823
第四个八拍 1～4 拍   第四个八拍 5～8 拍

动作做法：

准备位：双腿并拢、绷脚，平趴于地面上，双手臂向前伸直于头上，如图 4-810 所示。

准备拍：一个八拍，如图 4-811 所示。

（1）第一个八拍：

1～2 拍，右手、左腿保持伸直向上抬起，抬头、目视前方，如图 4-812 所示。

3～4 拍，收回还原到准备位置，如图 4-813 所示。

5～6 拍，右手、左腿保持伸直向上抬起，抬头、目视前方，如图 4-814 所示。

7～8 拍，收回还原到准备位置，如图 4-815 所示。

（2）第二个八拍：

1～2 拍，左手、右腿保持伸直向上抬起，抬头、目视前方，如图 4-816 所示。

3～4 拍，收回还原到准备位置，如图 4-817 所示。

5～6 拍，左手、右腿保持伸直向上抬起，抬头、目视前方，如图 4-818 所示。

7～8 拍，收回还原到准备位置，如图 4-819 所示。

（3）第三个八拍：

1～4 拍，双手、双腿保持伸直向上抬起，抬头、目视前方，如图 4-820 所示。

5～8 拍，收回还原到准备位置，如图 4-821 所示。

（4）第四个八拍：

1～4 拍，双手、双腿保持伸直向上抬起，抬头、目视前方，如图 4-822 所示。

5～8 拍，收回还原到准备位置，如图 4-823 所示。

（5）第五个八拍：同第一个八拍，如图 4-812 至图 4-815 所示。

（6）第六个八拍：同第二个八拍，如图 4-816 至图 4-819 所示。

（7）第七个八拍：同第三个八拍，如图 4-820 至图 4-821 所示。

（8）第八个八拍：同第四个八拍，如图 4-822 至图 4-823 所示。

三、腹肌练习

（一）组合一

图 4-824
准备位

图 4-825
准备拍一个八拍

图 4-826
第一个八拍 1～4 拍

图 4-827
第一个八拍 5～8 拍

图 4-828
第二个八拍 1～4 拍

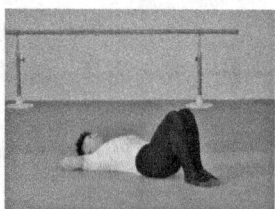

图 4-829
第二个八拍 5～8 拍

动作做法：

准备位：双腿并拢、屈膝，双脚平放于地面上，上身平躺于地面上，双手屈臂、双手交叉枕于头后，如图 4-824 所示。

准备拍：一个八拍，如图 4-825 所示。

（1）第一个八拍：

1～4 拍，双手臂向内合拢于头部两侧，上身向前抬离地面，靠近双腿，双腿保持屈膝不动，双脚平放于地面上，如图 4-826 所示。

5～8 拍，收回还原到准备位置，如图 4-827 所示。

（2）第二个八拍：重复第一个八拍的动作，如图 4-828 至图 4-829 所示。

（3）第三个八拍：同第一个八拍，如图 4-826、图 4-827 所示。

（4）第四个八拍：同第二个八拍，如图 4-828、图 4-829 所示。

（5）第五个八拍：同第三个八拍，如图 4-826、图 4-827 所示。

（6）第六个八拍：同第四个八拍，如图 4-828、图 4-829 所示。

形体训练

(7)第七个八拍：同第五个八拍，如图 4-826、图 4-827 所示。

(8)第八个八拍：同第六个八拍，如图 4-828、图 4-829 所示。

（二）组合二

图 4-830　准备位

图 4-831　准备拍

图 4-832　准备拍

图 4-833　准备拍

图 4-834　1~4 拍

图 4-835　5~8 拍

图 4-836　还原位

准备位：双腿并拢、绷脚，上身垂直于地面平坐在地面上，立腰、挺胸抬头，双手臂在身体两侧，双手指尖轻扶地面，如图 4-830 所示。

准备拍：

5~8 拍，双手臂微上扬配合呼吸，手指尖向远延伸，再还原到准备位置，如图 4-831 至图 4-833 所示。

(1)第一个八拍：

1~4 拍，双手经体侧向上抱头，保持身体直立，如图 4-834 所示。

5~8 拍，保持上身姿态，向后仰身，感觉腹部肌肉收紧与背部肌肉拉紧的感觉。同时保持双腿伸直并拢绷脚，腿部不离开地面，如图 4-835 所示。

(2)第二个八拍：

1~4 拍，还原上身直立，如图 4-834 所示。

5~8 拍，双手经体侧还原到准备位置，如图 4-836 所示。

(3)第三个八拍：同第一个八拍，如图 4-834、图 4-835 所示。

(4)第四个八拍：同第二个八拍，如图 4-835、图 4-836 所示。

特别提示：向后仰身时，背部保持直立的状态做动作，到自己的极限时要保持住一会不动，这样可更好地锻炼腹背部力量。

第五章　扶把练习

▶ 第一节　扶把介绍

一、扶把方法

扶把方法分为以下两种。

（一）双手扶把

身体正面面对着把杆站立，身体距离把杆大约20厘米的位置，双手轻放在把杆上，两手之间的距离与肩同宽（男生可以略宽一些），肩膀与肘关节自然下垂，沉肩、拔背、收腹、立腰，头微向上昂起，脖子要向上拔出。

（二）单手扶把

侧身站立，单手（任意一只手）轻搭扶在把杆上，扶把的手的位置放在身体稍前侧，身体距离把杆大约20厘米的位置（男生可以略宽一些），肩膀与肘关节自然下垂，沉肩、拔背、收腹、立腰，头微向上昂起，脖子要向上拔出。

二、动作要求

扶把时的手不能用力揪、拉、拖、拽把杆，以免影响身体重心的稳定，身体也不能太贴近把杆，与把杆的位置要调整至最舒服、最合适的位置。

▶ 第二节　行礼

训练目的：行礼是形体训练中必不可少的一部分，它不仅可以锻炼出好的形体，还可以锻炼人的礼节方面的素质，行礼是舞蹈形体训练中相当重要的一个训练，此训练是锻炼学者舞蹈感觉的训练以及气质方面的练习，也算是对形体训练做一个小小的总结。

一、向右行礼

图 5-1 准备位

图 5-2

图 5-3

图 5-4

图 5-5

图 5-6

图 5-7

准备位：背对把杆小舞姿站立准备，如图 5-1 所示。

准备拍：5～8 拍，动力腿（右腿）收回成五位脚的位置，双手保持小舞姿不变，如图 5-2 所示。

第一个八拍：

1～2 拍，动力腿（右腿）经过绷脚到旁点地的位置，双手打开小舞姿的造型，动力腿（右腿）与主力腿（左腿）的膝关节保持伸直。重心在主力腿（左腿）上，如图 5-3 所示。

3～4 拍，向右旁移重心，变成左脚旁点地的位置，双手依旧保持小舞姿不变，动力腿（右腿）与主力腿（左腿）的膝关节保持伸直，如图 5-4 所示。

5～6 拍，动力腿（左腿）放到后点地的位置，膝关节自然弯曲贴在主力腿（右腿）的膝关节上，双手保持小舞姿不变，如图 5-5 所示。

7～8 拍，主力腿（右腿）向下弯曲，动力腿（左腿）也随着自然弯曲，头部稍向下低头，就是向下行礼，如图 5-6 所示。

二、还原直立

如图 5-7 所示。

三、向左行礼

图 5-8　准备位

图 5-9

图 5-10

图 5-11

图 5-12

图 5-13

图 5-14

准备位：背对把杆小舞姿站立准备，如图 5-8 所示。

准备拍：5～8 拍，动力腿（左腿）收回成五位脚的位置，双手保持小舞姿不变，如图 5-9 所示。

第一个八拍：

1～2 拍，动力腿（左腿）经过绷脚到旁点地的位置，双手打开小舞姿的造型，动力腿（左腿）与主力腿（右腿）的膝关节保持伸直。重心在主力腿（右腿）上，如图 5-10 所示。

3～4 拍，向左旁移重心，变成右脚旁点地的位置，双手依旧保持小舞姿不变，动力腿（左腿）与主力腿（右腿）的膝关节保持伸直，如图 5-11 所示。

5～6 拍，动力腿（右腿）放到后点地的位置，膝关节自然弯曲贴在主力腿（左腿）的膝关节上，双手保持小舞姿不变，如图 5-12 所示。

7~8 拍，主力腿（左腿）向下弯曲，动力腿（右腿）也随着自然弯曲，头部稍向下低头，就是向下行礼，如图 5-13 所示。

四、还原直立

如图 5-14 所示。

一、把杆压前腿

图 5-15　准备位

图 5-16

图 5-17

图 5-18

图 5-19

图 5-20

准备位：首先斜对着把杆站好，如图 5-15 所示。

动作做法：

压右腿：将右腿伸直放在把杆上，右手在三位手的位置，左手轻搭在把杆上，动力腿（右腿）绷脚，脚尖向外转开，主力腿（左腿）脚尖成一位脚，并且直立与地面保持垂直，上身的两个肩膀、胯的两个点要对准正前方，如图 5-16 所示。

压腿的动作：压腿时用胸脯贴向动力腿（右腿），不能弓背，保持上面所说的四个点放正，压时双腿仍然是绷直状态，不能出现弯膝盖的现象，如图 5-17 所示。

压左腿：与压右腿相反，动作要求不变，如图 5-18 至图 5-20 所示。

动作要求：双腿膝关节保持绷直，双脚外开，两个肩、两个胯摆正即四个点不能歪，不能送胯、送肩，正对把杆。

音乐节奏：压腿时的节奏可以是 8 拍一次、4 拍一次、2 拍一次、1 拍一次，可重复，最后保持压好的姿势待住 4 个八拍，也可按程度的不同逐渐加快速度。

二、把杆压旁腿

图 5-21　准备位　　　　　　　图 5-22　　　　　　　　　　图 5-23

训练目的：压旁腿的训练可以锻炼腿部内侧的肌肉线条，也可以加强胯部韧带的柔韧性，从而训练出优美的腿部线条，达到形体训练的目的。

准备位置：正面对准把杆，双手一位手的位置做准备，如图 5-21 所示。

右压旁腿：把动力腿（右腿）侧放在把杆上，脚尖往下、绷脚，双腿膝关节保持伸直，主力腿（左腿）保持直立状态，左脚尖打开成一位脚的位置。右手轻扶在把杆上，左手摆好三位手的位置，如图 5-22 所示。

压腿的动作：侧身向动力腿（右腿）下压，两个肩膀和胯的两个点保持对准正前方，切记不能向内扣胯，向下压腿时尽量用后背往动力腿上压，上身尽量向上翻，用后脑勺躺在膝盖上，左手经头上方碰到动力腿（右腿）的脚尖，压腿时要保持双腿膝盖绷直的状态，不能弯膝盖，主力腿的脚尖不能离开地面，如图 5-23 所示。

图 5-24　准备位　　　　　　　图 5-25　　　　　　　　　　图 5-26

左压旁腿：与右压旁腿相反，动作要求不变，如图 5-24 至图 5-26 所示。

音乐节奏：压旁腿的节奏与压前腿一样，可以 8 拍一次、4 拍一次、2 拍一次、1 拍一次都可，多重复几个八拍，最后压住不动，保持压好的姿势待住 4 个八拍，也可按程度的深浅逐渐加快速度。

三、把杆压后腿

图 5-27　准备位　　　　　　图 5-28　　　　　　　图 5-29

训练目的：压后腿的动作训练不仅可以加强后腿韧带的柔韧性，也可以训练腰部的柔韧性，不过要有一定的舞蹈基础才可以进行练习，而且必须按动作要求进行练习，不然很容易受伤。

准备位置：侧身对着把杆，左手扶把，压右后腿，右腿在外做准备，如图 5-27 所示。

压右后腿：把右腿向后抬向把杆上，脚踝轻轻地搭在把杆上，双腿膝关节保持伸直，尤其是动力腿（右腿）的膝关节，上身不能向前趴，身体仍然保持直立的状态，主力脚脚尖尽量保持打开一位脚的位置，双腿膝盖伸直，肩膀放松，两个胯骨尽量正对着前方，如图 5-28 所示。

压腿的做法：双肩一起向后下压，右手尽量去找右腿，双腿仍然要保持直立伸直，千万不能屈膝。要保持两个肩同时向后压，不能只下一个肩膀。然后还原到准备位置，如图 5-29 所示。

压左后腿：与压右后腿相反，动作要求不变，如图 5-30 至图 5-32 所示。

图 5-30　准备位　　　　　　图 5-31　　　　　　　图 5-32

音乐节奏：压后腿的节奏与压前、旁腿时一样，可以 8 拍一次、4 拍一次、2 拍一次、1 拍一次都可，多重复几个八拍，最后压住不动，保持压好的姿势待住 4 个八拍，也可按程度的深浅逐渐加快速度。

※压腿时的训练动作要求：这是在把杆压腿时腿部软度训练的一种方法，比较适合有一定基础的学生，如果学生的舞蹈程度较浅，同样也可以与地面的软度训练结合起来，有选择地进行练习。把杆压腿训练时的节奏也是可以快慢相结合，可以由慢到快逐渐加速，最后压住停留几分钟，做到韧带彻底

地拉伸。在做各类压腿动作时要注意：在把杆压前腿的时候，动力腿要保持收胯，使两胯保持平行，不能向前送胯，上身保持挺直并向上伸展，记住千万不能驼背，向下压腿时上身要用力，保持直下直起的压腿姿势。在把杆压旁腿时，动力腿和主力腿都不能弯膝盖，向下压腿时一定要保持正侧身的姿势，上身向上伸展，用耳或后脑去贴动力腿，臀部不能向后翘，更不能够扣胯。

四、把杆压肩

训练目的：压肩的动作练习可以改善我们日常生活中的一些坏习惯，如肩膀内扣、驼背、脖子前伸等，帮助我们塑造出良好的形体，从而达到形体训练的目的。

（一）直立压肩

图 5-33　准备位

图 5-34

图 5-35

准备位置：首先面向把杆直立站好，身体距离把杆一臂的距离，双脚保持大八字步站立，双腿之间的间距有一脚之宽，双臂向前平伸，距离与肩同宽，如图 5-33 所示。

动作做法：将双手手腕轻搭在把杆上。上身向前倾下压，双手臂、肘关节保持伸直，头部向下放松低头，肩膀和胸部尽力向地面下压。重心放在两条腿之间，身体与双腿成 90°直角，双腿膝关节保持伸直，如图 5-34 至图 5-35 所示。

音乐节奏：节奏可以由慢到快，随着程度的加深从而加快节奏。可以4拍一次，也可以2拍或者1拍一次向下压肩。

（二）跪地压肩

图 5-36　准备位

图 5-37

图 5-38

准备位：双腿跪于地面，双腿打开与肩同宽，臀部保持直立不能坐在脚上，如图5-36所示。

动作做法：双手轻轻搭在把杆之上，头部放松向下沉，加力向下压肩，大腿与小腿成90°直角，注意小腿不能离开地面，腰部也要放松随着一起下压，如图5-37至图5-38所示。

音乐节奏：节奏可以由慢到快，随着程度的加深从而加快节奏。可以4拍一次，也可以2拍或者1拍一次向下压肩。

※**训练动作要求**：压肩的时候切记肩膀不能坚硬，双肩要彻底放松，不要用力过猛，要缓慢由轻到重，逐渐加力，双手要抓紧把杆，以免滑落，两个人互助压肩时要掌握好力度。（可以两人一组互助，一人按住一人的肩膀进行向下压的训练。）

（三）反拉肩练习

准备位：背对把杆，两脚尖并脚站立，两手臂向后仰直，双手正握把杆，双手臂略比肩窄。

动作做法：

（1）第一个八拍：

1～4拍，双脚尖、双腿并拢屈膝下蹲，身体上下振动，拉大手臂与身体之间的角度。

5～8拍，肩角拉到最大限度。

（2）第二个八拍：重复第一个八拍的动作。

（3）第三个八拍：重复第一个八拍的动作。

（4）第四个八拍：重复第一个八拍的动作。

动作要求：身体上下振动幅度越大越好，肩角充分拉开。

（四）后提臂夹肩练习

准备位：立正站好，双手臂在体后伸直握好，如图5-39所示。

图5-39　　　　　　　　图5-40　　　　　　　　图5-41
准备位　　　　　　　第一个八拍　　　　　　第二个八拍

动作做法：

（1）第一个八拍：

1～4拍，匀速后掰双臂至最大限度，如图5-40所示。

5～8拍，双臂匀速还原到准备位置，如图5-39所示。

（2）第二个八拍：

1～6拍，体前屈同时双手臂后举，保持控制不动，如图5-41所示。

7～8拍，还原到准备位置，如图5-39所示。

（3）第三个八拍：重复第一个八拍的动作，如图5-40和图5-39所示。

（4）第四个八拍：重复第二个八拍的动作，如图5-41和图5-39所示。

动作要求：双手臂伸直，后夹角，抬头，挺胸。后抬臂至最大限度，上体保持直立。体前屈后举双臂至最大限度，将肩关节韧带拉开。

（五）两臂上托练习

准备位：两脚开立比肩稍宽，两臂在体侧自然下垂挺胸收腹，如图5-42所示。

图5-42　准备位　　　　　　　　图5-43

动作做法：

（1）第一个八拍：如图5-43所示。

1～4拍，两臂向上举起，右手掌心向上，左手拉右手的手指。

5～8拍，一拍一动，左手下压拉上顶的右手。

（2）第二个八拍：如图5-43所示。

1～8拍，拉至最大限度时保持控制不动。

（3）第三个八拍：重复第一个八拍的动作，如图5-43所示。

（4）第四个八拍：重复第二个八拍的动作，如图5-43所示。

（5）第五个八拍：重复第二个八拍的动作，如图5-43所示。

（6）第六个八拍：重复第二个八拍的动作，如图5-43所示。

（7）第七个八拍：重复第二个八拍的动作，如图5-43所示。

（8）第八个八拍：重复第二个八拍的动作，如图5-43所示。

动作要求：上举时，挺胸收腹，当一手下拉时，另一手要向上用力顶，肘关节伸直，同时肩角要打开。

（六）手臂摆动绕环练习

准备位：两脚分开与肩等宽，两臂在体侧自然下垂，如图5-44所示。

图5-44　准备位　　　　　　　图5-45　　　　　　　　图5-46

动作做法：

(1)第一个八拍：如图5-45所示。

1～4拍，左手向前，右手向后绕环。

5～8拍，重复1～4拍的动作。

(2)第二个八拍：重复第一个八拍的动作，如图5-45所示。

(3)第三个八拍：如图5-46所示。

1～4拍，左手向后，右手向前绕环。

5～8拍，重复1～4拍的动作。

(4)第四个八拍：重复第三个八拍的动作，如图5-46所示。

(5)第五个八拍：

1～8拍，双手同时向前绕环2周。

(6)第六个八拍：重复第五个八拍的动作。

(7)第七个八拍：

1～8拍，双手同时向后绕环2周。

(8)第八个八拍：重复第七个八拍的动作。

动作要求：收腹、挺胸、抬头，肩关节放松。

（七）侧压臂练习

准备位置：两脚分开站立，与肩同宽，两臂体侧自然下垂，如图5-47所示。

图5-47　准备位　　　　　　　图5-48　　　　　　　　图5-49

动作做法：

(1)第一个八拍：如图 5-48 所示。

1～2 拍，左手臂直臂上举，右手屈肘在头后抓住左上臂。

3～8 拍，慢慢地向右侧拉左肩关节。

(2)第二个八拍：如图 5-48 所示。

1～8 拍，继续向右拉动左肩关节。

(3)第三个八拍：如图 5-48 所示。

1～8 拍，继续向右拉动左肩关节。

(4)第四个八拍：如图 5-48 所示。

1～8 拍，右手拉至最大限度时，保持控制不动，最后慢慢放松还原。

(5)第五个八拍：如图 5-49 所示。

1～2 拍，右手臂直臂上举，左手屈肘在头后抓住右上臂。

3～8 拍，慢慢地向左侧拉右肩关节。

(6)第六个八拍：如图 5-49 所示。

1～8 拍，继续向左拉动右肩关节。

(7)第七个八拍：如图 5-49 所示。

1～8 拍，继续向左拉动右肩关节。

(8)第八个八拍：如图 5-49 所示。

1～8 拍，左手拉至最大限度时，保持控制不动，最后慢慢放松还原。

动作要求：上举手时，要收腹挺胸，在侧拉时必须慢慢地，力量由小到大，不可突然用力。同时，要尽可能拉肩侧韧带至最大限度。

(八)扶把掸腰

图 5-50　准备位

图 5-51

一、准备位：首先进入到把杆里面，背向把杆，把腰部放置于把杆上，双脚成大八字步直立站好，双手向上伸直，与肩同宽，如图 5-50 所示。

动作做法：向后下腰，把杆正好撑住腰，向下掸腰，1 拍向下，1 拍起上，有弹力地连续进行，如图 5-51 所示。

此方法适用于程度较好的学生，如果是初级或是没有基础，可以从地面的腰部软度训练开始做起，逐渐加深练习难度。

图 5-52　准备位　　　　　　　　　　图 5-53

二、准备位：单手扶把，侧身准备，双腿与肩同宽，另一只手伸直向上，如图 5-52 所示。

动作做法：向下下腰，1 拍一次向下掸腰，不用完全起直上身，掸一次起一次，如图 5-53 所示。

※训练动作要求：掸腰时要切记不能歪，保持腰直向后下腰，第一种掸腰的动作要保持双手同时发力，第二种掸腰的动作要保持双肩平行，千万不能一边发力，掸腰时力度也不宜太大、过猛，力度要由轻到重逐渐加深，双腿膝盖尽量伸直。

（九）扶把耗腰、下腰

准备位：双腿与肩同宽保持站立姿势，双手向上伸直，耗腰的动作在掸腰的姿势上控制不动，如图 5-50 所示。

动作做法：耗腰的动作分为三种，按程度由浅到深依次是：(1)进把杆里，借助用把杆的力量耗腰，如图 5-50 所示。(2)单手扶把做耗腰，单手扶把侧身站立准备，要求与掸腰一样，保持掸腰的位置不动，如图 5-51 所示。(3)程度好的学生可以脱离把杆做耗腰的动作。

特别提示：双腿一定不可弯曲放松，双脚要紧抓地面，重心在双腿之间，腰部也要控制不能放松，根据自己的能力来控制耗腰的时间，尽力而为，不能强撑。

※训练动作要求：肩部和腰部的训练是十分重要的，它是舞蹈软开度训练非常重要的一部分，每个部位的训练也有着不同的要求。压肩时的动作要求手臂和腿都不能放松弯曲，头颈与地面应保持平行，头部放松下垂，胸腰尽力向下压，必须忍住肩部关节的疼痛。可以有节奏地做，最后压完也可以耗住控制不动，待一会再放松。腰的训练要求同地面腰的训练一样，初级训练者可以先从地面练习开始，逐步增加难度。

▶ 第四节　把上动作组合

一、蹲

训练目的和意义：它是一切基本技术动作训练的基础，贯穿于一系列基本动作之中，为其他带有蹲性质的动作以及跳跃动作做好能力与方法上的准备。蹲主要训练腿部肌肉的能力和后背的控制能力，训练跟腱、膝关节、髋关节等部位的柔韧性和灵活性，促进整个身体平衡与各部位能力的增长，为更好地完成其他技术动作打下良好的基础。

图 5-54　半蹲　　　　　　　　图 5-55　全蹲

（一）半蹲：小的半蹲屈膝一半。两腿完全外开，两膝下蹲时与两脚成一线。身体重心平均地落于两脚。所有位置的小蹲，两脚跟都不离地。如图 5-54 所示。

（二）全蹲：大的全蹲平稳、均匀地屈膝。两腿完全外开，两膝下蹲时与两脚成一线。身体重心平均地落于两脚。唯有在不抬起脚跟就无法下蹲时，脚跟才被迫离地，如图 5-55 所示。

图 5-56　准备位一位蹲　　　　图 5-57　　　　　　　图 5-58

图 5-59　准备位二位蹲　　　　图 5-60　　　　　　　图 5-61

图 5-62　准备位四位蹲

图 5-63

图 5-64

图 5-65　准备位五位蹲

图 5-66

图 5-67

　　一位蹲：双脚一位脚的位置，上身直立做一位蹲，如图 5-56 至图 5-58 所示。

　　二位蹲：双脚二位脚的位置，上身直立做二位蹲，如图 5-59 至图 5-61 所示。

　　四位蹲：双脚四位脚的位置，上身直立做四位蹲，如图 5-62 至图 5-64 所示。

　　五位蹲：双脚五位脚的位置，上身直立做五位蹲，如图 5-65 至图 5-67 所示。

　　1. 双手扶把组合

图 5-68　准备位

图 5-69　准备拍 1

图 5-70　准备拍 2

图 5-71
第一个八拍 1～2 拍

图 5-72
第一个八拍 3～4 拍

图 5-73
第一个八拍 5～6 拍

图 5-74
第一个八拍 7～8 拍

图 5-75
第二个八拍 1～2 拍

图 5-76
第二个八拍 3～4 拍

图 5-77
第二个八拍 5～6 拍

图 5-78
第二个八拍 7～8 拍

图 5-79
第三个八拍 1～2 拍

图 5-80
第三个八拍 3～4 拍

图 5-81
第三个八拍 5～6 拍

图 5-82
第三个八拍 7～8 拍

图 5-83
第四个八拍 1～2 拍

图 5-84
第四个八拍 3～4 拍

图 5-85
第四个八拍 5～6 拍

图 5-86
第四个八拍 7～8 拍

图 5-87
第五个八拍 1～2 拍

图 5-88
第五个八拍 3～4 拍

图 5-89
第五个八拍 5～8 拍

图 5-90
第六个八拍 1～2 拍

图 5-91
第六个八拍 3～4 拍

图 5-92
第六个八拍 5～6 拍

图 5-93
第六个八拍 7～8 拍

图 5-94
第七个八拍 1～2 拍

图 5-95
第七个八拍 3～4 拍

图 5-96
第七个八拍 5～6 拍

图 5-97
第七个八拍 7～8 拍

图 5-98
第八个八拍 1～2 拍

图 5-99
第八个八拍 3～8 拍

图 5-100
第九个八拍 1～2 拍

图 5-101
第九个八拍 3～4 拍

图 5-102
第九个八拍 5～6 拍

图 5-103
第九个八拍 7～8 拍

准备位：双手一位面向把杆，双脚一位做准备，如图 5-68 所示。

准备拍：5～8 拍，双手经过胸前的位置轻轻搭在把杆上，如图 5-69 至图 5-70 所示。

(1)第一个八拍：

1～2 拍，双脚一位做一位半蹲下降，如图 5-71 所示。

3～4 拍，上升，还原直立，如图 5-72 所示。

5～6 拍，双脚一位做一位全蹲下降，如图 5-73 所示。

7～8 拍，上升，还原直立，如图 5-74 所示。

(2)第二个八拍：重复第一个八拍的动作，如图 5-75 至图 5-78 所示。

(3)第三个八拍：

1～2 拍，绷右脚，脚尖点地，如图 5-79 所示。

3～4 拍，移动重心，成二位脚位置，如图 5-80 所示。

5～6 拍，双脚二位做二位全蹲下降，如图 5-81 所示。

7～8 拍，上升，还原直立，如图 5-82 所示。

(4)第四个八拍：

1～2 拍，做二位脚的半蹲下降，如图 5-83 所示。

3～4 拍，上升，还原直立，如图 5-84 所示。

5～6 拍，接着做二位全蹲下降，如图 5-85 所示。

7～8 拍，上升，还原直立，如图 5-86 所示。

(5)第五个八拍：

1～2 拍，绷右脚，脚尖旁点地，如图 5-87 所示。

3～4 拍，右脚尖由旁点地的位置划到前点地的位置，如图 5-88 所示。

5～8 拍，落右脚脚后跟到四位脚的位置，如图 5-89 所示。

(6)第六个八拍：

1～2 拍，做四位脚的半蹲下降，如图 5-90 所示。

3～4 拍，上升，还原直立，如图 5-91 所示。

5～6 拍，接着做四位全蹲下降，如图 5-92 所示。

7～8 拍，上升，还原直立，如图 5-93 所示。

(7)第七个八拍：重复第六个八拍的动作，如图 5-94 至图 5-97 所示。

(8)第八个八拍：

1～2 拍，绷右脚，脚尖点地，如图 5-98 所示。

3～8 拍，右脚经过前点地的位置收回到五位脚的位置，如图 5-99 所示。

(9)第九个八拍：

1～2 拍，做五位脚的半蹲下降，如图 5-100 所示。

3～4拍，上升，还原直立，如图 5-101 所示。

5～6拍，接着做五位全蹲下降，如图 5-102 所示。

7～8拍，上升，还原直立，如图 5-103 所示。

反面动作： 同正面，动作相同，方向相反。

2. 单手扶把组合

图 5-104
准备位

图 5-105
准备拍 1～4 拍

图 5-106
准备拍 5～6 拍

图 5-107
准备拍 7～8 拍

图 5-108
第一个八拍 1～4 拍

图 5-109
第一个八拍 5～8 拍

图 5-110
第二个八拍 1～4 拍

图 5-111
第二个八拍 5～8 拍

图 5-112
第三个八拍 1～4 拍

图 5-113
第三个八拍 5～8 拍

图 5-114
第四个八拍 1～4 拍

图 5-115
第四个八拍 5～8 拍

图 5-116
第五个八拍 1~4 拍

图 5-117
第五个八拍 5~8 拍

图 5-118
第六个八拍 1~4 拍

图 5-119
第六个八拍 5~8 拍

图 5-120
第七个八拍 1~4 拍

图 5-121
第七个八拍 5~8 拍

图 5-122
第八个八拍 1~4 拍

图 5-123
第八个八拍 5~8 拍

图 5-124
第九个八拍 1~4 拍

图 5-125
第九个八拍 5~8 拍

图 5-126
第十个八拍 1~4 拍

图 5-127
第十个八拍 5~8 拍

图 5-128
第十一个八拍 1～4 拍

图 5-129
第十一个八拍 5～8 拍

图 5-130
第十二个八拍 1～4 拍

图 5-131
第十二个八拍 5～8 拍

图 5-132
第十三个八拍 1～4 拍

图 5-133
第十三个八拍 5～8 拍

图 5-134
第十四个八拍 1～4 拍

图 5-135
第十四个八拍 5～8 拍

图 5-136
第十五个八拍 1～4 拍

图 5-137
第十五八拍 5～8 拍

图 5-138
第十六个八拍 1～4 拍

图 5-139
第十六个八拍 5～8 拍

动作做法：

准备位：双脚一位，双腿伸直保持外开，左手轻扶在把杆上，右手一位手位置，上身保持直立，抬头、微向右转 45°，目视右斜前方，如图 5-104所示。

准备拍：

1～4 拍，右手经右旁微向上扬，同时配合呼吸向远做延伸，眼睛看向右手方向，双腿保持外开伸直，上身保持直立不动，如图 5-105 所示。

5～6 拍，右手向下经一位手位置后，继续向上升，呈二位手位置，头微向左歪，眼睛看向右手方向，双腿保持外开伸直，上身保持直立不动，如图 5-106 所示。

7～8 拍，右手向右旁打开，呈七位手位置，头向右微转 45°，眼睛看向右手位置，双腿保持外开伸直，上身保持直立不动，如图 5-107 所示。

（1）第一个八拍：

1～4 拍，头转回还原到正前方位置，双腿膝关节向两侧屈膝，做小的半蹲。保持右手右旁七位手位置，上身保持直立不动，如图 5-108 所示。

5～8 拍，双腿膝关节伸直并保持外开，保持右手右旁七位手位置，上身保持直立不动，如图 5-109 所示。

（2）第二个八拍：重复第一个八拍的动作，如图 5-110、图 5-111 所示。

（3）第三个八拍：

1～4 拍，双腿膝关节向两侧屈膝，做大的全蹲。保持右手右旁七位手位置，上身保持直立不动，如图 5-112 所示。

5～8 拍，双腿膝关节伸直并保持外开，保持右手右旁七位手位置，上身保持直立不动，如图 5-113 所示。

（4）第四个八拍：重复第三个八拍的动作，如图 5-114 至图 5-115 所示。

（5）第五个八拍：

1～4 拍，右脚向右旁擦地，右脚经脚跟、脚心到脚趾尖点地，保持右手右旁七位手位置，双腿保持外开伸直，上身保持直立不动，如图 5-116 所示。

5～8 拍，落右脚跟，重心在两脚之间，呈二位脚位置，保持右手右旁七位手位置，双腿保持外开伸直，上身保持直立不动，如图 5-117 所示。

（6）第六个八拍：

1～4 拍，双腿膝关节向两侧屈膝，做小的半蹲。保持右手右旁七位手位置，保持双脚二位脚位置，上身保持直立不动，如图 5-118 所示。

5～8 拍，双腿膝关节伸直，还原直立。保持右手右旁七位手位置，保持双脚二位脚位置，上身保持直立不动，如图 5-119 所示。

（7）第七个八拍：重复第六个八拍的动作，如图 5-120 至图 5-121 所示。

（8）第八个八拍：重复第七个八拍的动作，如图 5-122 至图 5-123 所示。

（9）第九个八拍：

1～4 拍，右脚绷脚、趾尖点地，重心在左腿，保持右手右旁七位手位置，双腿保持外开伸直，上身保持直立不动，如图 5-124 所示。

5～8 拍，右脚擦地收回到右脚在前的五位脚位置，重心在两脚上，保持右手右旁七位手位置，双腿保持外开伸直，上身保持直立不动，如图 5-125 所示。

（10）第十个八拍：

1～4 拍，头微向右转 45°，目视右斜前方，右手向右旁微向上扬，同时配合呼吸做延伸动作，保持右脚在前的五位脚位置，双腿保持外开伸直，上身保持直立不动，如图 5-126 所示。

5～8 拍，右手向下收回的同时，身体向左转 90°，面向把杆，双手扶把，保持右脚在前的五位脚位置，双腿保持外开伸直，上身保持直立不动，如图 5-127 所示。

（11）第十一个八拍：

1～4 拍，保持右脚在前的五位脚位置的同时，双腿膝关节向两侧屈膝，做小的半蹲。双腿保持外开，上身保持直立不动，如图 5-128 所示。

5～8 拍，保持右脚在前的五位脚位置的同时，双腿膝关节伸直，还原直立。双腿保持外开伸直，上身保持直立不动，如图 5-129 所示。

（12）第十二个八拍：重复第十一个八拍的动作，如图 5-130 至图 5-131 所示。

（13）第十三个八拍：

1～4 拍，保持右脚在前的五位脚位置的同时，双腿膝关节向两侧屈膝，做大的全蹲。双腿保持外开，上身保持直立不动，如图 5-132 所示。

5～8 拍，保持右脚在前的五位脚位置的同时，双腿膝关节伸直，还原直立。双腿保持外开伸直，上身保持直立不动，如图 5-133 所示。

（14）第十四个八拍：重复第十三个八拍的动作，如图 5-134、图 5-135 所示。

（15）第十五个八拍：

1～4 拍，右脚向前擦地，右脚经脚跟、脚心到脚趾尖点地，头微向右转 45°，目视右斜前方，保持右手在右旁七位手位置，双腿保持外开伸直，上身保持直立不动，如图 5-136 所示。

5～8 拍，右脚擦地收回到右脚在前的五位脚位置，头转向正前方，目视前方，双腿保持外开伸直，上身保持直立不动，如图 5-137 所示。

（16）第十六个八拍：

1～4 拍，身体向右转 90°，右脚向右旁擦地，右脚经脚跟、脚心到脚趾尖点地，头微向右转 45°，目视右斜前方，保持右手在右旁七位手位置，双腿保持外开伸直，上身保持直立不动，如图 5-138 所示。

5～8 拍，右手向下收回，呈一位手位置，同时右脚擦地收回到一位脚位置，重心在两脚上，双腿保持外开伸直，上身保持直立不动，如图 5-139 所示。

反面动作：同正面，动作相同，方向相反。

二、擦地

（一）擦地双手扶把 一位

训练目的和意义：擦地是芭蕾形体基础训练中所有动作训练的基础与延伸，正确地学习与掌握它的规范性做法，可以为其他动作的学习打下良好的基础。擦地主要训练脚趾、脚掌、脚弓、脚腕、跟腱等部位的关节、韧带以及肌肉等部位的柔韧性、灵活性和能力，同时锻炼人体的垂直站立、稳定性、后背的控制能力等，使腿部的肌肉群得到延伸与外开的锻炼。但是此训练贵在坚持，只要坚持长久的训练，就能养成良好的习惯，为之后的形体训练打下良好的基础。

图 5-140
准备位

图 5-141
向前擦地

图 5-142
向旁擦地

图 5-143
向后擦地

准备位：双手扶把，一位脚准备，如图 5-140 所示。

向前擦地：动力脚全脚掌向前擦出，脚尖对鼻子，前脚的脚尖和后脚的脚跟在一条直线上，从脚跟经过脚心到脚尖，收回时，从脚尖经过脚心到全脚掌的过程擦回，如图 5-141 所示。

向旁擦地：动力脚全脚掌向旁擦出，脚尖对耳朵，从脚跟经过脚心到脚尖，收回时，从脚尖经过脚心到全脚掌的过程擦回，如图 5-142 所示。

向后擦地：动力脚全脚掌向后擦出，脚尖对后脑勺，前脚的脚尖和后脚的脚跟在一条直线上，从脚跟经过脚心到脚尖，收回时，从脚尖经过脚心到全脚掌的过程擦回，如图 5-143 所示。

1. 组合一：双手扶把擦地

图 5-144
准备位

图 5-145
准备拍一个八拍

图 5-146
第一个八拍 1～4 拍

图 5-147
第一个八拍 5～8 拍

图 5-148
第二个八拍 1～4 拍

图 5-149
第二个八拍 5～8 拍

图 5-150
第三个八拍 1～2 拍

图 5-151
第三个八拍 3～4 拍

图 5-152
第三个八拍 5～6 拍

图 5-153
第三个八拍 7～8 拍

动作做法：

准备位：双脚一位，双腿伸直保持外开，双手轻扶在把杆上，上身保持直立，抬头、目视前方，如图 5-144 所示。

准备拍：一个八拍，如图 5-145 所示。

（1）第一个八拍：

1～4 拍，右脚向右侧擦地，经脚跟、脚心到脚趾尖，保持绷脚外开，双腿保持伸直，上身保持不动，如图 5-146 所示。

5～8 拍，右脚收回还原到准备位，经脚趾尖、脚心到脚跟，保持外开，双腿保持伸直，上身保持不动，如图 5-147 所示。

（2）第二个八拍：重复第一个八拍的动作，如图 5-148 至图 5-149 所示。

（3）第三个八拍：

1～2 拍，右脚向右侧擦地，经脚跟、脚心到脚趾尖，保持绷脚外开，双腿保持伸直，上身保持不动，如图 5-150 所示。

3～4 拍，右脚收回还原到准备位，经脚趾尖、脚心到脚跟，保持外开，双腿保持伸直，上身保持不动，如图 5-151 所示。

5～6 拍，右脚向右侧擦地，经脚跟、脚心到脚趾尖，保持绷脚外开，双腿保持伸直，上身保持不动，如图 5-152 所示。

7～8 拍，右脚收回还原到准备位，经脚趾尖、脚心到脚跟，保持外开，双腿保持伸直，上身保持不动，如图 5-153 所示。

（4）第四个八拍：同第三个八拍，如图 5-150 至图 5-153 所示。

（5）第五个八拍：同第一个八拍，如图 5-146、图 5-144 所示。

（6）第六个八拍：同第二个八拍，如图 5-148、图 5-149 所示。

（7）第七个八拍：同第三个八拍，如图 5-150 至图 5-153 所示。

（8）第八个八拍：同第三个八拍，如图 5-150 至图 5-153 所示。

反面动作：同正面，动作相同，方向相反。

2. 组合二：双手扶把擦地

图 5-154
准备位

图 5-155
准备拍 1

图 5-156
准备拍 2

图 5-157
第一个八拍 1～4 拍

图 5-158
第一个八拍 5～8 拍

图 5-159
第二个八拍 1～4 拍

图 5-160
第二个八拍 5～8 拍

图 5-161
第三个八拍 1～4 拍

图 5-162
第三个八拍 5～8 拍

图 5-163
第四个八拍 1～4 拍

图 5-164
第四个八拍 5～8 拍

图 5-165
第五个八拍 1～4 拍

图 5-166
第五个八拍 5～8 拍

图 5-167
第六个八拍 1～4 拍

图 5-168
第六个八拍 5～6 拍

图 5-169
第六个八拍 7～8 拍

图 5-170
第七个八拍 1～4 拍

图 5-171
第七个八拍 5～8 拍

图 5-172
第八个八拍 1~4 拍

图 5-173
第八个八拍 5~8 拍

图 5-174
第九个八拍 1~4 拍

图 5-175
第九个八拍 5~8 拍

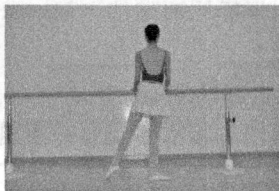

图 5-176
第十个八拍 1~2 拍

图 5-177
第十个八拍 3~4 拍

图 5-178
第十个八拍 5~6 拍

图 5-179
第十个八拍 7~8 拍

准备位：双手一位，双脚一位，面对把杆做准备，如图 5-154 所示。

准备拍：5~8 拍，双手经过胸前轻搭在把杆上，如图 5-155 至图 5-156 所示。

动作做法：

（1）第一个八拍：右前脚 tendu（擦地）两次。

1~4 拍，右脚向前擦地，要经过全脚到半脚掌，最后到绷脚的过程，如图 5-157 所示。

5~8 拍，收回还原，收回时第 6 拍的过程同样要经过半脚掌到全脚最后回到一位脚的位置，如图 5-158 所示。

（2）第二个八拍：重复第一个八拍的动作，如图 5-159 至图 5-160 所示。

（3）第三个八拍：en dedans（反面）

1~4 拍，左脚向前擦地，要经过全脚到半脚掌，最后到绷脚的过程，如图 5-161 所示。

5~8 拍，收回还原，收回时第 6 拍的过程同样要经过半脚掌到全脚最后回到一位脚的位置，如图5-162所示。

(4)第四个八拍：重复第三个八拍的动作，如图5-163至图5-164所示。

(5)第五个八拍：向旁tendu（擦地）。

1~4拍，向旁擦出去，要求同前擦地一样，要经过半脚掌到绷脚的位置，如图5-165所示。

5~8拍，擦地还原回来，如图5-166所示。

(6)第六个八拍：

1~4拍，向旁擦出去，要求同前擦地一样，要经过半脚掌到绷脚的位置，如图5-167所示。

5~6拍，二位plie（蹲），如图5-168所示。

7~8拍，换方向，直起同时移重心到另一条腿，如图5-169所示。

(7)第七个八拍：接左腿旁擦地。

1~4拍，擦地出去，如图5-170所示。

5~8拍，擦地收回，要经过半脚掌的位置，最后收回一位，如图5-171所示。

(8)第八个八拍：右腿后擦地。

1~4拍，后擦地出去，要求两个肩膀要保持一致，两个髋骨要正对着前方，并且要经过半脚掌的位置，最后到绷脚的位置，如图5-172所示。

5~8拍，后擦地收回一位的位置，要经过半脚掌的位置收回一位，如图5-173，所示。

(9)第九个八拍：左腿后擦地。

1~4拍，后擦地出去，经过半脚掌的位置到绷脚的位置，如图5-174所示。

5~8拍，经过半脚掌的位置收回到一位脚的位置，如图5-175所示。

(10)第十个八拍：向旁的擦地。

1~2拍，做旁擦地一次，如图5-176所示。

3~4拍，半蹲，如图5-177所示。

5~6拍，旁点地，如图5-178所示。

7~8拍，收回一位，如图5-179所示。

反面动作：同正面，动作相同，方向相反。

(二)擦地(Battement tendu)单手扶把

训练目的：单手扶把的擦地，是在双手扶把的基础之上进行的，所以之前的训练很重要，不能跳跃直接进行单手扶把的练习。具体内容详见双手扶把。

组合三：单手扶把五位擦地

图 5-180
准备位

图 5-181
准备拍 5～6 拍

图 5-182
准备拍 7～8 拍

图 5-183
第一个八拍 1～4 拍

图 5-184
第一个八拍 5～8 拍

图 5-185
第二个八拍 1～4 拍

图 5-186
第二个八拍 5～8 拍

图 5-187
第三个八拍 1～4 拍

图 5-188
第三个八拍 5～8 拍

图 5-189
第四个八拍 1～4 拍

图 5-190
第四个八拍 5～8 拍

图 5-191
第五个八拍 1～4 拍

第五章 扶把练习

图 5-192
第五个八拍 5～8 拍

图 5-193
第六个八拍 1～4 拍

图 5-194
第六个八拍 5～8 拍

图 5-195
第七个八拍 1～4 拍

图 5-196
第七个八拍 5～8 拍

图 5-197
第八个八拍 1～4 拍

图 5-198
第八个八拍 5～8 拍

图 5-199
第九个八拍 1～4 拍

图 5-200
第九个八拍 5～8 拍

图 5-201
第十个八拍 1～4 拍

图 5-202
第十个八拍 5～8 拍

图 5-203
第十一个八拍 1～4 拍

图 5-204
第十一个八拍 5～8 拍

图 5-205
第十二个八拍 1～4 拍

图 5-206
第十二个八拍 5～8 拍

图 5-207
第十三个八拍 1～4 拍

图 5-208
第十三个八拍 5～8 拍

图 5-209
第十四个八拍 1～4 拍

图 5-210
第十四个八拍 5～8 拍

图 5-211
第十五个八拍 1～4 拍

图 5-212
第十五个八拍 5～8 拍

图 5-213
第十六个八拍 1～4 拍

图 5-214
第十六个八拍 5～8 拍

图 5-215
结束拍 1～4 拍

图 5-216
结束拍 5～8 拍

动作做法：

准备位：右脚在前的五位脚位置，双腿伸直保持外开，左手轻扶在把杆上，右手一位手位置，上身保持直立，抬头、微向右转 45°，目视右斜前方，如图 5-180 所示。

准备拍：一个八拍。

1～4 拍，在准备位上保持不动，如图 5-180 所示。

5～6 拍，头微向左歪、稍低头、眼睛看右手，同时右手向上呈二位手位置，双腿保持外开伸直，上身保持直立不动，如图 5-181 所示。

7～8 拍，抬头微向右转、眼睛看右手方向，同时右手向右旁打开呈七位手位置，双腿保持外开伸直，上身保持直立不动，如图 5-182 所示。

（1）第一个八拍：

1～4 拍，右脚向前擦地，右脚经脚跟、脚心到脚趾尖点地，保持右手右旁七位手位置，双腿保持外开伸直，上身保持直立不动，如图 5-183 所示。

5～8 拍，右脚擦地收回到右脚在前的五位脚位置，重心在两脚上，保持右手右旁七位手位置，双腿保持外开伸直，上身保持直立不动，如图 5-184 所示。

（2）第二个八拍：重复第一个八拍的动作，如图 5-185、图 5-186 所示。

（3）第三个八拍：

1～4 拍，右脚向前擦地，右脚经脚跟、脚心到脚趾尖点地，保持右手右旁七位手位置，双腿保持外开伸直，上身保持直立不动，如图 5-187 所示。

5～8 拍，左腿膝关节弯曲，保持外开重心下降，保持右手右旁七位手位置，保持右腿在前伸直，上身保持直立不动，如图 5-188 所示。

（4）第四个八拍：

1～4 拍，左腿膝关节伸直，保持外开，保持右手右旁七位手位置，保持右腿在前伸直，上身保持直立不动，如图 5-189 所示。

5～8 拍，右脚擦地收回到右脚在前的五位脚位置，重心在两脚上，保持右手右旁七位手位置，双腿保持外开伸直，上身保持直立不动，如图 5-190

所示。

(5)第五个八拍：

1～4 拍，头转向正前方、目视前方，右脚向右旁擦地，右脚经脚跟、脚心到脚趾尖点地，保持右手右旁七位手位置，双腿保持外开伸直，上身保持直立不动，如图 5-191 所示。

5～8 拍，右脚擦地收回到右脚在后的五位脚位置，重心在两脚上，保持右手右旁七位手位置，双腿保持外开伸直，上身保持直立不动，如图 5-192 所示。

(6)第六个八拍：

1～4 拍，右脚向右旁擦地，右脚经脚跟、脚心到脚趾尖点地，保持右手右旁七位手位置，双腿保持外开伸直，上身保持直立不动，如图 5-193 所示。

5～8 拍，右脚擦地收回到右脚在前的五位脚位置，重心在两脚上，保持右手右旁七位手位置，双腿保持外开伸直，上身保持直立不动，如图 5-194 所示。

(7)第七个八拍：

1～4 拍，右脚向右旁擦地，右脚经脚跟、脚心到脚趾尖点地，保持右手右旁七位手位置，双腿保持外开伸直，上身保持直立不动，如图 5-195 所示。

5～8 拍，左腿膝关节弯曲，保持外开重心下降，保持右手右旁七位手位置，保持右腿在旁伸直，上身保持直立不动，如图 5-196 所示。

(8)第八个八拍：

1～4 拍，左腿膝关节伸直，保持外开，保持右手右旁七位手位置，保持右腿在旁伸直，上身保持直立不动，如图 5-197 所示。

5～8 拍，右脚擦地收回到右脚在后的五位脚位置，重心在两脚上，保持右手右旁七位手位置，双腿保持外开伸直，上身保持直立不动，如图 5-198 所示。

(9)第九个八拍：

1～4 拍，头微向右转 45°、目视右斜前方，右脚向后擦地，右脚经脚跟、脚心到脚趾尖点地，保持右手右旁七位手位置，双腿保持外开伸直，上身保持直立不动，如图 5-199 所示。

5～8 拍，右脚擦地收回到右脚在后的五位脚位置，重心在两脚上，保持右手右旁七位手位置，双腿保持外开伸直，上身保持直立不动，如图 5-200 所示。

(10)第十个八拍：

1～4 拍，右脚向后擦地，右脚经脚跟、脚心到脚趾尖点地，保持右手右旁七位手位置，双腿保持外开伸直，上身保持直立不动，如图 5-201 所示。

5～8 拍，右脚擦地收回到右脚在后的五位脚位置，重心在两脚上，保持右手右旁七位手位置，双腿保持外开伸直，上身保持直立不动，如图 5-202 所示。

(11)第十一个八拍：

1～4 拍，右脚向后擦地，右脚经脚跟、脚心到脚趾尖点地，保持右手右旁七位手位置，双腿保持外开伸直，上身保持直立不动，如图 5-203 所示。

5～8 拍，左腿膝关节弯曲，保持外开重心下降，保持右手右旁七位手位置，保持右腿在后伸直，上身保持直立不动，如图 5-204 所示。

(12)第十二个八拍：

1～4 拍，左腿膝关节伸直，保持外开，保持右手右旁七位手位置，保持右腿在后伸直，上身保持直立不动，如图 5-205 所示。

5～8 拍，右脚擦地收回到右脚在后的五位脚位置，重心在两脚上，保持右手右旁七位手位置，双腿保持外开伸直，上身保持直立不动，如图 5-206 所示。

(13)第十三个八拍：

1～4 拍，头转向正前方、目视前方，右脚向右旁擦地，右脚经脚跟、脚心到脚趾尖点地，保持右手右旁七位手位置，双腿保持外开伸直，上身保持直立不动，如图 5-207 所示。

5～8 拍，落右脚脚跟、重心移动到两只脚之间，保持右手右旁七位手位置，双腿保持外开伸直，上身保持直立不动，如图 5-208 所示。

(14)第十四个八拍：

1～4 拍，抬右脚脚跟，绷右脚，使右脚脚尖点地，重心移全左脚上，保持右手右旁七位手位置，双腿保持外开伸直，上身保持直立不动，如图 5-209 所示。

5～8 拍，右脚擦地收回到右脚在后的五位脚位置，重心在两脚上，保持右手右旁七位手位置，双腿保持外开伸直，上身保持直立不动，如图 5-210 所示。

(15)第十五个八拍：

1～4 拍，右脚向右旁擦地，右脚经脚跟、脚心到脚趾尖点地，保持右手右旁七位手位置，双腿保持外开伸直，上身保持直立不动，如图 5-211 所示。

5～8 拍，落右脚脚跟、重心移动到两只脚之间，保持右手右旁七位手位置，双腿保持外开伸直，上身保持直立不动，如图 5-212 所示。

(16)第十六个八拍：

1～4拍，抬右脚脚跟，绷右脚，使右脚脚尖点地，重心移至左脚上，保持右手右旁七位手位置，双腿保持外开伸直，上身保持直立不动，如图5-213所示。

5～8拍，右脚擦地收回到右脚在前的五位脚位置，重心在两脚上，保持右手右旁七位手位置，双腿保持外开伸直，上身保持直立不动，如图5-214所示。

(17)结束拍：

1～4拍，头微向右转45°，目视右斜前方，右手微上扬同时配合呼吸使右手做延伸动作，如图5-215所示。

5～8拍，头转向正前方，目视前方，右手向下收回还原到一位手位置，如图5-216所示。

反面动作：同正面，动作相同，方向相反。

三、小踢腿

训练目的：此动作主要训练脚部通过向外踢出的力量与能力，通过这种擦地快速踢起的训练提高腿部的能力与腿部的灵活性，为大幅度的踢腿动作以及大跳的脚步抛出打好基础。

（一）组合一：单手扶把

图 5-217
准备位

图 5-218
准备拍 5

图 5-219
准备拍 6

图 5-220
准备拍 7～8

图 5-221
第一个八拍 1～2 拍

图 5-222
第一个八拍 3～4 拍

图 5-223
第一个八拍 5～6 拍

图 5-224
第一个八拍 7～8 拍

图 5-225
第二个八拍 1～2 拍

图 5-226-1
第二个八拍 3～4 拍　1

图 5-226-2
第二个八拍 3～4 拍　2

图 5-227-1
第二个八拍 5～8 拍　1

图 5-227-2
第二个八拍 5～8 拍　2

图 5-228
第三个八拍 1～2 拍

图 5-229
第三个八拍 3～4 拍

图 5-230
第三个八拍 5～6 拍

图 5-231
第三个八拍 7～8 拍

图 5-232
第四个八拍 1～2 拍

图 5-233-1
第四个八拍 3～4 拍　1

图 5-233-2
第四个八拍 3～4 拍　2

图 5-234-1
第四个八拍 5～8 拍　1

图 5-234-2
第四个八拍 5～8 拍　2

图 5-234-3
第四个八拍 5～8 拍　3

图 5-235
第五个八拍 1～2 拍

图 5-236
第五个八拍 3～4 拍

图 5-237
第五个八拍 5～6 拍

图 5-238
第五个八拍 7～8 拍

图 5-239
第六个八拍 1～2 拍

图 5-240-1
第六个八拍 3～4 拍　1

图 5-240-2
第六个八拍 3～4 拍　2

图 5-241
第六个八拍 5～6 拍

图 5-242-1
第六个八拍 7～8 拍　1

图 5-242-2
第六个八拍 7～8 拍　2

图 5-243
第七个八拍 1～2 拍

图 5-244
第七个八拍 3～4 拍

图 5-245
第七个八拍 5～6 拍

图 5-246
第七个八拍 7～8 拍

图 5-247
第八个八拍 1～2 拍

图 5-248-1
第八个八拍 3～4 拍　1

图 5-248-2
第八个八拍 3～4 拍　2

图 5-249
第八个八拍 5～6 拍

图 5-250
第八个八拍 7～8 拍

图 5-251
第九个八拍 1～2 拍

图 5-252
第九个八拍 3～4 拍

图 5-253
第九个八拍 5～6 拍

图 5-254
第九个八拍 7～8 拍

图 5-255
第十个八拍 1～2 拍

图 5-256
第十个八拍 3～4 拍

图 5-257
第十个八拍 5～6 拍

图 5-258
第十个八拍 7～8 拍

图 5-259
最后呼吸 1 拍

图 5-260

最后呼吸 2 拍

动作做法：小踢腿动作是在擦地伸展动作上的发展，是擦地的延伸。主力腿保持直立、动力腿出脚的方向与擦地相同，只是动力腿要经擦地后快速踢出，在 25°的位置停顿不动。

准备位：以右腿为例，左手单手扶把，右手一位手，双脚五位脚的位置，头和眼睛看向正前方做准备，如图 5-217 所示。

准备拍：5～8 拍。

5 拍，右手向远伸展，头看向右手，如图 5-218 所示。

6 拍，双腿向前推脚后跟转向右前方的方向，保持住五位脚，右手同时到二位手的位置，眼睛和头看着右手，如图 5-219 所示。

7～8 拍，右手由二位手到三位手的位置，眼睛和头看向斜上方，如图 5-220 所示。

(1)第一个八拍：

1～2 拍，动力腿(右腿)向前小踢腿擦出去，头和眼睛仍然看向斜上方，如图 5-221 所示。

3～4 拍，动力腿(右腿)经由前点地擦地回到五位脚的位置，上身和头保持姿态不变，如图 5-222 所示。

5～6 拍，动力腿(右腿)重复做一次向前小踢腿，如图 5-223 所示。

7～8 拍，动力腿(右腿)再经由前点地擦地回到五位脚的位置，如图 5-224 所示。

(2)第二个八拍：

1～2 拍，动力腿(右腿)向前小踢腿擦出去，头和眼睛仍然看向斜上方，如图 5-225 所示。

3～4 拍，动力腿(右腿)快速地做一次前点地，再到向前小踢腿的位置，如图 5-226-1 至图 5-226-2 所示。

5～8 拍，经由点地、擦地收回五位脚的位置，收回五位脚后，头和眼睛同时看向扶把手(左手)的方向，如图 5-227-1、图 5-227-2 所示。

(3)第三个八拍:

1~2拍,动力腿(右腿)向旁小踢腿擦出去,头和眼睛看向斜下方,如图 5-228 所示。

3~4拍,动力腿(右腿)经由旁点地擦地回到左脚在前的五位脚,上身和头保持姿态不变,如图 5-229 所示。

5~6拍,动力腿(右腿)重复做一次向旁小踢腿,头仍然看向斜下方,如图 5-230 所示。

7~8拍,动力腿(右腿)再经由旁点地擦地回到右脚在前的五位脚,如图 5-231 所示。

(4)第四个八拍:

1~2拍,动力腿(右腿)向旁小踢腿擦出去,头和眼睛仍然看向斜下方,如图 5-232 所示。

3~4拍,动力腿(右腿)快速地做一次旁点地,再到向旁小踢腿的位置,如图 5-233-1 至图 5-233-2 所示。

5~8拍,经由点地、擦地收回左腿在前的五位脚的位置,收回五位脚后,同时转向把杆的方向,头和眼睛同时看向右手的方向,右手同时经由二位手的位置向远延伸,如图 5-234-1 至图 5-234-3 所示。

(5)第五个八拍:

1~2拍,动力腿(右腿)向后小踢腿擦出去,头和眼睛看向右手指尖的方向,如图 5-235 所示。

3~4拍,动力腿(右腿)经由后点地擦地回到左脚在前的五位脚,上身和头保持姿态不变,如图 5-236 所示。

5~6拍,动力腿(右腿)重复做一次向后的小踢腿,头和眼睛保持姿态不变,如图 5-237 所示。

7~8拍,动力腿(右腿)再经由后点地擦地回到五位脚的位置,如图 5-238 所示。

(6)第六个八拍:

1~2拍,动力腿(右腿)向后小踢腿擦出去,头和眼睛仍然看向右手手指尖的方向,如图 5-239 所示。

3~4拍,动力腿(右腿)快速地做一次后点地,再到向后小踢腿的位置,如图 5-240-1 至图 5-240-2 所示。

5~6拍,动力腿(右腿)直接经由点地、擦地收回到五位脚的位置,如图 5-241 所示。

7~8拍,右手经由二位手到三位手的位置,头和眼睛随着右手看向斜上方，如图 5-242-1 至图 5-242-2 所示。

（7）第七个八拍：

1～2 拍，动力腿（右腿）向旁小踢腿擦出去，头和眼睛看向斜上方，如图 5-243 所示。

3～4 拍，动力腿（右腿）经由旁点地擦地回到右脚在前的五位脚，上身和头保持姿态不变，如图 5-244 所示。

5～6 拍，动力腿（右腿）重复做一次向旁小踢腿，头和眼睛仍然看向斜上方，如图 5-245 所示。

7～8 拍，动力腿（右腿）再经由旁点地擦地回到左脚在前的五位脚，如图 5-246 所示。

（8）第八个八拍：

1～2 拍，动力腿（右腿）向旁小踢腿擦出去，头和眼睛仍然看向斜上方，如图 5-247 所示。

3～4 拍，动力腿（右腿）快速地做一次旁点地，再到向旁小踢腿的位置，如图 5-248-1 至图 5-248-2 所示。

5～6 拍，动力腿（右腿）经由点地、擦地收回到右脚在前的五位脚的位置，上身和头保持姿态不变，如图 5-249 所示。

7～8 拍，双腿转向正前方，头也同时看向正前方，右手由三位手到七位手的位置，如图 5-250 所示。

（9）第九个八拍：做两次小踢腿的摆动。

1～2 拍，动力腿（右腿）向前小踢腿擦出去，头和眼睛看向正前方，上身保持直立，如图 5-251 所示。

3～4 拍，动力腿（右腿）由前小踢腿的位置，经由一位脚向后小踢腿擦出去，头和眼睛同时看向右手方向，上身微微向前倾斜，如图 5-252 所示。

5～6 拍，动力腿（右腿）再由后小踢腿的位置经由一位脚向前小踢腿擦出去，如图 5-253 所示。

7～8 拍，动力腿（右腿）再重复一次由前小踢腿的位置向后小踢腿擦出去，如图 5-254 所示。

（10）第十个八拍：

1～2 拍，动力腿（右腿）向前小踢腿擦出去，头和眼睛看向右手的方向，如图 5-255 所示。

3～4 拍，动力腿（右腿）收回右腿在前的五位脚，头和眼睛同时看向正前方，如图 5-256 所示。

5～6 拍，动力腿（右腿）向旁小踢腿擦出去，头和眼睛看向正前方，如

图 5-257 所示。

　　7~8 拍，动力腿（右腿）由向旁的小踢腿收回到一位脚的位置，头和上身仍然保持姿态不变，如图 5-258 所示。

　　(11)最后呼吸还原：

　　1、2 拍，右手经由向远延伸呼吸收回到一位手的位置，头和眼睛随着右手一起收回，如图 5-259 至图 5-260 所示。

　　反面动作： 如正面，动作相同，方向相反。

　　(二)组合二：单手扶把五位

图 5-261
准备位

图 5-262
准备拍 5~6 拍

图 5-263
准备拍 7~8 拍

图 5-264
第一个八拍 1~2 拍

图 5-265
第一个八拍 3~4 拍

图 5-266
第一个八拍 5~6 拍

图 5-267
第一个八拍 7~8 拍

图 5-268
第二个八拍 1~2 拍

图 5-269
第二个八拍 3~4 拍

形
体
训
练

图 5-270
第二个八拍 5~6 拍

图 5-271
第二个八拍 7~8 拍

图 5-272
第三个八拍 1~2 拍

图 5-273
第三个八拍 3~4 拍

图 5-274
第三个八拍 5~8 拍

图 5-275
第四个八拍 1~2 拍

图 5-276
第四个八拍 3~4 拍

图 5-277
第四个八拍 5~8 拍

图 5-278
第五个八拍 1~2 拍

图 5-279
第五个八拍 3~4 拍

图 5-280
第五个八拍 5~6 拍

图 5-281
第五个八拍 7~8 拍

图 5-282
第六个八拍 1～2 拍

图 5-283
第六个八拍 3～4 拍

图 5-284
第六个八拍 5～6 拍

图 5-285
第六个八拍 7～8 拍

图 5-286
第七个八拍 1～2 拍

图 5-287
第七个八拍 3～4 拍

图 5-288
第七个八拍 5～6 拍

图 5-289
第七个八拍 7～8 拍

图 5-290
第八个八拍 1～2 拍

图 5-291
第八个八拍 3～4 拍

图 5-292
第八个八拍 5～8 拍

图 5-293
第九个八拍 1～2 拍

图 5-294
第九个八拍 3～4 拍

图 5-295
第九个八拍 5～6 拍

图 5-296
第九个八拍 7～8 拍

图 5-297
第十个八拍 1～2 拍

图 5-298
第十个八拍 3～4 拍

图 5-399
第十个八拍 5～6 拍

图 5-300
第十个八拍 7～8 拍

图 5-301
第十一个八拍 1～2 拍

图 5-302
第十一个八拍 3～4 拍

图 5-303
第十一个八拍 5～8 拍

图 5-304
第十二个八拍 1～2 拍

图 5-305
第十二个八拍 3～4 拍

图 5-306

第十二个八拍 5～8 拍

动作做法：

准备位：左脚在前的五位脚位置，双腿伸直保持外开，右手轻扶在把杆上，左手一位手位置，上身保持直立，抬头、微向左转 45°，目视左斜前方，如图 5-261 所示。

准备拍：一个八拍。

1～4 拍，在准备位上保持不动，如图 5-261 所示。

5～6 拍，头微向右歪、稍低头、眼睛看左手，同时左手向上呈二位手位置，双腿保持外开伸直，上身保持直立不动，如图 5-262 所示。

7～8 拍，抬头微向左转、眼睛看左手方向，同时左手向左旁打开呈七位手位置，双腿保持外开伸直，上身保持直立不动，如图 5-263 所示。

（1）第一个八拍：

1～2 拍，左脚向前擦地，左脚经脚跟、脚心到脚趾尖点地，保持左手左旁七位手位置，双腿保持外开伸直，上身保持直立不动，如图 5-264 所示。

3～4 拍，迅速抬起左腿，离地面约 25°，保持左手左旁七位手位置，双腿保持外开伸直，上身保持直立不动，如图 5-265 所示。

5～6 拍，落地还原，左脚尖点地，保持左手左旁七位手位置，双腿保持外开伸直，上身保持直立不动，如图 5-266 所示。

7～8 拍，左脚擦地收回到左脚在前的五位脚位置，重心在两脚上，保持左手左旁七位手位置，双腿保持外开伸直，上身保持直立不动，如图 5-267 所示。

（2）第二个八拍：

1～2 拍，左腿弯曲，左脚顺着主力腿（右腿）向上吸腿至右腿的膝关节处，保持左手左旁七位手位置，双腿保持外开伸直，上身保持直立不动，如图 5-268 所示。

3～4 拍，迅速抬起左腿，离地面约 25°，保持左手左旁七位手位置，双腿保持外开伸直，上身保持直立不动，如图 5-269 所示。

5～6 拍，落地还原，左脚尖点地，保持左手左旁七位手位置，双腿保持外开伸直，上身保持直立不动，如图 5-270 所示。

7～8 拍，左脚擦地收回到左脚在前的五位脚位置，重心在两脚上，保持左手左旁七位手位置，双腿保持外开伸直，上身保持直立不动，如图 5-271 所示。

(3)第三个八拍：

1～2 拍，左脚向前擦地，左脚经脚跟、脚心到脚趾尖，并迅速抬起左腿，离地面约 25°，保持左手左旁七位手位置，双腿保持外开伸直，上身保持直立不动，如图 5-272 所示。

3～4 拍，左腿弯曲，左脚顺着主力腿（右腿）向上吸腿至右腿的膝关节处，保持左手左旁七位手位置，双腿保持外开伸直，上身保持直立不动，如图 5-273 所示。

5～8 拍，左脚擦地收回到右脚在前的五位脚位置，重心在两脚上，保持左手左旁七位手位置，双腿保持外开伸直，上身保持直立不动，如图 5-274 所示。

(4)第四个八拍：

1～2 拍，左脚向前擦地，左脚经脚跟、脚心到脚趾尖，并迅速抬起左腿，离地面约 25°，保持左手左旁七位手位置，双腿保持外开伸直，上身保持直立不动，如图 5-275 所示。

3～4 拍，左腿弯曲，左脚顺着主力腿（右腿）向上吸腿至右腿的膝关节处，保持左手左旁七位手位置，双腿保持外开伸直，上身保持直立不动，如图 5-276 所示。

5～8 拍，头转向正前方，目视前方，左脚擦地收回到左脚在前的五位脚位置，重心在两脚上，保持左手左旁七位手位置，双腿保持外开伸直，上身保持直立不动，如图 5-277 所示。

(5)第五个八拍：

1～2 拍，左脚向左旁擦地，左脚经脚跟、脚心到脚趾尖点地，保持左手左旁七位手位置，双腿保持外开伸直，上身保持直立不动，如图 5-278 所示。

3～4 拍，迅速抬起左腿，离地面约 25°，保持左手左旁七位手位置，双腿保持外开伸直，上身保持直立不动，如图 5-279 所示。

5～6 拍，落地还原，左脚尖点地，保持左手左旁七位手位置，双腿保持外开伸直，上身保持直立不动，如图 5-280 所示。

7～8 拍，左脚擦地收回到右脚在前的五位脚位置，重心在两脚上，保持左手左旁七位手位置，双腿保持外开伸直，上身保持直立不动，如图 5-281 所示。

(6)第六个八拍：

1～2拍，左腿弯曲，左脚顺着主力腿（右腿）向上吸腿至右腿的膝关节处，保持左手左旁七位手位置，双腿保持外开伸直，上身保持直立不动，如图5-282所示。

3～4拍，迅速抬起左腿，离地面约25°，保持左手左旁七位手位置，双腿保持外开伸直，上身保持直立不动，如图5-283所示。

5～6拍，落地还原，左脚尖点地，保持左手左旁七位手位置，双腿保持外开伸直，上身保持直立不动，如图5-284所示。

7～8拍，左脚擦地收回到左脚在前的五位脚位置，重心在两脚上，保持左手左旁七位手位置，双腿保持外开伸直，上身保持直立不动，如图5-285所示。

(7)第七个八拍：

1～2拍，左脚向左旁擦地，左脚经脚跟、脚心到脚趾尖点地，保持左手左旁七位手位置，双腿保持外开伸直，上身保持直立不动，如图5-286所示。

3～4拍，左脚擦地收回到右脚在前的五位脚位置，重心在两脚上，保持左手左旁七位手位置，双腿保持外开伸直，上身保持直立不动，如图5-287所示。

5～6拍，左脚向左旁擦地，左脚经脚跟、脚心到脚趾尖点地，保持左手左旁七位手位置，双腿保持外开伸直，上身保持直立不动，如图5-288所示。

7～8拍，左脚擦地收回到左脚在前的五位脚位置，重心在两脚上，保持左手左旁七位手位置，双腿保持外开伸直，上身保持直立不动，如图5-289所示。

(8)第八个八拍：

1～2拍，左脚向左旁擦地，左脚经脚跟、脚心到脚趾尖点地，保持左手左旁七位手位置，双腿保持外开伸直，上身保持直立不动，如图5-290所示。

3～4拍，左脚擦地收回到右脚在前的五位脚位置，重心在两脚上，保持左手左旁七位手位置，双腿保持外开伸直，上身保持直立不动，如图5-291所示。

5～8拍，身体整体向右转90°，面向把杆，双手扶把，如图5-292所示。

(9)第九个八拍：

1～2拍，左脚向后擦地，左脚经脚跟、脚心到脚趾尖点地，双腿保持外开伸直，上身保持直立不动，如图5-293所示。

3～4拍，迅速抬起左腿，离地面约25°，双腿保持外开伸直，上身保持直立不动，如图5-294所示。

5～6拍，落地还原，左脚尖点地，双腿保持外开伸直，上身保持直立不动，如图5-295所示。

7～8拍，左脚擦地收回到左脚在前的五位脚位置，重心在两脚上，双腿保持外开伸直，上身保持直立不动，如图5-296所示。

(10)第十个八拍：

1～2拍，左腿弯曲，左脚顺着主力腿（右腿）向上吸腿至右腿的膝关节处，双腿保持外开伸直，上身保持直立不动，如图5-297所示。

3～4拍，迅速抬起左腿，离地面约25°，双腿保持外开伸直，上身保持直立不动，如图5-298所示。

5～6拍，落地还原，左脚尖点地，双腿保持外开伸直，上身保持直立不动，如图5-299所示。

7～8拍，左脚擦地收回到右脚在前的五位脚位置，重心在两脚上，双腿保持外开伸直，上身保持直立不动，如图5-300所示。

(11)第十一个八拍：

1～2拍，左脚向前擦地，左脚经脚跟、脚心到脚趾尖，并迅速抬起左腿，离地面约25°，双腿保持外开伸直，上身保持直立不动，如图5-301所示。

3～4拍，左腿弯曲，左脚顺着主力腿（右腿）向上吸腿至右腿的膝关节处，双腿保持外开伸直，上身保持直立不动，如图5-302所示。

5～8拍，左脚擦地收回到右脚在前的五位脚位置，重心在两脚上，双腿保持外开伸直，上身保持直立不动，如图5-303所示。

(12)第十二个八拍：

1～2拍，左脚向前擦地，左脚经脚跟、脚心到脚趾尖，并迅速抬起左腿，离地面约25°，双腿保持外开伸直，上身保持直立不动，如图5-304所示。

3～4拍，落地还原，左脚尖点地，双腿保持外开伸直，上身保持直立不动，如图5-305所示。

5～8拍，身体整体向右转90°，头看向右斜前方45°，左手扶把，左脚擦地收回到右脚在前的五位脚位置，重心在两脚上，右手向下收回到一位手位置，双腿保持外开伸直，上身保持直立不动，如图5-306所示。

反面动作：同正面，动作相同，方向相反。

四、划圈

训练目的：主要训练髋关节的开度、松弛和稳定性，锻炼腿和脚部的外开，通过脚尖在地面最大限度地画圈训练，使脚趾、脚弓、脚掌、脚背、脚腕的柔韧性和能力得到锻炼，为腿在地面与空中大幅度的画圈动作做好方法和能力上的准备，同时还能够增强腰背肌的控制能力。主要锻炼小腿的灵活与敏捷，在提高身体各部位控制能力及腿部能力的同时使小腿及柔韧而富有表现力，使整条腿的外开得到锻炼。

动作做法：

动作要求：两胯平行，主力胯向上提起不要晃动，动作过程中脚尖向外划至所能达到的最远点，绷直腿并保持外开，脚尖不要离开地面，脚尖之前、后四位时不能超越主力脚脚跟最外侧的界限，动力脚经一位时脚尖打开，脚跟紧贴地面。

（一）组合一：双手扶把

图 5-307
准备位

图 5-308
准备拍一个八拍

图 5-309
第一个八拍 1～4 拍

图 5-310
第一个八拍 5～8 拍

图 5-311
第二个八拍 1～8 拍

图 5-312
第三个八拍 1～4 拍

图 5-313
第三个八拍 5～8 拍

图 5-314
第四个八拍 1～8 拍

图 5-315
第五个八拍 1～2 拍

图 5-316
第五个八拍 3～4 拍

图 5-317
第五个八拍 5～6 拍

图 5-318
第五个八拍 7～8 拍

图 5-319
第六个八拍 1～2 拍

图 5-320
第六个八拍 3～4 拍

图 5-321
第六个八拍 5～6 拍

图 5-322
第六个八拍 7～8 拍

图 5-323
第七个八拍 1～4 拍

图 5-324
第七个八拍 5～8 拍

图 5-325
第八个八拍 1～4 拍

图 5-326
第八个八拍 5～8 拍

图 5-327
第九个八拍 1～4 拍

图 5-328
第九个八拍 5～8 拍

图 5-329
第十个八拍 1～4 拍

图 5-330
第十个八拍 5～8 拍

图 5-331
第十一个八拍 1～4 拍

图 5-332
第十一个八拍 5～8 拍

图 5-333
第十二个八拍 1～4 拍

图 5-334
第十二个八拍 5～8 拍

动作做法：

准备位：双脚一位，双腿伸直保持外开，双手轻扶在把杆上，上身保持直立，抬头、目视前方，如图 5-307 所示。

准备拍：一个八拍，如图 5-308 所示。

（1）第一个八拍：

1～4 拍，头微向右转 45°、目视右斜前方，右脚向前擦地，右脚经脚跟、脚心到脚趾尖点地，双腿保持外开伸直，双手保持扶把，上身保持直立不动，如图 5-309 所示。

5～8 拍，头转向正前方、目视前方，右脚脚尖向右旁画弧，到达右旁位置，双腿保持外开伸直，双手保持扶把，上身保持直立不动，如图 5-310 所示。

（2）第二个八拍：

1～8拍，右脚擦地缓慢地收回到一位脚位置，重心在两脚上，双腿保持外开伸直，双手保持扶把，上身保持直立不动，如图 5-311 所示。

（3）第三个八拍：

1～4拍，右脚向右旁擦地，右脚经脚跟、脚心到脚趾尖点地，双腿保持外开伸直，双手保持扶把，上身保持直立不动，如图 5-312 所示。

5～8拍，头微向左转 45°、目视左斜前方，右脚脚尖向后画弧，到达正后位置，双腿保持外开伸直，双手保持扶把，上身保持直立不动，如图 5-313 所示。

（4）第四个八拍：

1～8拍，头转向正前方、目视前方，右脚擦地缓慢地收回到一位脚位置，重心在两脚上，双腿保持外开伸直，双手保持扶把，上身保持直立不动，如图 5-314 所示。

（5）第五个八拍：

1～2拍，头微向右转 45°、目视右斜前方，右脚向前擦地，右脚经脚跟、脚心到脚趾尖点地，双腿保持外开伸直，双手保持扶把，上身保持直立不动，如图 5-315 所示。

3～4拍，头转向正前方、目视前方，右脚脚尖向右旁画弧，到达右旁位置，双腿保持外开伸直，双手保持扶把，上身保持直立不动，如图 5-316 所示。

5～6拍，头微向左转 45°、目视左斜前方，右脚脚尖向后画弧，到达正后位置，双腿保持外开伸直，双手保持扶把，上身保持直立不动，如图 5-317 所示。

7～8拍，头转向正前方、目视前方，右脚擦地缓慢地收回到一位脚位置，重心在两脚上，双腿保持外开伸直，双手保持扶把，上身保持直立不动，如图 5-318 所示。

（6）第六个八拍：重复第五个八拍的动作，如图 5-319 至图 5-322 所示。

（7）第七个八拍：

1～4拍，左腿膝关节弯曲，保持外开重心下降，右脚向前擦地，右脚经脚跟、脚心到脚趾尖点地，保持右腿在前伸直，双腿保持外开伸直，双手保持扶把，上身保持直立不动，如图 5-323 所示。

5～8拍，保持左腿膝关节弯曲的同时，右脚脚尖向右旁画弧，到达右旁位置，双腿保持外开伸直，双手保持扶把，上身保持直立不动，如图 5-324 所示。

(8)第八个八拍：

1～4拍，保持左腿膝关节弯曲的同时，右脚脚尖向后画弧，到达正后位置，双腿保持外开伸直，双手保持扶把，上身保持直立不动，如图 5-325 所示。

5～8拍，右脚擦地收回到一位脚位置，重心在两脚上，双腿保持外开伸直，双手保持扶把，上身保持直立不动，如图 5-326 所示。

(9)第九个八拍：

1～4拍，头微向右转45°、目视右斜前方，双腿保持外开伸直，双手保持扶把，上身保持直立不动，如图 5-327 所示。

5～8拍，头微向右转45°、目视右斜前方的同时，上身向后仰，双腿保持外开伸直，双手保持扶把，如图 5-328 所示。

(10)第十个八拍：

1～4拍，头微向右转45°、目视右斜前方的同时，上身还原直立，双腿保持外开伸直，双手保持扶把，上身保持直立不动，如图 5-329 所示。

5～8拍，头转向正前方，目视前方，双腿保持外开伸直，双手保持扶把，上身保持直立不动，如图 5-330 所示。

(11)第十一个八拍：

1～4拍，头微向左转45°、目视左斜前方，双腿保持外开伸直，双手保持扶把，上身保持直立不动，如图 5-331 所示。

5～8拍，头微向左转45°、目视左斜前方的同时，上身向后仰，双腿保持外开伸直，双手保持扶把，如图 5-332 所示。

(12)第十二个八拍：

1～4拍，头微向左转45°、目视左斜前方的同时，上身还原直立，双腿保持外开伸直，双手保持扶把，上身保持直立不动，如图 5-333 所示。

5～8拍，头转向正前方，目视前方，双腿保持外开伸直，双手保持扶把，上身保持直立不动，如图 5-334 所示。

反面动作：同正面，动作相同，方向相反。

(二)组合二：单手扶把

图 5-335
准备位

图 5-336
准备拍 5～8 拍

图 5-337
第一个八拍 1～4 拍

图 5-338
第一个八拍 5～8 拍

图 5-339
第二个八拍 1～4 拍

图 5-340
第二个八拍 5～8 拍

图 5-341
第三个八拍 1～4 拍

图 5-342
第三个八拍 5～8 拍

图 5-343
第四个八拍 1～4 拍

图 5-344
第四个八拍 5～8 拍

图 5-345
第五个八拍 1～4 拍

图 5-346
第五个八拍 5～8 拍

图 5-347
第六个八拍 1～4 拍

图 5-348
第六个八拍 5～8 拍

图 5-349
第七个八拍 1～4 拍

图 5-350
第七个八拍 5～8 拍

图 5-351
第八个八拍 1～4 拍

图 5-352
第八个八拍 5～8 拍

图 5-353
第九个八拍 1～4 拍

图 5-354
第九个八拍 5～8 拍

图 5-355
第十个八拍 1～4 拍

图 5-356
第十个八拍 5～8 拍

图 5-357
第十一个八拍 1～4 拍

图 5-358
第十一个八拍 5～8 拍

图 5-359
第十二个八拍 1～4 拍

图 5-360
第十二个八拍 5～8 拍

图 5-361
第十三个八拍 1～4 拍

图 5-362
第十三个八拍 5～8 拍

图 5-363
第十四个八拍 1～4 拍

图 5-364
第十四个八拍 5～8 拍

图 5-365
第十五个八拍 1～4 拍

图 5-366
第十五个八拍 5～8 拍

图 5-367
第十六个八拍 1～4 拍

图 5-368
第十六个八拍 5～8 拍

图 5-369
第十七个八拍 1～4 拍

图 5-370
第十七个八拍 5～8 拍

图 5-371
第十八个八拍 1～4 拍

图 5-372
第十八个八拍 5～8 拍

图 5-373
第十九个八拍 1～4 拍

图 5-374
第十九个八拍 5～8 拍

图 5-375
第二十个八拍 1～4 拍

图 5-376
第二十个八拍 5～8 拍

图 5-377
第二十一个八拍 1～4 拍

图 5-378
第二十一个八拍 5～6 拍

图 5-379
第二十一个八拍 7～8 拍

动作做法：

准备位：双脚一位脚位置，头微向左转 45°，目视左斜前方，右手轻扶在把杆上，左手一位手位置，双腿保持外开伸直，上身保持直立不动，如图 5-335 所示。

准备拍：

1～4 拍，在准备位上保持不动，如图 5-335 所示。

5～8 拍，左手微向上仰，同时配合呼吸，做延伸动作，双腿保持外开伸直，上身保持直立不动，如图 5-336 所示。

（1）第一个八拍：

1～4 拍，双腿弯曲保持外开，做小的半蹲，右手轻扶在把杆上，左手一位手位置，上身保持直立不动，如图 5-337 所示。

5～8 拍，左脚向前经擦地出脚，左脚尖点地，右腿保持弯曲，双腿保持外开，左手向上升呈二位手位置，头微向右歪，稍低头，眼睛看向左手方向，上身保持直立不动，如图 5-338 所示。

（2）第二个八拍：

1～4 拍，左脚脚尖向左旁画弧，到达左旁位置，双腿保持外开伸直，右手轻扶在把杆上，左手左旁七位手位置，头转向正前方，目视前方，上身保持直立不动，如图 5-339 所示。

5～8 拍，左脚脚尖继续向后画弧，到达左后位置，双腿保持外开伸直，右手轻扶在把杆上，左手左旁七位手位置，头微向左转45°，目视左斜前方，上身保持直立不动，如图5-340所示。

（3）第三个八拍：

1~4拍，左脚从后向正前方擦地出脚，左脚经脚跟、脚心到脚趾尖点地，双腿保持外开伸直，右手轻扶在把杆上，左手左旁七位手位置，上身保持直立不动，如图5-341所示。

5~8拍，左脚脚尖向左旁画弧，到达左旁位置，双腿保持外开伸直，右手轻扶在把杆上，左手左旁七位手位置，上身保持直立不动，如图5-342所示。

（4）第四个八拍：

1~4拍，左脚脚尖继续向后画弧，到达左后位置，双腿保持外开伸直，右手轻扶在把杆上，左手左旁七位手位置，上身保持直立不动，如图5-343所示。

5~8拍，左脚擦地收回到一位脚位置，重心在两脚上，双腿保持外开伸直，右手轻扶在把杆上，左手左旁七位手位置，上身保持直立不动，如图5-344所示。

（5）第五个八拍：

1~4拍，左脚向前擦地，左脚经脚跟、脚心到脚趾尖点地，双腿保持外开伸直，右手轻扶在把杆上，左手左旁七位手位置，上身保持直立不动，如图5-345所示。

5~8拍，左脚脚尖向左旁画弧，到达左旁位置，双腿保持外开伸直，右手轻扶在把杆上，左手左旁七位手位置，上身保持直立不动，如图5-346所示。

（6）第六个八拍：

1~4拍，左脚脚尖继续向后画弧，到达左后位置，双腿保持外开伸直，右手轻扶在把杆上，左手左旁七位手位置，上身保持直立不动，如图5-347所示。

5~8拍，左脚擦地收回到一位脚位置，重心在两脚上，双腿保持外开伸直，右手轻扶在把杆上，左手左旁七位手位置，上身保持直立不动，如图5-348所示。

（7）第七个八拍：

1~4拍，左脚向前擦地，左脚经脚跟、脚心到脚趾尖点地，双腿保持外开伸直，右手轻扶在把杆上，左手左旁七位手位置，上身保持直立不动，如图5-349所示。

5~8拍，左脚脚尖向左旁画弧，到达左旁位置，双腿保持外开伸直，右手轻扶在把杆上，左手左旁七位手位置，上身保持直立不动，如图5-350所示。

(8)第八个八拍：

1~4拍，左脚脚尖继续向后画弧，到达左后位置，双腿保持外开伸直，右手轻扶在把杆上，左手左旁七位手位置，上身保持直立不动，如图5-351所示。

5~8拍，左脚擦地收回到一位脚位置，重心在两脚上，双腿保持外开伸直，右手轻扶在把杆上，左手左旁七位手位置，上身保持直立不动，如图5-352所示。

(9)第九个八拍：

1~4拍，左脚向前擦地，左脚经脚跟、脚心到脚趾尖点地，双腿保持外开伸直，右手轻扶在把杆上，左手左旁七位手位置，上身保持直立不动，如图5-353所示。

5~8拍，抬起左腿，离地面45°，双腿保持外开伸直，右手轻扶在把杆上，左手左旁七位手位置，上身保持直立不动，如图5-354所示。

(10)第十个八拍：

1~4拍，左腿落下还原，左脚尖点地，双腿保持外开伸直，右手轻扶在把杆上，左手左旁七位手位置，上身保持直立不动，如图5-355所示。

5~8拍，左脚擦地收回到一位脚位置，重心在两脚上，双腿保持外开伸直，右手轻扶在把杆上，左手左旁七位手位置，上身保持直立不动，如图5-356所示。

(11)第十一个八拍：

1~4拍，双腿弯曲保持外开，做小的半蹲，右手轻扶在把杆上，左手一位手位置，上身保持直立不动，如图5-357所示。

5~8拍，左脚向后经擦地出脚，左脚尖点地，右腿保持弯曲，双腿保持外开，左手向上升呈二位手位置，头微向右歪，稍低头，眼睛看向左手方向，上身保持直立不动，如图5-358所示。

(12)第十二个八拍：

1~4拍，左脚脚尖向左旁画弧，到达左旁位置，双腿保持外开伸直，右手轻扶在把杆上，左手左旁七位手位置，上身保持直立不动，如图5-359所示。

5~8拍，左脚脚尖继续向前画弧，到达左前位置，双腿保持外开伸直，右手轻扶在把杆上，左手左旁七位手位置，上身保持直立不动，如图5-360所示。

(13)第十三个八拍：

1~4拍，左脚从正前方向正后方擦地出脚，左脚经脚跟、脚心到脚趾尖点地，双腿保持外开伸直，右手轻扶在把杆上，左手左旁七位手位置，上身保持直立不动，如图 5-361 所示。

5～8 拍，左脚脚尖向左旁画弧，到达左旁位置，双腿保持外开伸直，右手轻扶在把杆上，左手左旁七位手位置，上身保持直立不动，如图 5-362 所示。

（14）第十四个八拍：

1～4 拍，左脚脚尖继续向前画弧，到达左前位置，双腿保持外开伸直，右手轻扶在把杆上，左手左旁七位手位置，上身保持直立不动，如图 5-363 所示。

5～8 拍，左脚擦地收回到一位脚位置，重心在两脚上，双腿保持外开伸直，右手轻扶在把杆上，左手左旁七位手位置，上身保持直立不动，如图 5-364 所示。

（15）第十五个八拍：

1～4 拍，左脚脚尖向后画弧，到达左后位置，双腿保持外开伸直，右手轻扶在把杆上，左手左旁七位手位置，上身保持直立不动，如图 5-365 所示。

5～8 拍，左脚脚尖向左旁画弧，到达左旁位置，双腿保持外开伸直，右手轻扶在把杆上，左手左旁七位手位置，上身保持直立不动，如图 5-366 所示。

（16）第十六个八拍：

1～4 拍，左脚脚尖继续向前画弧，到达左前位置，双腿保持外开伸直，右手轻扶在把杆上，左手左旁七位手位置，上身保持直立不动，如图 5-367 所示。

5～8 拍，左脚擦地收回到一位脚位置，重心在两脚上，双腿保持外开伸直，右手轻扶在把杆上，左手左旁七位手位置，上身保持直立不动，如图 5-368 所示。

（17）第十七个八拍：

1～4 拍，左脚向后擦地，左脚经脚跟、脚心到脚趾尖点地，双腿保持外开伸直，右手轻扶在把杆上，左手左旁七位手位置，上身保持直立不动，如图 5-369 所示。

5～8 拍，抬起左腿，离地面 45°，双腿保持外开伸直，右手轻扶在把杆上，左手左旁七位手位置，上身保持直立不动，如图 5-370 所示。

（18）第十八个八拍：

1～4 拍，左腿落下还原，左脚尖点地，双腿保持外开伸直，右手轻扶在把杆上，左手左旁七位手位置，上身保持直立不动，如图 5-371 所示。

5～8拍，左脚擦地收回到一位脚位置，重心在两脚上，双腿保持外开伸直，右手轻扶在把杆上，左手左旁七位手位置，头转回到正前方，目视前方，上身保持直立不动，如图5-372所示。

(19)第十九个八拍：

1～4拍，上身向前屈体，左手保持二位手位置向前，右手保持扶把，双腿保持外开伸直，如图5-373所示。

5～8拍，上身还原直立，左手保持二位手位置向前，右手保持扶把，双腿保持外开伸直，如图5-374所示。

(20)第二十个八拍：

1～4拍，上身向后仰，头微向左转45°，目视左斜前方，左手保持二位手位置向前，右手保持扶把，双腿保持外开伸直，如图5-375所示。

5～8拍，上身还原直立，左手保持二位手位置向前，右手保持扶把，双腿保持外开伸直，如图5-376所示。

(21)第二十一个八拍：

1～4拍，左手向左旁打开，呈七位手位置，双腿保持外开伸直，上身保持直立不动，如图5-377所示。

5～6拍，左手微向上仰，同时配合呼吸，做延伸动作，眼睛看向左手方向，双腿保持外开伸直，上身保持直立不动，如图5-378所示。

7～8拍，左手下降还原到一位手位置，双腿保持外开伸直，上身保持直立不动，如图5-379所示。

反面动作：同正面，动作相同，方向相反。

五、单腿蹲

训练目的：主要训练双脚的柔韧性、外开与互相间的协调配合能力，锻炼主力腿承受身体重量与重心稳定的能力，增强腰、背肌的能力，为以后大幅度的动作和跳跃落地时膝关节缓冲的能力打下基础。

(一)组合一：双手扶把

图 5-380
准备位

图 5-381
准备拍一个八拍

图 5-382
第一个八拍1～4拍

图 5-383
第一个八拍 5~8 拍

图 5-384
第二个八拍 1~4 拍

图 5-385
第二个八拍 5~8 拍

图 5-386
第三个八拍 1~4 拍

图 5-387
第三个八拍 5~8 拍

图 5-388
第四个八拍 1~4 拍

图 5-389
第四个八拍 5~8 拍

图 5-390
第五个八拍 1~4 拍

图 5-391
第五个八拍 5~8 拍

图 5-392
第六个八拍 1~4 拍

图 5-393
第六个八拍 5~8 拍

图 5-394
第七个八拍 1~4 拍

第五章 扶把练习

图 5-395
第七个八拍 5～8 拍

图 5-396
第八个八拍 1～8 拍

图 5-397
第九个八拍 1～4 拍

图 5-398
第九个八拍 5～8 拍

图 5-399
第十个八拍 1～4 拍

图 5-400
第十个八拍 5～8 拍

图 5-401
第十一个八拍 1～4 拍

图 5-402
第十一个八拍 5～8 拍

图 5-403
第十二个八拍 1～8 拍

动作做法：

准备位：右脚在前的五位脚，双腿伸直保持外开，双手轻扶在把杆上，上身保持直立，抬头、目视前方，如图 5-380 所示。

准备拍：一个八拍，如图 5-381 所示。

(1)第一个八拍：

1～4 拍，右腿膝关节弯曲、保持外开，抬右脚脚跟、绷右脚，右脚外侧贴于主力脚(左脚)跟内侧，左腿保持外开伸直，双手保持扶把，上身保持直立不动，如图 5-382 所示。

5～8 拍，左腿膝关节弯曲，重心下降并保持在左脚上，左腿保持外开，双手保持扶把，上身保持直立不动，如图 5-383 所示。

(2)第二个八拍：

1～4 拍，左腿膝关节伸直，双手保持扶把，上身保持直立不动，如

图 5-384 所示。

5～8 拍，头微向右转 45°，目视右斜前方，右脚保持外开向正前方移动脚尖点地，双腿保持外开，双手保持扶把，上身保持直立不动，如图 5-385 所示。

（3）第三个八拍：

1～4 拍，左腿膝关节弯曲，重心下降并保持在左脚上，双腿保持外开伸直，双手保持扶把，上身保持直立不动，如图 5-386 所示。

5～8 拍，左腿膝关节伸直，双腿保持外开伸直，双手保持扶把，上身保持直立不动，如图 5-387 所示。

（4）第四个八拍：

1～4 拍，右脚擦地收回到右脚在前的五位脚位置，重心在两脚上，双腿保持外开伸直，双手保持扶把，上身保持直立不动，如图 5-388 所示。

5～8 拍，头转向正前方、目视前方，双腿保持外开伸直，双手保持扶把，上身保持直立不动，如图 5-389 所示。

（5）第五个八拍：

1～4 拍，右腿膝关节弯曲、保持外开，抬右脚脚跟、绷右脚，右脚外侧贴于主力脚（左脚）跟内侧，左腿保持外开伸直，双手保持扶把，上身保持直立不动，如图 5-390 所示。

5～8 拍，左腿膝关节弯曲，重心下降并保持在左脚上，左腿保持外开，双手保持扶把，上身保持直立不动，如图 5-391 所示。

（6）第六个八拍：

1～4 拍，左腿膝关节伸直，双手保持扶把，上身保持直立不动，如图 5-392 所示。

5～8 拍，右腿膝关节伸直，右脚脚尖向右旁点地，双腿保持外开伸直，双手保持扶把，上身保持直立不动，如图 5-393 所示。

（7）第七个八拍：

1～4 拍，左腿膝关节弯曲保持外开，重心下降并保持在左脚上，右脚收回到主力脚（左脚）边，右腿膝关节弯曲、保持外开，抬右脚脚跟、绷右脚，右脚外侧贴于主力脚（左脚）跟内侧，双手保持扶把，上身保持直立不动，如图 5-394 所示。

5～8 拍，伸直双腿膝关节，右脚绷脚向右旁点地，双腿保持外开伸直，双手保持扶把，上身保持直立不动，如图 5-395 所示。

（8）第八个八拍：

1～8 拍，右脚缓慢地擦地收回到主力脚（左脚）后的五位脚位置，双腿保持外开伸直，双手保持扶把，上身保持直立不动，如图 5-396 所示。

（9）第九个八拍：

1～4 拍，右腿膝关节弯曲、保持外开，抬右脚脚跟、绷右脚，右脚内侧贴于主力脚（左脚）跟外侧，左腿保持外开伸直，双手保持扶把，上身保持直立不动，如图 5-397 所示。

5～8 拍，左腿膝关节弯曲，重心下降并保持在左脚上，左腿保持外开，双手保持扶把，上身保持直立不动，如图 5-398 所示。

（10）第十个八拍：

1～4 拍，左腿膝关节伸直，双手保持扶把，上身保持直立不动，如图 5-399 所示。

5～8 拍，头微向左转 45°，目视左斜前方，右脚保持外开向正后方移动脚尖点地，双腿保持外开，双手保持扶把，上身保持直立不动，如图 5-400 所示。

（11）第十一个八拍：

1～4 拍，左腿膝关节弯曲，重心下降并保持在左脚上，双腿保持外开伸直，双手保持扶把，上身保持直立不动，如图 5-401 所示。

5～8 拍，左腿膝关节伸直，双腿保持外开伸直，双手保持扶把，上身保持直立不动，如图 5-402 所示。

（12）第十二个八拍：

1～8 拍，头转向正前方，目视前方，右脚缓慢地擦地收回到主力脚（左脚）后五位脚位置，双腿保持外开伸直，双手保持扶把，上身保持直立不动，如图 5-403 所示。

反面动作：同正面，动作相同，反向相反。

（二）组合二：双手扶把

图 5-404	图 5-405	图 5-406
准备位	准备拍一个八拍	第一个八拍 1～4 拍

图 5-407
第一个八拍 5～8 拍

图 5-408
第二个八拍 1～4 拍

图 5-409
第二个八拍 5～8 拍

图 5-410
第三个八拍 1～4 拍

图 5-411
第三个八拍 5～8 拍

图 5-412
第四个八拍 1～4 拍

图 5-413
第四个八拍 5～8 拍

图 5-414
第五个八拍 1～4 拍

图 5-415
第五个八拍 5～8 拍

图 5-416
第六个八拍 1～4 拍

图 5-417
第六个八拍 5～8 拍

图 5-418
第七个八拍 1～4 拍

图 5-419
第七个八拍 5～8 拍

图 5-420
第八个八拍 1～8 拍

图 5-421
第九个八拍 1～4 拍

图 5-422
第九个八拍 5～8 拍

图 5-423
第十个八拍 1～4 拍

图 5-424
第十个八拍 5～8 拍

图 5-425
第十一个八拍 1～4 拍

图 5-426
第十一个八拍 5～8 拍

图 5-427
第十二个八拍 1～8 拍

动作做法：

准备位：右脚在前的五位脚，双腿伸直保持外开，双手轻扶在把杆上，上身保持直立，抬头、目视前方，如图 5-404 所示。

准备拍：一个八拍，如图 5-405 所示。

（1）第一个八拍：

1～4 拍，右腿膝关节弯曲、保持外开，抬右脚脚跟、绷右脚，右脚外侧贴于主力脚（左脚）跟内侧，左腿膝关节弯曲保持外开下降，双手保持扶把，上身保持直立不动，如图 5-406 所示。

5～8 拍，双腿保持外开伸直还原到准备位，双手保持扶把，上身保持直立不动，如图 5-407 所示。

（2）第二个八拍：重复第一个八拍的动作，如图 5-408 至图 5-409 所示。

形
体
训
练

(3)第三个八拍：

1～4拍，左腿膝关节弯曲，重心下降并保持在左脚上，双腿保持外开伸直，双手保持扶把，上身保持直立不动，如图 5-410 所示。

5～8拍，左腿膝关节伸直，双腿保持外开伸直，双手保持扶把，上身保持直立不动，如图 5-411 所示。

(4)第四个八拍：

1～4拍，右腿膝关节弯曲、保持外开，抬右脚脚跟、绷右脚，右脚外侧贴于主力脚(左脚)跟内侧，左腿膝关节弯曲保持外开下降，双手保持扶把，上身保持直立不动，如图 5-412 所示。

5～8拍，双腿保持外开伸直，双手保持扶把，上身保持直立不动，如图 5-413 所示。

(5)第五个八拍：

1～4拍，右腿膝关节弯曲、保持外开，抬右脚脚跟、绷右脚，右脚外侧贴于主力脚(左脚)跟内侧，左腿保持外开伸直，双手保持扶把，上身保持直立不动，如图 5-414 所示。

5～8拍，左腿膝关节弯曲，重心下降并保持在左脚上，左腿保持外开，双手保持扶把，上身保持直立不动，如图 5-415 所示。

(6)第六个八拍：

1～4拍，左腿膝关节伸直，双手保持扶把，上身保持直立不动，如图 5-416 所示。

5～8拍，右腿膝关节伸直，右脚脚尖向右旁点地，双腿保持外开伸直，双手保持扶把，上身保持直立不动，如图 5-417 所示。

(7)第七个八拍：

1～4拍，左腿膝关节弯曲保持外开，重心下降并保持在左脚上，右脚收回到主力脚(左脚)边，右腿膝关节弯曲、保持外开，抬右脚脚跟、绷右脚，右脚外侧贴于主力脚(左脚)跟内侧，双手保持扶把，上身保持直立不动，如图 5-418 所示。

5～8拍，伸直双腿膝关节，右脚绷脚向右旁点地，双腿保持外开伸直，双手保持扶把，上身保持直立不动，如图 5-419 所示。

(8)第八个八拍：

1～8拍，右脚缓慢地擦地收回到主力脚(左脚)后的五位脚位置，双腿保持外开伸直，双手保持扶把，上身保持直立不动，如图 5-420 所示。

(9)第九个八拍：

1～4拍，右腿膝关节弯曲、保持外开，抬右脚脚跟、绷右脚，右脚内侧贴于主力脚（左脚）跟外侧，左腿保持外开伸直，双手保持扶把，上身保持直立不动，如图 5-421 所示。

5～8 拍，左腿膝关节弯曲，重心下降并保持在左脚上，左腿保持外开，双手保持扶把，上身保持直立不动，如图 5-422 所示。

(10) 第十个八拍：

1～4 拍，左腿膝关节伸直，双手保持扶把，上身保持直立不动，如图 5-423 所示。

5～8 拍，头微向左转 45°，目视左斜前方，右脚保持外开向正后方移动脚尖点地，双腿保持外开，双手保持扶把，上身保持直立不动，如图 5-424 所示。

(11) 第十一个八拍：

1～4 拍，左腿膝关节弯曲，重心下降并保持在左脚上，双手保持扶把，上身保持直立不动，如图 5-425 所示。

5～8 拍，左腿膝关节伸直，双腿保持外开伸直，双手保持扶把，上身保持直立不动，如图 5-426 所示。

(12) 第十二个八拍：

1～8 拍，头转向正前方，目视前方，右脚缓慢地擦地收回到主力脚（左脚）后五位脚位置，双腿保持外开伸直，双手保持扶把，上身保持直立不动，如图 5-427 所示。

反面动作：如正面，动作相同，方向相反。

六、小弹腿

训练目的：主要锻炼小腿与脚部的灵活、敏捷，通过力度和速度的训练加强腿部的整体外开性和肌肉能力，为以后小腿快速运动及小跳性质的动作打下基础。

(一) 组合一：

图 5-428
准备位

图 5-429
准备拍 1～6 拍

图 5-430
准备拍 7～8 拍

图 5-431
第一个八拍 1~2 拍

图 5-432
第一个八拍 3~4 拍

图 5-433
第一个八拍 5~6 拍

图 5-434
第一个八拍 7~8 拍

图 5-435
第二个八拍 1~2 拍

图 5-436
第二个八拍 3~4 拍

图 5-437
第二个八拍 5~6 拍

图 5-438
第二个八拍 7~8 拍

图 5-439
第三个八拍 1~2 拍

图 5-440
第三个八拍 3~4 拍

图 5-441
第三个八拍 5~6 拍

图 5-442
第三个八拍 7~8 拍

图 5-443
第四个八拍 1～2 拍

图 5-444
第四个八拍 3～4 拍

图 5-445
第四个八拍 5～6 拍

图 5-446
第四个八拍 7～8 拍

图 5-447
第五个八拍 1～2 拍

图 5-448
第五个八拍 3～4 拍

图 5-449
第五个八拍 5～6 拍

图 5-450
第五个八拍 7～8 拍

图 5-451
第六个八拍 1～2 拍

图 5-452
第六个八拍 3～4 拍

图 5-453
第六个八拍 5～6 拍

图 5-454
第六个八拍 7～8 拍

图 5-455
第七个八拍 1～2 拍

图 5-456
第七个八拍 3～4 拍

图 5-457
第七个八拍 5～6 拍

图 5-458
第七个八拍 7～8 拍

图 5-459
第八个八拍 1～2 拍

图 5-460
第八个八拍 3～4 拍

图 5-461
第八个八拍 5～8 拍

动作做法：

准备位：双脚一位脚，双腿伸直保持外开，双手轻扶在把杆上，上身保持直立，抬头、目视前方，如图 5-428 所示。

准备拍：

1～6 拍，在准备位上保持不动，如图 5-429 所示。

7～8 拍，左脚向左旁绷脚点地，双腿保持外开伸直，双手保持扶把，上身保持直立不动，如图 5-430 所示。

（1）第一个八拍：

1～2 拍，左腿膝关节弯曲、保持外开，左脚绷脚收回到主力脚（右脚）跟腱处，左脚脚跟在前、脚尖在后，右腿保持外开伸直，双手保持扶把，上身保持直立不动，如图 5-431 所示。

3～4拍，左脚保持外开向正前方点地，双腿保持外开伸直，双手保持扶把，上身保持直立不动，如图 5-432 所示。

5～6拍，左腿膝关节弯曲、保持外开，左脚绷脚收回到主力脚(右脚)跟腱处，左脚脚跟在前、脚尖在后，右腿保持外开伸直，双手保持扶把，上身保持直立不动，如图 5-433 所示。

7～8拍，左脚保持外开向正前方点地，双腿保持外开伸直，双手保持扶把，上身保持直立不动，如图 5-434 所示。

(2)第二个八拍：重复第一个八拍的动作，如图 5-435 至图 5-438 所示。

(3)第三个八拍：

1～2拍，左腿膝关节弯曲、保持外开，左脚绷脚收回到主力脚(右脚)跟腱处，左脚脚跟在前、脚尖在后，右腿保持外开伸直，双手保持扶把，上身保持直立不动，如图 5-439 所示。

3～4拍，左脚保持外开向左旁点地，双腿保持外开伸直，双手保持扶把，上身保持直立不动，如图 5-440 所示。

5～6拍，左腿膝关节弯曲、保持外开，左脚绷脚收回到主力脚(右脚)跟腱处，左脚脚跟在前、脚尖在后，右腿保持外开伸直，双手保持扶把，上身保持直立不动，如图 5-441 所示。

7～8拍，左脚保持外开向左旁点地，双腿保持外开伸直，双手保持扶把，上身保持直立不动，如图 5-442 所示。

(4)第四个八拍：重复第三个八拍的动作，如图 5-443 至图 5-446 所示。

(5)第五个八拍：

1～2拍，左腿膝关节弯曲、保持外开，左脚绷脚收回到主力脚(右脚)跟腱处，左脚脚跟在前、脚尖在后，右腿保持外开伸直，双手保持扶把，上身保持直立不动，如图 5-447 所示。

3～4拍，左脚保持外开向正后方点地，双腿保持外开伸直，双手保持扶把，上身保持直立不动，如图 5-448 所示。

5～6拍，左腿膝关节弯曲、保持外开，左脚绷脚收回到主力脚(右脚)跟腱处，左脚脚跟在前、脚尖在后，右腿保持外开伸直，双手保持扶把，上身保持直立不动，如图 5-449 所示。

7～8拍，左脚保持外开向正后方点地，双腿保持外开伸直，双手保持扶把，上身保持直立不动，如图 5-450 所示。

(6)第六个八拍：重复第五个八拍，如图 5-451 至图 5-454 所示。

(7)第七个八拍：

1～2拍，左腿膝关节弯曲、保持外开，左脚绷脚收回到主力脚(右脚)跟腱处，左脚脚跟在前、脚尖在后，右腿保持外开伸直，双手保持扶把，上身保持直立不动，如图 5-455 所示。

3～4 拍，左脚保持外开向左旁点地，双腿保持外开伸直，双手保持扶把，上身保持直立不动，如图 5-456 所示。

5～6 拍，左腿膝关节弯曲、保持外开，左脚绷脚收回到主力脚（右脚）跟腱处，左脚脚跟在前、脚尖在后，右腿保持外开伸直，双手保持扶把，上身保持直立不动，如图 5-457 所示。

7～8 拍，左脚保持外开向左旁点地，双腿保持外开伸直，双手保持扶把，上身保持直立不动，如图 5-458 所示。

(8) 第八个八拍：

1～2 拍，左腿膝关节弯曲、保持外开，左脚绷脚收回到主力脚（右脚）跟腱处，左脚脚跟在前、脚尖在后，右腿保持外开伸直，双手保持扶把，上身保持直立不动，如图 5-459 所示。

3～4 拍，左脚保持外开向左旁点地，双腿保持外开伸直，双手保持扶把，上身保持直立不动，如图 5-460 所示。

5～8 拍，左脚缓慢地擦地收回到一位脚位置，双腿保持外开伸直，双手保持扶把，上身保持直立不动，如图 5-461 所示。

反面动作：同正面，动作相同，方向相反。

(二) 组合二：

图 5-462
准备位

图 5-463-1
准备拍 5～6 拍　1

图 5-463-2
准备拍 5～6 拍　2

图 5-464-1
准备拍 7～8 拍　1

图 5-464-2
准备拍 7～8 拍　2

图 5-465
第一个八拍 1～2 拍

图 5-466
第一个八拍 3～4 拍

图 5-467
第一个八拍 5～6 拍

图 5-468
第一个八拍 7～8 拍

图 5-469
第二个八拍 1～2 拍

图 5-470
第二个八拍 3～4 拍

图 5-471
第二个八拍 5～6 拍

图 5-472
第二个八拍 7～8 拍

图 5-473
第三个八拍 1～2 拍

图 5-474
第三个八拍 3～4 拍

图 5-475
第三个八拍 5～6 拍

图 5-476
第三个八拍 7～8 拍

图 5-477
第四个八拍 1～2 拍

图 5-478
第四个八拍 3～4 拍

图 5-479
第四个八拍 5～6 拍

图 5-480
第四个八拍 7 拍

图 5-481
第四个八拍 8 拍

图 5-482
第五个八拍 1～2 拍

图 5-483
第五个八拍 3～4 拍

图 5-484
第五个八拍 5～6 拍

图 5-485
第五个八拍 7～8 拍

图 5-486
第六个八拍 1～2 拍

图 5-487
第六个八拍 3～4 拍

图 5-488
第六个八拍 5～6 拍

图 5-489
第六个八拍 7～8 拍

图 5-490
第七个八拍 1～2 拍

图 5-491
第七个八拍 3～4 拍

图 5-492
第七个八拍 5～6 拍

图 5-493
第七个八拍 7～8 拍

图 5-494
第八个八拍 1～2 拍

图 5-495
第八个八拍 3～4 拍

图 5-496
第八个八拍 5～6 拍

图 5-497
第八个八拍 7～8 拍

图 5-498
还原拍 1～2 拍

图 5-499-1
还原拍 3～4 拍 1

图 5-499-2
还原拍 3～4 拍 2

动作做法：

准备位：左手单手扶把，右手一位手的位置，右脚在前五位脚的位置准备，如图 5-462 所示。

准备拍：5～8 拍。

5～6 拍，右手由一位手的位置经过小舞姿呼吸到二位手，如图 5-463-1 至图 5-463-2 所示。

7～8 拍，右手到三位手的位置，身体同时转向右前方，动力腿（右腿）吸起到主力腿（左腿）脚踝的位置，动力腿（右腿）保持外开状态，此时动力腿（右腿）的位置是小脚趾贴在主力腿（左腿）的踝骨前面，如图 5-464-1 至图 5-464-2 所示。

（1）第一个八拍：

1～2 拍，动力腿（右腿）向前弹出去，保持外开绷脚，如图 5-465 所示。

3～4 拍，动力腿（右腿）收回主力腿（左腿）脚踝的位置，双腿保持外开，此时动力腿（右腿）的位置是用脚心包住主力腿（左腿）的脚踝骨之上，如图 5-466 所示。

5～6 拍，动力腿（右腿）再次向前弹出去，保持外开绷脚，如图 5-467 所示。

7～8 拍，动力腿（右腿）收回主力腿（左腿）脚踝的位置，双腿保持外开，此时动力腿（右腿）的位置是用脚心包住主力腿（左腿）的脚踝骨之上，如图 5-468 所示。

（2）第二个八拍：重复第一个八拍的动作，如图 5-469 至图 5-472 所示。

（3）第三个八拍：开始做向旁的小弹腿。

1～2拍，向旁弹腿出去，头同时转向把杆里侧下方，如图5-473所示。

3～4拍，动力腿（右腿）收回主力腿（左腿）脚踝的位置，此时是用动力腿（右腿）的脚后跟贴在主力腿（左腿）的踝骨后面，如图5-474所示。

5～6拍，再次向旁弹腿出去，如图5-475所示。

7～8拍，动力腿（右腿）收回主力腿（左腿）脚踝的位置，此时动力腿（右腿）的位置是用脚心包住主力腿（左腿）的脚踝骨之上，如图5-476所示。

（4）第四个八拍：

1～2拍，向旁弹腿出去，如图5-477所示。

3～4拍，动力腿（右腿）收回主力腿（左腿）脚踝的位置，此时是用动力腿（右腿）的脚后跟贴在主力腿（左腿）的踝骨后面，如图5-478所示。

5～6拍，再次向旁弹腿出去，如图5-479所示。

7拍，动力腿（右腿）收回主力腿（左腿）脚踝的位置，此时动力腿（右腿）的位置是用脚心包住主力腿（左腿）的脚踝骨之上，双腿以及动力腿的脚必须是外开的状态，如图5-480所示。

8拍，身体转向把杆里侧，右手同时到二位手的位置，如图5-481所示。

（5）第五个八拍：

1～2拍，动力腿（右腿）向后小弹腿出去，右手同时向前伸直到前舞姿的位置，如图5-482所示。

3～4拍，动力腿（右腿）收回主力腿（左腿）脚踝的位置，此时是用动力腿（右腿）的脚后跟贴在主力腿（左腿）的踝骨后面，如图5-483所示。

5～6拍，动力腿（右腿）再次向后小弹腿出去，头看向右手指尖的方向，如图5-484所示。

7～8拍，动力腿（右腿）收回主力腿（左腿）脚踝的位置，此时是用动力腿（右腿）的脚后跟贴在主力腿（左腿）的踝骨后面，如图5-485所示。

（6）第六个八拍：重复第五个八拍的动作，如图5-486至图5-489所示。

（7）第七个八拍：

1～2拍，动力腿（右腿）向旁小弹腿出去，如图5-490所示。

3～4拍，动力腿（右腿）收回主力腿（左腿）脚踝的位置，此时的动力腿（右腿）是包在主力腿（左腿）的脚踝之上，如图5-491所示。

5～6拍，再次向旁小弹腿出去，如图5-492所示。

7～8拍，动力腿（右腿）收回主力腿（左腿）脚踝的位置，此时的动力腿（右腿）是脚后跟贴在主力腿（左腿）的脚踝之上，如图5-493所示。

（8）第八个八拍：重复第七个八拍的动作，如图5-494至图5-497所示。

(9)最后四拍呼吸收回还原准备位。

1～2拍,身体转向正面,右手同时切到七位手的位置,双腿落回右腿在前的五位脚的位置,如图 5-498 所示。

3～4拍,右手经过向远延伸呼吸收回一位手的位置,如图 5-499-1 至图 5-499-2 所示。

反面动作:同正面,动作相同,方向相反。

七、击打

训练目的:主要训练小腿快速、灵活运动的能力,增强膝关节的灵活性。同时可以很好的训练脚背与外开的一个练习,经过长时间的训练不仅可以塑造完美的腿部线条,还可以很好地锻炼脚背的力量,为之后的跳跃练习打下良好的基础。

组合:单手扶把

图 5-500
准备位

图 5-501-1
准备拍5～6拍　1

图 5-501-2
准备拍5～6拍　2

图 5-502-1
准备拍7～8拍　1

图 5-502-2
准备拍7～8拍　2

图 5-503
小腿垂直于地面

图 5-504
小脚趾贴在主力腿

图 5-505
小腿垂直于地面

图 5-506
小脚趾贴在主力腿

图 5-507
小腿垂直于地面

图 5-508
小脚趾贴在主力腿

图 5-509
还原拍 1～2 拍

图 5-510-1
还原拍 3～4 拍　1

图 5-510-2
还原拍 3～4 拍　2

动作做法：

准备位：左手单手扶把，右手一位手的位置，右脚在前五位脚的位置准备，如图 5-500 所示。

准备拍：5～8 拍。

5～6 拍，右手由一位手的位置经过小舞姿呼吸到二位手，如图 5-501-1 至图 5-501-2 所示。

7～8 拍，右手到三位手的位置，身体同时转向右前方，动力腿（右腿）吸起到主力腿（左腿）脚踝的位置，动力腿（右腿）要保持外开的状态，如图 5-502-1 至图 5-502-2 所示。

击打动作：在训练时节奏是快速的、迅猛的、灵活的，用一拍动力腿（右腿）向外弹出去，到小腿垂直于地面的位置停住，膝关节和大腿都尽量保持不动，动力腿（右腿）再用一拍的节奏收回到主力腿（左腿）脚踝的位置，此时的动力腿（右腿）是小脚趾贴在主力腿（左腿）的脚踝之上，如图 5-503 至图 5-508 所示。此动作可以根据自身情况而定，长时间的加以练习。

最后四拍还原收回到准备位。

1～2 拍，身体转向正前方，双脚收回右脚在前的五位脚，右手到七位手的位置，如图 5-509 所示。

3～4 拍，右手呼吸向远延伸回到一位手的位置，如图 5-510-1 至图 5-510-2 所示。

反面动作：同正面，动作相同，反而相反。

八、控制

训练目的：控制的练习首先是检验地面练习的一个训练，主要是为了训练动力腿的外开与控制的能力，可以很好的锻炼腿部向外部伸展的控制能力、腿部的肌肉线条，同时也增强了主力腿与后背的能力，为之后的其他动力腿在空中控制与运动的动作打下基础。

（一）组合一：单手和双手扶把90°

图 5-511
准备位

图 5-512
准备拍 1~4 拍

图 5-513
准备拍 5~8 拍

图 5-514
第一个八拍 1~4 拍

图 5-515
第一个八拍 5~8 拍

图 5-516
第二个八拍 1~4 拍

图 5-517
第二个八拍 5~8 拍

图 5-518
第三个八拍 1~4 拍

图 5-519
第三个八拍 5~8 拍

图 5-520
第四个八拍 1～4 拍

图 5-521
第四个八拍 5～8 拍

图 5-522
第五个八拍 1～4 拍

图 5-523
第五个八拍 5～8 拍

图 5-524
第六个八拍 1～4 拍

图 5-525
第六个八拍 5～8 拍

图 5-526
第七个八拍 1～4 拍

图 5-527
第七个八拍 5～8 拍

图 5-528
第八个八拍 1～4 拍

图 5-529
第八个八拍 5～8 拍

图 5-530
第九个八拍 1～4 拍

图 5-531
第九个八拍 5～8 拍

图 5-532
第十个八拍 1~4 拍

图 5-533
第十个八拍 5~8 拍

图 5-534
第十一个八拍 1~4 拍

图 5-535
第十一个八拍 5~8 拍

图 5-536
第十二个八拍 1~4 拍

图 5-537
第十二个八拍 5~8 拍

图 5-538
第十三个八拍 1~4 拍

图 5-539
第十三个八拍 5~8 拍

图 5-540
第十四个八拍 1~4 拍

图 5-541
第十四个八拍 5~8 拍

图 5-542
第十五个八拍 1~4 拍

图 5-543
第十五个八拍 5~8 拍

图 5-544
第十六个八拍 1~4 拍

图 5-545
第十六个八拍 5~8 拍

动作做法:

准备位:左脚在前的五位脚位置,双腿伸直保持外开,右手轻扶在把杆上,左手一位手位置,上身保持直立,抬头、微向左转 45°,目视左斜前方,如图 5-511 所示。

准备拍:一个八拍。

1~4 拍,头微向右歪、稍低头、眼睛看左手,同时左手向上呈二位手位置,双腿保持外开伸直,上身保持直立不动,如图 5-512 所示。

5~8 拍,抬头微向左转 45°、眼睛看左手方向,同时左手向左旁打开呈七位手位置,双腿保持外开伸直,上身保持直立不动,如图 5-513 所示。

(1)第一个八拍:

1~4 拍,左脚向前擦地,左脚经脚跟、脚心到脚趾尖点地,保持左手左旁七位手位置,双腿保持外开伸直,上身保持直立不动,如图 5-514 所示。

5~8 拍,左腿保持外开伸直的同时,向上抬起左腿,与地面平行,保持左手左旁七位手位置,双腿保持外开伸直,上身保持直立不动,如图 5-515 所示。

(2)第二个八拍:

1~4 拍,左腿落下还原,左脚尖点地,保持左手左旁七位手位置,双腿保持外开伸直,上身保持直立不动,如图 5-516 所示。

5~8 拍,左脚擦地收回一位脚位置,保持左手左旁七位手位置,双腿保持外开伸直,上身保持直立不动,如图 5-517 所示。

(3)第三个八拍:

1~4 拍,左脚向前擦地,左脚经脚跟、脚心到脚趾尖点地,保持左手左旁七位手位置,双腿保持外开伸直,上身保持直立不动,如图 5-518 所示。

5~8 拍,左腿保持外开伸直的同时,向上抬起左腿,与地面平行,保持左手左旁七位手位置,双腿保持外开伸直,上身保持直立不动,如图 5-519 所示。

(4)第四个八拍:

1~4 拍,左腿落下还原,左脚尖点地,保持左手左旁七位手位置,双腿保持外开伸直,上身保持直立不动,如图 5-520 所示。

5～8拍，左脚擦地收回一位脚位置，保持左手左旁七位手位置，双腿保持外开伸直，上身保持直立不动，如图5-521所示。

（5）第五个八拍：

1～4拍，眼睛看向左手方向，左手微向上仰，同时配合呼吸向远做延伸，双腿保持外开伸直，上身保持直立不动，如图5-522所示。

5～8拍，眼睛看向左手方向，左手向下落收回到一位手位置，双腿保持外开伸直，上身保持直立不动，如图5-523所示。

（6）第六个八拍：

1～4拍，眼睛看向左手方向，左手向上升呈二位手位置，双腿保持外开伸直，上身保持直立不动，如图5-524所示。

5～8拍，眼睛看向左手方向，左手继续向上升呈三位手位置，双腿保持外开伸直，上身保持直立不动，如图5-525所示。

（7）第七个八拍：

1～4拍，眼睛看向左手方向，左手经侧向下落到左旁七位手位置，双腿保持外开伸直，上身保持直立不动，如图5-526所示。

5～8拍，眼睛看向左手方向，左手继续下落到一位手位置，双腿保持外开伸直，上身保持直立不动，如图5-527所示。

（8）第八个八拍：

1～4拍，眼睛看向左手方向，左手向上升呈二位手位置，双腿保持外开伸直，上身保持直立不动，如图5-528所示。

5～8拍，身体向右转90°，面向把杆站立，双手扶把，目视前方，双脚保持左脚在前的五位脚位置，双腿保持外开伸直，上身保持直立不动，如图5-529所示。

（9）第九个八拍：

1～4拍，左脚向左旁擦地，左脚经脚跟、脚心到脚趾尖点地，双腿保持外开伸直，上身保持直立不动，如图5-530所示。

5～8拍，左腿保持外开伸直的同时，向上抬起左腿，与地面平行，双腿保持外开伸直，上身保持直立不动，如图5-531所示。

（10）第十个八拍：

1～4拍，左腿落下还原，左脚尖点地，双腿保持外开伸直，上身保持直立不动，如图5-532所示。

5～8拍，左脚擦地收回左脚在前的五位脚位置，双腿保持外开伸直，上身保持直立不动，如图5-533所示。

(11)第十一个八拍：

1～4 拍，左脚向左旁擦地，左脚经脚跟、脚心到脚趾尖点地，双腿保持外开伸直，上身保持直立不动，如图 5-534 所示。

5～8 拍，左腿保持外开伸直的同时，向上抬起左腿，与地面平行，双腿保持外开伸直，上身保持直立不动，如图 5-535 所示。

(12)第十二个八拍：

1～4 拍，左腿落下还原，左脚尖点地，双腿保持外开伸直，上身保持直立不动，如图 5-536 所示。

5～8 拍，左脚擦地收回左脚在前的五位脚位置，双腿保持外开伸直，上身保持直立不动，如图 5-537 所示。

(13)第十三个八拍：

1～4 拍，右脚向后擦地，右脚经脚跟、脚心到脚趾尖点地，双腿保持外开伸直，上身保持直立不动，如图 5-538 所示。

5～8 拍，右腿保持外开伸直的同时，向上抬起右腿，与地面平行，双腿保持外开伸直，上身保持直立不动，如图 5-539 所示。

(14)第十四个八拍：

1～4 拍，右腿落下还原，右脚尖点地，双腿保持外开伸直，上身保持直立不动，如图 5-540 所示。

5～8 拍，右脚擦地收回右脚在后的五位脚位置，保持左手左旁七位手位置，双腿保持外开伸直，上身保持直立不动，如图 5-541 所示。

(15)第十五个八拍：

1～4 拍，右脚向后擦地，右脚经脚跟、脚心到脚趾尖点地，双腿保持外开伸直，上身保持直立不动，如图 5-542 所示。

5～8 拍，右腿保持外开伸直的同时，向上抬起右腿，与地面平行，双腿保持外开伸直，上身保持直立不动，如图 5-543 所示。

(16)第十六个八拍：

1～4 拍，右腿落下还原，右脚尖点地，双腿保持外开伸直，上身保持直立不动，如图 5 544 所示。

5～8 拍，右脚擦地收回右脚在后的五位脚位置，保持左手左旁七位手位置，双腿保持外开伸直，上身保持直立不动，如图 5-545 所示。

反面动作：同正面，动作相同，方向相反。

(二)组合二：

图 5-546
准备位

图 5-547
准备拍 1～2 拍

图 5-548
准备拍 3～4 拍

图 5-549
准备拍 5～6 拍

图 5-550
准备拍 7～8 拍

图 5-551
第一个八拍 1～4 拍

图 5-552
第一个八拍 5～8 拍

图 5-553
第二个八拍 1～4 拍

图 5-554
第二个八拍 5～8 拍

图 5-555
第三个八拍 1～4 拍

图 5-556
第三个八拍 5～8 拍

图 5-557
第四个八拍 1～4 拍

形
体
训
练

图 5-558
第四个八拍 5～8 拍

图 5-559
第五个八拍 1～4 拍

图 5-560
第五个八拍 5～8 拍

图 5-561
第六个八拍 1～4 拍

图 5-562
第六个八拍 5～8 拍

图 5-563
第七个八拍 1～4 拍

图 5-564
第七个八拍 5～8 拍

图 5-565
第八个八拍 1～4 拍

图 5-566
第八个八拍 5～8 拍

准备位：右手单手扶把，左手一位手的位置，左脚在前的五位脚位置准备，如图 5-546 所示。

准备拍：一个八拍。

1～2 拍，左手向左旁微上扬同时配合呼吸，如图 5-547 所示。

3～4 拍，左手回到一位手位置，如图 5-548 所示。

5～6 拍，左手上行到二位手的位置，如图 5-549 所示。

7～8 拍，左手继续上行到三位手的同时转向左前方，如图 5-550 所示。

(1)第一个八拍：

1～4 拍，动力腿(左腿)向前向上抬起，要绷紧脚背，双腿膝盖也要保持绷直，左手在三位手位置，上身保持不动，如图 5-551 所示。

5～8 拍，收回左脚在前的五位脚的位置，左手在三位手位置，上身保持不动，如图 5-552 所示。

(2)第二个八拍：重复第一个八拍的动作，如图 5-553 至图 5-554 所示。

(3)第三个八拍:

1～4拍,动力腿(左腿)向左旁向上抬起,要绷紧脚背,双腿膝盖也要保持绷直,左手在三位手位置,上身保持不动,如图5-555所示。

5～8拍,收回左脚在后的五位脚的位置,左手在三位手位置,上身保持不动,如图5-556所示。

(4)第四个八拍:

1～4拍,动力腿(左腿)向左旁向上抬起,要绷紧脚背,双腿膝盖也要保持绷直,左手在三位手位置,上身保持不动,如图5-557所示。

5～8拍,收回左脚在前的五位脚的位置,向右转45°,左手在二位手位置,上身保持不动,如图5-558所示。

(5)第五个八拍:

1～4拍,动力腿(右腿)向后向上抬起,要绷紧脚背,双腿膝盖也要保持绷直,左手向前延伸,上身保持不动,如图5-559所示。

5～8拍,收回右脚在后的五位脚的位置,左手在二位手位置,上身保持不动,如图5-560所示。

(6)第六个八拍:

1～4拍,动力腿(右腿)向后向上抬起,要绷紧脚背,双腿膝盖也要保持绷直,左手向前延伸,上身保持不动,如图5-561所示。

5～8拍,收回左脚在后的五位脚的位置,左手向前延伸,上身保持不动,如图5-562所示。

(7)第七个八拍:

1～4拍,动力腿(左腿)向左旁向上抬起,要绷紧脚背,双腿膝盖也要保持绷直,左手在三位手位置,上身保持不动,如图5-563所示。

5～8拍,收回左脚在后的五位脚的位置,左手在三位手位置,上身保持不动,如图5-564所示。

(8)第八个八拍:

1～4拍,动力腿(左腿)向左旁向上抬起,要绷紧脚背,双腿膝盖也要保持绷直,左手在三位手位置,上身保持不动,如图5-565所示。

5～8拍,收回左脚在前的五位脚的位置,左手在一位手位置,上身保持不动,如图5-566所示。

反面动作:同正面,动作相同,方向相反。

九、大踢腿

训练目的:培养腿的力度和开度的训练。不论是前腿还是旁腿,都要保持上半身直立,中段夹紧,眼睛注视前方。踢腿的过程中,同样要注意脚背和膝盖的绷直。有许多学生在踢腿的时候，为了让腿部可以碰到身体，上半身极力向前够。这样做，颈部便往回缩，头向前探，双膝弯曲，非常难看。所以，在踢腿前要注意的是，踢不高没有关系，最重要的是保持正确的姿态。在这一前提下，经过刻苦练习，腿会越踢越高，韧带越拉越长。除了身体和腿要注意外，两只手臂也不能忽视。在踢腿的过程中，一定要保证手臂端平，不能放松下来。

单一动作：

图 5-567
准备位置

图 5-568
踢前腿

图 5-569
踢旁腿

图 5-570
踢后腿

（一）踢前腿

准备位：单手扶把五位脚，如图 5-567 所示。

动作做法：单手扶把做准备，以踢左腿为例，双腿五位脚的位置做准备，右手轻轻扶把杆，左手在一位手的位置上做准备，如图 5-567 所示。

准备拍：5～8 拍，左手向远延伸呼吸，双腿五位脚直立。

（1）第一个八拍：

1～2 拍，动力腿（左腿）经绷脚擦地从前向上迅速踢起，踢起时要求快速迅猛、有爆发力，双腿膝关节保持伸直，上身保持直立，主力腿（右腿）要保持外开的状态，如图 5-568 所示。

3～4 拍，动力腿（左腿）经同样的路线落下，最后落回五位脚的位置，如图 5-569 所示。

5～6 拍，重复 1～2 拍的动作。

7～8 拍，重复 3～4 拍的动作。

（2）第二个八拍：重复第一个八拍的动作。程度较好者可多重复进行练习。

反面动作：同正面，动作相同，方向相反。

（二）踢旁腿

准备位：单手扶把五位脚，如图 5-567 所示。

动作做法：单手扶把做准备，以踢左腿为例，双腿五位脚的位置做准备，右手轻轻扶把杆，左手在七位手的位置上做准备，如图 5-567 所示。

准备拍：5～8拍，左手向远延伸呼吸，双腿五位脚直立。

（1）第一个八拍：

1～2拍，动力腿（左腿）经绷脚擦地从左旁向上迅速踢起，踢起时要求快速迅猛、有爆发力，双腿膝关节保持伸直，上身保持直立，主力腿（右腿）要保持外开的状态，如图 5-569 所示。

3～4拍，动力腿（左腿）经同样的路线落下，最后落回五位脚的位置。

5～6拍，重复1～2拍的动作。

7～8拍，重复3～4拍的动作。

（2）第二个八拍：

重复第一个八拍的动作。程度较好者可多重复进行练习。

反面动作：同正面，动作相同，方向相反。

（三）踢后腿

准备位置：单手扶把五位脚，如图 5-567 所示。

动作做法：单手扶把做准备，以踢左腿为例，双腿五位脚的位置做准备，右手轻轻扶把杆，左手在七位手的位置上做准备，如图 5-567 所示。

准备拍：5～8拍，左手向远延伸呼吸，双腿五位脚直立。

（1）第一个八拍：

1～2拍，动力腿（左腿）经绷脚擦地从后向上迅速踢起，踢起时要求快速迅猛、有爆发力，双腿膝关节保持伸直，上身保持直立，主力腿（右腿）要保持外开的状态，如图 5-570 所示。

3～4拍，动力腿（左腿）经同样的路线落下，最后落回五位脚的位置。

5～6拍，重复1～2拍的动作。

7～8拍，重复3～4拍的动作。

（2）第二个八拍：

重复第一个八拍的动作。程度较好者可多重复进行练习。

反面动作：同正面，动作相同，方向相反。

※**训练要求**：大踢腿是训练腿部的爆发力及髋关节灵活度的。要求踢起迅猛，落地轻缓，上身垂直，不可摇晃。易犯的毛病：当动力腿踢起时脚趾放松，发力点不在脚尖而在大腿上，主力腿膝部和腰背部下懈。

主要训练腿部肌肉、韧带的张弛，锻炼脚经擦地迅速抛向空中的能力，提高腹背肌、主力腿的控制能力，为以后的大幅度踢腿和跳跃动作打下基础。

动作过程中保持身体的垂直、腿部的外开，主力腿的髋关节向上提起，注重脚经过擦地踢起、擦地收回的全过程。

(1)组合一：单手和双手扶把

图 5-571
准备位

图 5-572
准备拍 1～4 拍

图 5-573
准备拍 5～8 拍

图 5-574
第一个八拍 1～2 拍

图 5-575
第一个八拍 3～4 拍

图 5-576
第一个八拍 5～6 拍

图 5-577
第一个八拍 7～8 拍

图 5-578
第二个八拍 1～2 拍

图 5-579
第二个八拍 3～4 拍

图 5-580
第二个八拍 5～6 拍

图 5-581
第二个八拍 7～8 拍

图 5-582
第三个八拍 1～2 拍

图 5-583
第三个八拍 3～4 拍

图 5-584
第三个八拍 5～6 拍

图 5-585
第三个八拍 7～8 拍

图 5-586
第四个八拍 1～2 拍

图 5-587
第四个八拍 3～4 拍

图 5-588
第四个八拍 5～8 拍

图 5-589
第五个八拍 1～2 拍

图 5-590
第五个八拍 3～4 拍

图 5-591
第五个八拍 5～6 拍

图 5-592
第五个八拍 7～8 拍

图 5-593
第六个八拍 1～2 拍

图 5-594
第六个八拍 3～4 拍

图 5-595
第六个八拍 5～6 拍

图 5-596
第六个八拍 7～8 拍

图 5-597
第七个八拍 1～2 拍

图 5-598
第七个八拍 3～4 拍

图 5-599
第七个八拍 5～6 拍

图 5-600
第七个八拍 7～8 拍

图 5-601
第八个八拍 1～2 拍

图 5-602
第八个八拍 3～4 拍

图 5-603
第八个八拍 5～6 拍

<table>
<tr>
<td align="center">图 5-604
第八个八拍 7～8 拍</td>
<td align="center">图 5-605
第九个八拍 1～2 拍</td>
<td align="center">图 5-606
第九个八拍 3～4 拍</td>
</tr>
<tr>
<td align="center">图 5-607
第九个八拍 5～6 拍</td>
<td align="center">图 5-608
第九个八拍 7～8 拍</td>
<td align="center">图 5-609
第十个八拍 1～2 拍</td>
</tr>
<tr>
<td align="center">图 5-610
第十个八拍 3～4 拍</td>
<td align="center">图 5-611
第十个八拍 5～6 拍</td>
<td align="center">图 5-612
第十个八拍 7～8 拍</td>
</tr>
<tr>
<td align="center">图 5-613
第十一个八拍 1～2 拍</td>
<td align="center">图 5-614
第十一个八拍 3～4 拍</td>
<td align="center">图 5-615
第十一个八拍 5～6 拍</td>
</tr>
</table>

形体训练

图 5-616
第十一个八拍 7～8 拍

图 5-617
第十二个八拍 1～2 拍

图 5-618
第十二个八拍 3～4 拍

图 5-619
第十二个八拍 5～6 拍

图 5-620
第十二个八拍 7～8 拍

动作做法：

准备位：右脚在前的五位脚位置，双腿伸直保持外开，左手轻扶在把杆上，右手一位手位置，上身保持直立，抬头、微向右转 45°，目视右斜前方，如图 5-571 所示。

准备拍：一个八拍。

1～4 拍，头微向左歪、稍低头、眼睛看右手，同时右手向上呈二位手位置，双腿保持外开伸直，上身保持直立不动，如图 5-572 所示。

5～8 拍，抬头微向右转 45°、眼睛看右手方向，同时右手向右旁打开呈七位手位置，双腿保持外开伸直，上身保持直立不动，如图 5-573 所示。

第一个八拍：

1～2 拍，右脚向前擦地，右脚经脚跟、脚心到脚趾尖点地，保持右手右旁七位手位置，双腿保持外开伸直，上身保持直立不动，如图 5-574 所示。

3～4 拍，右腿保持外开伸直的同时，向上抬起右腿，与地面平行，保持右手右旁七位手位置，双腿保持外开伸直，上身保持直立不动，如图 5-575 所示。

5～6 拍，右腿落下还原，右脚尖点地，保持右手右旁七位手位置，双腿保持外开伸直，上身保持直立不动，如图 5-576 所示。

7～8 拍，右脚擦地收回到右脚在前的五位脚位置，保持右手右旁七位手位置，双腿保持外开伸直，上身保持直立不动，如图 5-577 所示。

第二个八拍：重复第一个八拍的动作，如图 5-578 至图 5-581 所示。

第三个八拍：重复第二个八拍的动作，如图 5-582 至图 5-585 所示。

第四个八拍：

1～2 拍，右手微向上扬的同时，配合呼吸做延伸动作，眼睛看右手方向，双腿保持外开伸直，上身保持直立不动，如图 5-586 所示。

3～4 拍，右手向下落回到一位手位置，双腿保持外开伸直，上身保持直立不动，如图 5-587 所示。

5～8 拍，身体整体向左转 90°，面向把杆，双手扶把，双脚保持右脚在前的五位脚的位置，双脚保持外开伸直，上身保持直立不动，如图 5-588 所示。

第五个八拍：

1～2 拍，右脚向右旁擦地，右脚经脚跟、脚心到脚趾尖点地，双腿保持外开伸直，上身保持直立不动，如图 5-589 所示。

3～4 拍，右腿保持外开伸直的同时，向上抬起右腿，与地面平行，双腿保持外开伸直，上身保持直立不动，如图 5-590 所示。

5～6 拍，右腿落下还原，右脚尖点地，双腿保持外开伸直，上身保持直立不动，如图 5-591 所示。

7～8 拍，右脚擦地收回到右脚在前的五位脚位置，双腿保持外开伸直，上身保持直立不动，如图 5-592 所示。

第六个八拍：

1～2 拍，右脚向右旁擦地，右脚经脚跟、脚心到脚趾尖点地，双腿保持外开伸直，上身保持直立不动，如图 5-593 所示。

3～4 拍，右腿保持外开伸直的同时，向上抬起右腿，与地面平行，双腿保持外开伸直，上身保持直立不动，如图 5-594 所示。

5～6 拍，右腿落下还原，右脚尖点地，双腿保持外开伸直，上身保持直立不动，如图 5-595 所示。

7～8 拍，右脚擦地收回到右脚在后的五位脚位置，双腿保持外开伸直，上身保持直立不动，如图 5-596 所示。

第七个八拍：

1～2 拍，右脚向右旁擦地，右脚经脚跟、脚心到脚趾尖点地，双腿保持外开伸直，上身保持直立不动，如图 5-597 所示。

3～4 拍，右腿保持外开伸直的同时，向上抬起右腿，与地面平行，双腿保持外开伸直，上身保持直立不动，如图 5-598 所示。

5～6 拍，右腿落下还原，右脚尖点地，双腿保持外开伸直，上身保持直立不动，如图 5-599 所示。

7～8 拍，右脚擦地收回到右脚在前的五位脚位置，双腿保持外开伸直，上身保持直立不动，如图 5-600 所示。

第八个八拍：

1～2拍，右脚向右旁擦地，右脚经脚跟、脚心到脚趾尖点地，双腿保持外开伸直，上身保持直立不动，如图 5-601 所示。

3～4拍，右腿保持外开伸直的同时，向上抬起右腿，与地面平行，双腿保持外开伸直，上身保持直立不动，如图 5-602 所示。

5～6拍，右腿落下还原，右脚尖点地，双腿保持外开伸直，上身保持直立不动，如图 5-603 所示。

7～8拍，右脚擦地收回到右脚在后的五位脚位置，双腿保持外开伸直，上身保持直立不动，如图 5-604 所示。

第九个八拍：

1～2拍，右脚向后擦地，右脚经脚跟、脚心到脚趾尖点地，双腿保持外开伸直，上身保持直立不动，如图 5-605 所示。

3～4拍，右腿保持外开伸直的同时，向上抬起右腿，与地面平行，双腿保持外开伸直，上身保持直立不动，如图 5-606 所示。

5～6拍，右腿落下还原，右脚尖点地，双腿保持外开伸直，上身保持直立不动，如图 5-607 所示。

7～8拍，右脚擦地收回到右脚在后的五位脚位置，双腿保持外开伸直，上身保持直立不动，如图 5-608 所示。

第十个八拍：

1～2拍，右脚向后擦地，右脚经脚跟、脚心到脚趾尖点地，双腿保持外开伸直，上身保持直立不动，如图 5-609 所示。

3～4拍，右腿保持外开伸直的同时，向上抬起右腿，与地面平行，双腿保持外开伸直，上身保持直立不动，如图 5-610 所示。

5～6拍，右腿落下还原，右脚尖点地，双腿保持外开伸直，上身保持直立不动，如图 5-611 所示。

7～8拍，右脚擦地收回到右脚在后的五位脚位置，双腿保持外开伸直，上身保持直立不动，如图 5 612 所示。

第十一个八拍：

1～2拍，右脚向后擦地，右脚经脚跟、脚心到脚趾尖点地，双腿保持外开伸直，上身保持直立不动，如图 5-613 所示。

3～4拍，右腿保持外开伸直的同时，向上抬起右腿，与地面平行，双腿保持外开伸直，上身保持直立不动，如图 5-614 所示。

5～6拍，右腿落下还原，右脚尖点地，双腿保持外开伸直，上身保持直立不动，如图 5-615 所示。

7～8 拍，右脚擦地收回到右脚在后的五位脚位置，双腿保持外开伸直，上身保持直立不动，如图 5-616 所示。

第十二个八拍：

1～2 拍，右脚向后擦地，右脚经脚跟、脚心到脚趾尖点地，双腿保持外开伸直，上身保持直立不动，如图 5-617 所示。

3～4 拍，右腿保持外开伸直的同时，向上抬起右腿，与地面平行，双腿保持外开伸直，上身保持直立不动，如图 5-618 所示。

5～6 拍，右腿落下还原，右脚擦地收回到右脚在后的五位脚位置，双腿保持外开伸直，上身保持直立不动，如图 5-619 所示。

7～8 拍，身体整体向左转 90°，右手扶把，左手一位手位置，头向左微转 45°，目视左斜前方，双腿保持外开伸直，上身保持直立不动，如图 5-620 所示。

反面动作：同正面，动作相同，方向相反。

(2)组合二：

图 5-621
准备位

图 5-622-1
准备拍 5～8 拍　1

图 5-622-2
准备拍 5～8 拍　2

图 5-622-3
准备拍 5～8 拍　3

图 5-622-4
准备拍 5～8 拍　4

图 5-623
第一个八拍 1～2 拍

图 5-624
第一个八拍 3～4 拍

图 5-625-1
第一个八拍 5～8 拍　1

图 5-625-2
第一个八拍 5～8 拍　2

图 5-626
第二个八拍 1～2 拍

图 5-627-1
第二个八拍 3～4 拍　1

图 5-627-2
第三个八拍 3～4 拍　2

图 5-628
第二个八拍 5～6 拍

图 5-629-1
第二个八拍 7～8 拍　1

图 5-629-2
第二个八拍 7～8 拍　2

图 5-630
第三个八拍 1～2 拍

图 5-631
第三个八拍 3～4 拍

图 5-632
第三个八拍 5～6 拍

图 5-633-1
第三个八拍 7～8 拍　1

图 5-633-2
第三个八拍 7～8 拍　2

图 5-634
第四个八拍 1～2 拍

图 5-635
第四个八拍 3～4 拍

图 5-636-1
第四个八拍 5～8 拍　1

图 5-636-2
第四个八拍 5～8 拍　2

图 5-636-3
第四个八拍 5～8 拍　3

图 5-637
第五个八拍 1～2 拍

图 5-638-1
第五个八拍 3～6 拍　1

图 5-638-2
第五个八拍 3～6 拍　2

图 5-639
第五个八拍 7～8 拍

图 5-640-1
第六个八拍 1～2 拍　1

图 5-640-2
第六个八拍 1～2 拍　2

图 5-641
第六个八拍 3～4 拍

图 5-642-1
第六个八拍 5～6 拍　1

图 5-642-2
第六个八拍 5～6 拍　2

图 5-643
第六个八拍 7～8 拍

图 5-644-1
第七个八拍 1～2 拍　1

图 5-644-2
第七个八拍 1～2 拍　2

图 5-645
第七个八拍 3～4 拍

图 5-646-1
第七个八拍 5～6 拍　1

图 5-646-2
第七个八拍 5～6 拍　　2

图 5-647
第七个八拍 7～8 拍

图 5-648
还原　　1

图 5-649
还原　　2

准备位：以踢左腿为例，右手单手扶把，左手一位手的位置，双脚左脚在前五位脚的位置准备，如图 5-621 所示。

准备拍：5～8 拍，左手呼吸经过一位手到二位手的位置，最后到三位手的位置，到三位手的同时转向左前方，如图 5-622-1 至图 5-622-4 所示。

第一个八拍：

1～2 拍，动力腿（左腿）向上踢起，要绷紧脚背，双腿膝盖也要保持绷直，如图 5-623 所示。

3～4 拍，落回前点地的位置，动力腿（左腿）要绷脚用脚尖点地，如图 5-624 所示。

5～8 拍，收回左脚在前的五位脚的位置，如图 5-625-1 至图 5-625-2 所示。

第二个八拍：

1～2 拍，动力腿（左腿）向旁踢起，脚后跟要尽量的向前退，动力腿（左腿）踢起的方向是在肩膀后，不能向前或向后，主力腿（右腿）要始终保持外开的状态，双腿的膝盖都要绷直，不能弯曲，如图 5-626 所示。

3～4 拍，动力腿（左腿）经过旁点地的位置落回右脚在前五位脚的位置，头依然是看向左手，如图 5-627-1 至图 5-627-2 所示。

5～6 拍，再次踢起旁腿，如图 5-628 所示。

7～8 拍，经过旁点地的位置收回左脚在前的五位脚的位置，头依然保持看向左手的方向，如图 5-629-1 至图 5-629-2 所示。

第三个八拍：

1～2拍，第三次向旁踢起旁腿，如图5-630所示。

3～4拍，经过旁点地收回右脚在前的五位脚的位置，如图5-631所示。

5～6拍，第四次踢起旁腿，如图5-632所示。

7～8拍，收回左脚在前的五位脚的位置，同时转向把杆，手经过二位手到向前的小舞姿的位置，如图5-633-1至图5-633-2所示。

第四个八拍：

1～2拍，向后踢起右腿，上身尽量保持直立，主力腿（左腿）保持外开的状态，如图5-634所示。

3～4拍，动力腿（右腿）后点地的位置，双腿绷直，如图5-635所示。

5～8拍，收回五位脚的位置，如图5-636-1至图5-636-3所示。

第五个八拍：

1～2拍，左腿向旁踢起，头依然看向三位手的位置，如图5-637所示。

3～6拍，经过旁点地的位置收回到左脚在前的五位脚的位置，如图5-638-1至图5-638-2所示。

7～8拍，左脚擦地出去到前点地的位置，如图5-639所示。

第六个八拍：

1～2拍，经过一位脚向后踢起后腿，此时的上身要稍微向前倾斜，如图5-640-1至图5-640-2所示。

3～4拍，落回后点地的位置，如图5-641所示。

5～6拍，经过一位脚的位置向前踢腿，此时上身也要稍微往后仰一些，如图5-642-1至图5-642-2所示。

7～8拍，动力腿（左腿）落回前点地的位置，重心在主力腿（右腿）之上，如图5-643所示。

第七个八拍：

1～2拍，再次经过一位脚的位置向后踢起动力腿（左腿），如图5-644-1至图5-644-2所示。

3～4拍，动力腿（左腿）落回后点地的位置，如图5-645所示。

5～6拍，动力腿（左腿）经过一位脚的位置再次向前踢起，如图5-646-1至图5-646-2所示。

7～8拍，动力腿（左腿）落回前点地的位置，头同时转向正前方，如图5-647所示。

还原1、2拍，收回动力腿（左腿）回一位脚的位置，左手同时呼吸收回到一位手的位置，如图5-648至图5-649所示。

反面动作： 同正面，动作相同，反向相反。

十、旁摆腿

组合：单手扶把

图 5-650
准备位

图 5-651
准备拍 1～4 拍

图 5-652
准备拍 5～6 拍

图 5-653
准备拍第 7～8 拍

图 5-654
第一个八拍 1～2 拍

图 5-655
第一个八拍 3～4 拍

图 5-656
第一个八拍 5～6 拍

图 5-657
第一个八拍 7～8 拍

图 5-658
第二个八拍 1～2 拍

图 5-659
第二个八拍 3～4 拍

图 5-660
第二个八拍 5～6 拍

图 5-661
第二个八拍 7～8 拍

图 5-662
第三个八拍 1 拍

图 5-663
第三个八拍 2 拍

图 5-664
第三个八拍 3 拍

图 5-665
第三个八拍 4~6 拍

图 5-666
第三个八拍 7~8 拍

图 5-667
第四个八拍 1 拍

图 5-668
第四个八拍 2 拍

图 5-669
第四个八拍 3 拍

图 5-670
第四个八拍 4~6 拍

图 5-671
第四个八拍 7~8 拍

动作做法：

准备位：双脚一位脚位置，双腿伸直保持外开，左手轻扶在把杆上，右手一位手位置，上身保持直立，抬头、微向右转 45°，目视右斜前方，如图 5-650 所示。

准备拍：一个八拍。

1～4拍，头微向左歪、稍低头、眼睛看右手，同时右手向上呈二位手位置，双腿保持外开伸直，上身保持直立不动，如图5-651所示。

5～6拍，抬头微向右转45°、眼睛看右手方向，同时右手向右旁打开呈七位手位置，双腿保持外开伸直，上身保持直立不动，如图5-652所示。

7～8拍，头转向正前方，目视前方，右脚向右旁擦地并向上抬起，离地面25°，保持右手右旁七位手位置，左腿保持外开伸直，上身保持直立不动，如图5-653所示。

（1）第一个八拍：

1～2拍，右腿膝关节保持外开的同时弯曲，右小腿向内收回，使右脚脚心包绕在主力脚（左脚）跟腱处，右脚脚跟在前、脚尖在后，保持右手右旁七位手位置，左腿保持外开伸直，上身保持直立不动，如图5-654所示。

3～4拍，右腿膝关节保持外开的同时，右脚离开主力脚（左脚）向右旁打开，使右腿小腿垂直于地面，保持右手右旁七位手位置，左腿保持外开伸直，上身保持直立不动，如图5-655所示。

5～6拍，右腿膝关节保持外开的同时弯曲，右小腿向内收回，使右脚脚内侧贴于主力脚（左脚）跟腱外侧，保持右手右旁七位手位置，左腿保持外开伸直，上身保持直立不动，如图5-656所示。

7～8拍，右腿膝关节保持外开的同时，右脚离开主力脚（左脚）向右旁打开，使右腿小腿垂直于地面，保持右手右旁七位手位置，左腿保持外开伸直，上身保持直立不动，如图5-657所示。

（2）第二个八拍：重复第一个八拍的动作，如图5-658至图5-661所示。

（3）第三个八拍：

第1拍，右腿膝关节保持外开的同时弯曲，右小腿向内收回，使右脚脚心包绕在主力脚（左脚）跟腱处，右脚脚跟在前、脚尖在后，保持右手右旁七位手位置，左腿保持外开伸直，上身保持直立不动，如图5-662所示。

2拍，右腿膝关节保持外开的同时，右脚离开主力脚（左脚）向右旁打开，使右腿小腿垂直于地面，保持右手右旁七位手位置，左腿保持外开伸直，上身保持直立不动，如图5-663所示。

3拍，右腿膝关节保持外开的同时弯曲，右小腿向内收回，使右脚脚内侧贴于主力脚（左脚）跟腱外侧，保持右手右旁七位手位置，左腿保持外开伸直，上身保持直立不动，如图5-664所示。

4～6拍，右腿膝关节伸直下落使右脚尖点地，保持右手右旁七位手位置，双腿保持外开伸直，上身保持直立不动，如图5-665所示。

　　7～8 拍，右腿向上抬起，离地面 25°。保持右手右旁七位手位置，左腿保持外开伸直，上身保持直立不动，如图 5-666 所示。

　　(4)第四个八拍：

　　1 拍，右腿膝关节保持外开的同时弯曲，右小腿向内收回，使右脚脚心包绕在主力脚(左脚)跟腱处，右脚脚跟在前、脚尖在后，保持右手右旁七位手位置，左腿保持外开伸直，上身保持直立不动，如图 5-667 所示。

　　2 拍，右腿膝关节保持外开的同时，右脚离开主力脚(左脚)向右旁打开，使右腿小腿垂直于地面，保持右手右旁七位手位置，左腿保持外开伸直，上身保持直立不动，如图 5-668 所示。

　　3 拍，右腿膝关节保持外开的同时弯曲，右小腿向内收回，使右脚脚内侧贴于主力脚(左脚)跟腱外侧，保持右手右旁七位手位置，左腿保持外开伸直，上身保持直立不动，如图 5-669 所示。

　　4～6 拍，右腿膝关节伸直下落使右脚尖点地，保持右手右旁七位手位置，双腿保持外开伸直，上身保持直立不动，如图 5-670 所示。

　　7～8 拍，右脚擦地收回到一位脚位置的同时，右手收回还原到一位手位置，头微向右转 45°、目视右斜前方，双腿保持外开伸直，上身保持直立不动，如图 5-671 所示。

　　(5)第五个八拍：同第一个八拍，如图 5-654 至图 5-657 所示。

　　(6)第六个八拍：同第二个八拍，如图 5-658 至图 5-661 所示。

　　(7)第七个八拍：同第三个八拍，如图 5-662 至图 5-666 所示。

　　(8)第八个八拍：同第四个八拍，如图 5-667 至图 5-671 所示。

　　反面动作：同正面，动作相同，方向相反。

十一、半脚尖

　　把杆单一动作训练

　　半脚尖：动作做法：双脚一位直立。脚跟离地踮起，1/4、1/2、3/4，使身体上升，两脚掌平稳地立于地板上。

　　动作要求：半脚尖的训练目的是伸展腿和踝关节，加强足、踝的力量，锻炼平衡能力。训练中要注意重心的稳定性，重心不能在小脚趾上。上身要求垂直，向上伸展。

　　准备位置：双脚一位

　　(1)第一个八拍：

　　1～4 拍，在双脚一位的基础上，双脚跟踮起离地 1/4 的位置上。

　　5～8 拍，继续向上升高到离地 1/2 的位置上。

(2)第二个八拍

1～4拍，再继续向上升高到离地 3/4 的位置上。

5～8拍，回到地面高，还原回一位。

组合一：双手扶把

图 5-672
准备位

图 5-673
准备拍一个八拍

图 5-674
第一个八拍 1～4 拍

图 5-675
第一个八拍 5～8 拍

图 5-676
第二个八拍 1～4 拍

图 5-677
第二个八拍 5～8 拍

图 5-678
第三个八拍 1～4 拍

图 5-679
第三个八拍 5～8 拍

图 5-680
第四个八拍 1～4 拍

图 5-681
第四个八拍 5～8 拍

图 5-682
第五个八拍 1～8 拍

图 5-683
第六个八拍 1～8 拍

图 5-684
第七个八拍 1～4 拍

图 5-685
第七个八拍 5～8 拍

图 5-686
第八个八拍 1～4 拍

图 5-687
第八个八拍 5～8 拍

图 5-688
第九个八拍 1～4 拍

图 5-689
第九个八拍 5～8 拍

图 5-690
第十个八拍 1～4 拍

图 5-691
第十个八拍 5～8 拍

图 5-692
第十一个八拍 1～8 拍

图 5-693
第十二个八拍 1～8 拍

动作做法：

准备位：双脚一位脚，双腿伸直保持外开，双手轻扶在把杆上，上身保持直立，抬头、目视前方，如图 5-672 所示。

准备拍：一个八拍，如图 5-673 所示。

(1)第一个八拍：

1～4拍，双腿膝关节弯曲、保持外开，做小的半蹲，双手保持扶把，上身保持直立不动，如图5-674所示。

5～8拍，双腿膝关节伸直、保持外开，双手保持扶把，上身保持直立不动，如图5-675所示。

(2)第二个八拍：

1～4拍，双脚跟向上抬起，半脚掌着地，双腿保持外开伸直，双手保持扶把，上身保持直立不动，如图5-676所示。

5～8拍，双脚跟落下还原，双腿保持外开伸直，双手保持扶把，上身保持直立不动，如图5-677所示。

(3)第三个八拍：

1～4拍，双腿膝关节弯曲、保持外开，做小的半蹲，双手保持扶把，上身保持直立不动，如图5-678所示。

5～8拍，双腿膝关节伸直、保持外开，双手保持扶把，上身保持直立不动，如图5-679所示。

(4)第四个八拍：

1～4拍，双脚跟向上抬起，半脚掌着地，双腿保持外开伸直，双手保持扶把，上身保持直立不动，如图5-680所示。

5～8拍，双脚跟落下还原，双腿保持外开伸直，双手保持扶把，上身保持直立不动，如图5-681所示。

(5)第五个八拍：

1～8拍，右脚缓慢地向右旁擦地打开，右脚经脚跟、脚心到脚趾尖点地，双腿保持外开伸直，上身保持直立不动，如图5-682所示。

(6)第六个八拍：

1～8拍，缓慢地落右脚脚跟，呈二位脚位置，双腿保持外开伸直，上身保持直立不动，如图5-683所示。

(7)第七个八拍：

1～4拍，双腿膝关节弯曲、保持外开，做小的半蹲，双手保持扶把，上身保持直立不动，如图5-684所示。

5～8拍，双腿膝关节伸直、保持外开，双手保持扶把，上身保持直立不动，如图5-685所示。

(8)第八个八拍：

1～4拍，双脚跟向上抬起，半脚掌着地，双腿保持外开伸直，双手保持扶把，上身保持直立不动，如图5-686所示。

5～8拍，双脚跟落下还原，双腿保持外开伸直，双手保持扶把，上身保持直立不动，如图 5-687 所示。

(9)第九个八拍：

1～4拍，双腿膝关节弯曲、保持外开，做小的半蹲，双手保持扶把，上身保持直立不动，如图 5-688 所示。

5～8拍，双腿膝关节伸直、保持外开，双手保持扶把，上身保持直立不动，如图 5-689 所示。

(10)第十个八拍：

1～4拍，双脚跟向上抬起，半脚掌着地，双腿保持外开伸直，双手保持扶把，上身保持直立不动，如图 5-690 所示。

5～8拍，双脚跟落下还原，双腿保持外开伸直，双手保持扶把，上身保持直立不动，如图 5-691 所示。

(11)第十一个八拍：

1～8拍，绷右脚、抬右脚脚跟，重心在左脚上，双腿保持外开伸直，双手保持扶把，上身保持直立不动，如图 5-692 所示。

(12)第十二个八拍：

1～8拍，右脚擦地收回到一位脚位置，重心在两只脚上，双腿保持外开伸直，双手保持扶把，上身保持直立不动，如图 5-693 所示。

反面动作：同正面，动作相同，方向相反。

第六章　中间练习

▶ 第一节　方位与舞姿介绍

一、方位与舞姿介绍

正面：昂发丝

斜方向：爱普鲁莽

阿拉贝斯：第 1 至第 4 的阿拉贝斯

二、阿拉贝斯

图 6-1
第一阿拉贝斯

图 6-2
第二阿拉贝斯

图 6-3
第三阿拉贝斯

图 6-4
第四阿拉贝斯

（一）第一阿拉贝斯：身体正面对 2 点的位置，左脚一位脚的位置，右腿后点地的位置，右手指向 2 点的位置做舞姿，左手指向 8 点的位置做舞姿，眼睛和头看向 2 点的方向，上身保持直立，如图 6-1 所示。

（二）第二阿拉贝斯：身体正面对 2 点的位置，左脚一位脚的位置，右腿后点地的位置，左手指向 2 点的位置做舞姿，右手指向 4 点的位置做舞姿，上身微微向后延伸倾斜，头和眼睛看向 2 点的方向，如图 6-2 所示。

（三）第三阿拉贝斯：身体正面对 2 点的位置，右脚一位脚的位置，左腿

287

后点地的位置，左手指向 2 点的位置做舞姿，右手指向 4 点的位置做舞姿，上身保持直立的姿态，眼睛和头看向 2 点的方向，如图 6-3 所示。

（四）第四阿拉贝斯：身体正面对 2 点的位置，右脚一位脚的位置，左腿后点地的位置，右手指向 2 点的位置做舞姿，左手指向 6 点的位置做舞姿，双手双臂尽量保持一条直线的舞姿，上身随着手臂的动作向后延伸倾斜，如图 6-4 所示。

动作要求：做阿拉贝斯向远无限延伸。

▶ 第二节　中间动作组合

手臂呼吸：

图 6-5　准备位

图 6-6

图 6-7

图 6-8

图 6-9

准备动作：两脚后跟并拢，脚尖成打开的位置，双腿从脚跟到小腿再到大腿都要夹紧，臀部也要夹紧向里收，不能撅屁股，全身笔直向上挺，收小腹，挺胸脯，向下放松压肩膀，头微微翘起下巴，脖子拔出，给人高傲的感觉。双手呼吸到小舞姿然后再回到一位脚的位置，如图 6-5 至图 6-9 所示。

（一）基本手位、脚位

图 6-10　一位手

图 6-11　二位手

图 6-12　三位手

图 6-13　四位手右　　　　图 6-14　四位手左　　　　图 6-15　五位手右

图 6-16　五位手左　　　　图 6-17　六位手右　　　　图 6-18　六位手左

图 6-19　七位手右　　　　图 6-20　七位手左

1. 基本手位

（1）一位手：

双手放松成弧形，放在大腿胯前，离腿大约一拳的距离，如图 6-10 所示。

动作要求：双手尽量做圆，肩膀放松向下沉，不要紧张、耸肩，肘关节不能向后背，要架起，微向前，从正前方看手臂是一个椭圆形，从肩部一直到手指尖不能有折断的感觉。形成怀抱"O"形流畅的线条。

（2）二位手：

从一位手的位置，双手一起上升起至胸前第三个扣子处，双手之间的距离仍然是一拳之隔，如图 6-11 所示。

动作要求：从一位到二位时要保持双手一起向上抬起，水平端起，胳膊肘不能放松，要保持一位手的位置平着升起，手臂也要保持弧度，不能有折断的感觉，肩膀也不能向上耸肩，要放松向下沉肩。

（3）三位手：

从二位手的位置，双手抬起至头的上方，但不是头顶正上方的位置，是在额头的斜上方的位置，即头部不动，眼睛向上抬起，正好可以看到小手指的位置，如图 6-12 所示。

动作要求：手臂要始终保持弧度，三位手的位置切记不能抬弯胳膊，这样容易造成手臂矮短的现象，但也不能过于僵硬笔直，要保持住一位手和二位手的那个弧度不变，而且手心要对着下面，冲着前面或者上面都是不对的。

(4)四位手：

一只手从头顶三位手的位置，切下来到二位手的位置，也就是胸前第三个扣子处，如图 6-13 至图 6-14 所示。

动作要求：四位手的动作要注意的是，一只手从三位手的位置必须是小手指向下切到二位手的位置，向下切的时候要保持手臂的弧度不变，脖子要拔出，脑袋向上顶，手臂不能僵硬，肩膀也要放松。

(5)五位手：

刚才到二位手的那只手打开到旁边的位置，手的方向不变，头看着打开的那只手，如图 6-15 至图 6-16 所示。

动作要求：五位手的手臂与之前的手臂一样要保持弧度不变，打开到旁边时不能过高或过低，位置在与肩差不多的高度，切记千万不能耸肩，肩膀尽量放松下沉。

(6)六位手：

另一只在三位上的手，自头顶向下切，到二位手的位置，也就是胸前第三个扣子处，如图 6-17 至图 6-18 所示。

动作要求：此时的双手要求与之前一样。

(7)七位手：

刚才六位手在胸前的那只手打开到旁边，此时两只手均在旁边，如图 6-19 至图 6-20 所示。

动作要求：七位手时的要求是双手、双手手臂要保持在同一高度，不能一高一低，不能耸肩夹脖子，肩膀要放松，脖子要长长拔出，保持手臂的弧度不变。

最后收手到一位，要经过呼吸，手臂向远延伸，手指尖向远延伸，回到一位手的位置。

手位的总体动作训练要求：手臂要完全伸展，弧度要圆滑，做手位时气要顺，大胆呼吸，做动作要伴随着呼吸一起，头微微仰起，眼睛看着做动作的手臂，也就是眼睛跟着手臂走，脖子要向上拔出。

2. 基本脚位

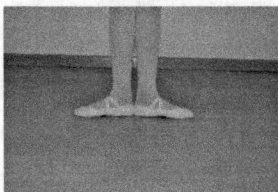

图 6-21
一位脚

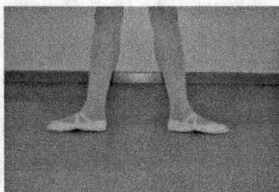

图 6-22
二位脚

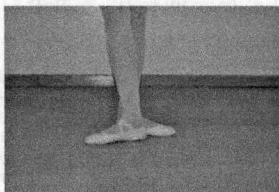

图 6-23
三位脚右脚前

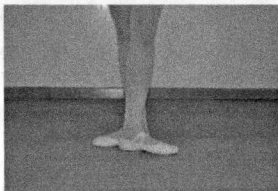

图 6-24
三位脚左脚前

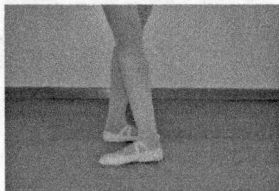

图 6-25
四位脚正面右脚前

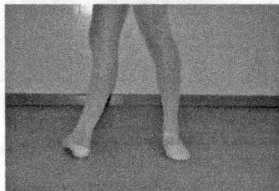

图 6-26
四位脚侧面右脚前

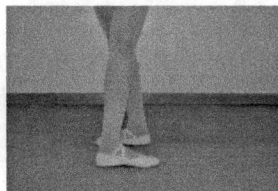

图 6-27
四位脚正面左脚前

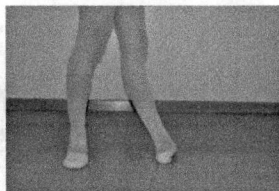

图 6-28
四位脚侧面左脚前

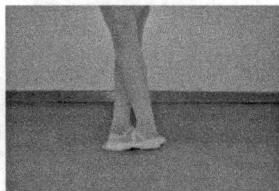

图 6-29
五位脚正面右脚前

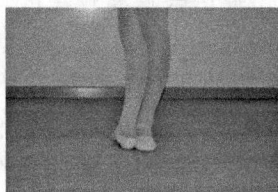

图 6-30
五位脚侧面右脚前

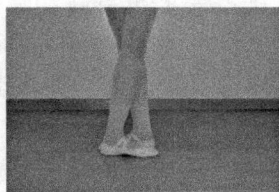

图 6-31
五位脚正面左脚前

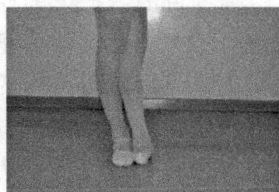

图 6-32
四位脚侧面左脚前

（1）一位脚：

双脚脚跟相靠，脚尖外开180°对准两个肩膀形成一个大写的一字形。两腿向内靠紧，大腿根部向外用力外开，膝盖与脚尖在同一平行线上。重心要平均放在两个脚的十个脚趾上，不能偏向足弓处。臀部的肌肉和腹部的肌肉收紧，胸部自然挺起，眼睛保持平视的状态。头部用力向上挺拔，脖子也要向上长长的拔出，两个肩膀放松向后打开自然下垂，如图 6-21 所示。

(2)二位脚：

双脚在一位脚基础之上，经过向旁擦地落到二位脚的位置上，二位脚时双脚的脚跟相对，向左右分开，双脚脚跟之间的距离为一个脚的距离。重心在两条腿之间，不能偏离任何一条腿，如图 6-22 所示。

(3)三位脚：

一只脚保持一位脚的状态不变。另一只脚同样保持外开的同时并将脚跟贴放在第一只脚前面的足心处，也就是脚中间的位置，双脚此时都要保持外开的形态。小腿、膝盖、大腿都要向内侧加紧，切记做三位脚的时候一定不能向后撅起臀部，要收紧臀部，身体和地面保持垂直状态，上身的姿态和一位脚一样保持不变，如图 6-23 至图 6-24 所示。

(4)四位脚：

双脚仍然保持外开状态，一只脚放在另一只脚的正方前，双脚之间的距离为一竖脚。要求前脚的脚后跟对准后脚的脚尖，前脚的脚尖对准后脚的脚后跟。双脚都是打开的，双脚是两条平行线。重心要在两个脚的中间。如图 6-25 至图 6-28 所示。

(5)五位脚：

双脚保持四位脚形态和体态不变，两脚向内靠拢，要求使后脚的脚尖紧紧的贴住前脚的脚后跟，前脚的脚尖紧贴在后脚的脚后跟，两脚之间没有距离。双脚的重心要在中间位置。上身的要求与之前保持一样不变，如图 6-29 至图 6-32 所示。

(二)控制与舞姿的练习组合

训练目的：把下的控制练习要求相当高，所以比较适合程度较深的学生进行练习。此训练是把上控制训练的延伸，但不同的是没有了把杆的力量做支撑以后，对身体的要求会更高。为了训练动力腿的外开与控制能力，可以很好的锻炼腿部向外部伸展的控制能力、腿部的肌肉线条，同时也增强了主力腿与后背的能力，为之后的其他动力腿在空中控制与运动的动作打下基础。

组合：

图 6-33
准备位

图 6-34
准备拍 5～6 拍

图 6-35
准备拍 7～8 拍

图 6-36
第一个八拍 1～2 拍

图 6-37
第一个八拍 3～4 拍

图 6-38
第一个八拍 5～8 拍

图 6-39
第二个八拍 1～4 拍

图 6-40
第二个八拍 5～8 拍

图 6-41
第三个八拍 1～2 拍

图 6-42
第三个八拍 3～4 拍

图 6-43
第三个八拍 5～8 拍

图 6-44
第四个八拍 1～4 拍

图 6-45-1
第四个八拍 5～8 拍　1

图 6-45-2
第四个八拍 5～8 拍　2

图 6-46
第五个八拍 1～2 拍

图 6-47
第五个八拍 3～4 拍

图 6-48
第五个八拍 5～8 拍

图 6-49
第六个八拍 1～4 拍

图 6-50
第六个八拍 5～8 拍

图 6-51
第七个八拍 1～2 拍

图 6-52
第七个八拍 3～4 拍

图 6-53
第七个八拍 5～8 拍

图 6-54
第八个八拍 1～4 拍

图 6-55-1
第八个八拍 5～8 拍　1

图 6-55-2
第八个八拍 5～8 拍　2

图 6-56
第九个八拍 1～2 拍

图 6-57
第九个八拍 3～4 拍

图 6-58
第九个八拍 5～8 拍

图 6-59
第十个八拍 1～4 拍

图 6-60
第十个八拍 5～8 拍

图 6-61
第十一个八拍 1～2 拍

图 6-62
第十一个八拍 3～4 拍

图 6-63
第十一个八拍 5～8 拍

图 6-64
第十二个八拍 1～4 拍

图 6-65
第十二个八拍 5～8 拍

准备位：面对 8 点，右腿在前五位脚站好，双手一位手的位置，头看向 1 点的方向做准备，如图 6-33 所示。

准备拍：5～8 拍。

5～6 拍，双手经过一位手的位置上升到二位手的位置，身体的方向同时由 8 点的方向转向 2 点的方向，如图 6-34 所示。

7～8 拍，在身体不变的情况下，变成五位手的位置，左手三位手，右手七位手，如图 6-35 所示。

（1）第一个八拍：

1～2 拍，右腿前擦地出去，身体保持原舞姿不变，如图 6-36 所示。

3～4 拍，右腿直接向上抬起做一次前腿控制，上身保持舞姿不变，双腿膝盖都要保持绷直的状态，动力腿（右腿）要尽力向上抬起，如图 6-37 所示。

5～8 拍，保持前腿控制的姿态不动，如图 6-38 所示。

（2）第二个八拍：

1～4拍，动力腿（右腿）从前腿控制的姿态直接落地到前点地的位置，上身保持舞姿不变，如图6-39所示。

5～8拍，动力腿（右腿）收回到五位脚的位置，如图6-40所示。

（3）第三个八拍：再做一次向前的控制。

1～2拍，右腿前擦地出去，身体保持原舞姿不变，如图6-41所示。

3～4拍，右腿直接向上抬起做一次前腿控制，上身保持舞姿不变，双腿膝盖都要保持绷直的状态，动力腿（右腿）要尽力去向上抬起，如图6-42所示。

5～8拍，保持住前腿的控制姿态不动，上身舞姿保持不变，如图6-43所示。

（4）第四个八拍：

1～4拍，动力腿（右腿）由前腿控制的姿态直接落地到前点地的位置，上身保持舞姿不变，如图6-44所示。

5～8拍，动力腿（右腿）直接收回到五位脚的位置，然后左手由三位手直接向下到向前的舞姿，头同时看向2点的方向，如图6-45-1至图6-45-2所示。

（5）第五个八拍：再重复做一次向后的控制。

1～2拍，动力腿（此时的动力腿是左腿）向后擦地出去，上身保持舞姿不变，眼睛和头看向左手手指尖，也就是2点的方向，如图6-46所示。

3～4拍，动力腿（左腿）在后点地的位置上直接向上抬起后腿，做一次后腿的控制，上身尽量保持舞姿不变，如图6-47所示。

5～8拍，保持后腿控制的姿态不动，眼睛和头看向左手手指尖，也就是2点的方向，如图6-48所示。

（6）第六个八拍：

1～4拍，动力腿（左腿）从后控制的姿态直接到后点地的位置，上身保持舞姿不变，如图6-49所示。

5～8拍，动力腿（左腿）收回到五位脚的位置，上身保持舞姿不变，眼睛和头看向左手手指尖，也就是2点的方向，如图6-50所示。

（7）第七个八拍：再做一次后控制。

1～2拍，动力腿（左腿）向后擦地出去，上身保持舞姿不变，如图6-51所示。

3～4拍，动力腿（左腿）在后点地的位置上直接向上抬起后腿，做一次后腿的控制，上身尽量要保持舞姿不变，眼睛和头看向左手手指尖，也就是2点的方向，如图6-52所示。

5～8拍，保持住后腿控制的姿态不动，眼睛和头看向左手手指尖，也就是 2 点的方向，如图 6-53 所示。

(8)第八个八拍：

1～4 拍，动力腿（左腿）从后控制的姿态直接到后点地的位置，上身保持舞姿不变，眼睛和头看向 2 点的方向，如图 6-54 所示。

5～8 拍，动力腿（左腿）先收回到五位脚的位置，身体同时转向 1 点地方向，双手同时由原舞姿打开到双手七位手的位置，眼睛和头看向 1 点的方向，如图 6-55-1 至图 6-55-2 所示。

(9)第九个八拍：

1～2 拍，此时的动力腿为右腿，首先身体要由 1 点转向 8 点的方向，与此同时动力腿（右腿）向旁擦地，双手变成右手三位手、左手七位手的五位手的位置，头和眼睛看向右手的方向，如图 6-56 所示。

3～4 拍，动力腿（右腿）直接向上抬起做一次旁腿的控制，上身保持舞姿不变，如图 6-57 所示。

5～8 拍，保持旁腿控制的舞姿不变，头和眼睛看向右手的方向，如图 6-58 所示。

(10)第十个八拍：

1～4 拍，动力腿（右腿）直接落到旁点地的位置，上身保持舞姿不变，头和眼睛看向右手的方向，如图 6-59 所示。

5～8 拍，动力腿（右腿）直接收回到后形成左腿在前的五位脚的位置，身体同时转向 2 点的方向，双手收回到一位手，头和眼睛看向 2 点的方向，如图 6-60 所示。

(11)第十一个八拍：此时的动力腿为左腿。

1～2 拍，动力腿（左腿）向旁擦地，形成旁点地的舞姿，双手同时形成左手三位手、右手七位手的五位手舞姿，如图 6-61 所示。

3～4 拍，动力腿（左腿）直接向上抬起做一次旁腿的控制，头和眼睛看向左手的方向，如图 6-62 所示。

5～8 拍，保持旁腿控制的舞姿不变，头和眼睛看向左手的方向，如图 6-63 所示。

(12)第十二个八拍：

1～4 拍，动力腿（左腿）直接落到旁点地的位置，上身保持不变，如图 6-64 所示。

5～8 拍，动力腿收回一位脚的位置，身体同时转向 1 点的方向，双手落回一位手的位置，头和眼睛看向 1 点正前方，如图 6-65 所示。

反面动作：

图 6-66
准备位

图 6-67
准备拍 5～6 拍

图 6-68
准备拍 7～8 拍

图 6-69
第一个八拍 1～2 拍

图 6-70
第一个八拍 3～4 拍

图 6-71
第一个八拍 5～8 拍

图 6-72
第二个八拍 1～4 拍

图 6-73
第二个八拍 5～8 拍

图 6-74
第三个八拍 1～2 拍

图 6-75
第三个八拍 3～4 拍

图 6-76
第三个八拍 5～8 拍

图 6-77
第四个八拍 1～4 拍

图 6-78-1
第四个八拍 5～8 拍　1

图 6-78-2
第四个八拍 5～8 拍　2

图 6-79
第五个八拍 1～2 拍

图 6-80
第五个八拍 3～4 拍

图 6-81
第五个八拍 5～8 拍

图 6-82
第六个八拍 1～4 拍

图 6-83
第六个八拍 5～8 拍

图 6-84
第七个八拍 1～2 拍

图 6-85
第七个八拍 3～4 拍

图 6-86
第七个八拍 5～8 拍

图 6-87
第八个八拍 1～4 拍

图 6-88-1
第八个八拍 5～8 拍　1

图 6-88-2
第八个八拍 5～8 拍　2

图 6-89
第九个八拍 1～2 拍

图 6-90
第九个八拍 3～4 拍

图 6-91
第九个八拍 5～8 拍

图 6-92
第十个八拍 1～4 拍

图 6-93
第十个八拍 5～8 拍

图 6-94
第十一个八拍 1～2 拍

图 6-95
第十一个八拍 3～4 拍

图 6-96
第十一个八拍 5～8 拍

图 6-97
第十二个八拍 1～4 拍

图 6-98
第十二个八拍 5～8 拍

准备位：面对 8 点，左腿在前五位脚站好，双手一位手的位置，头看向 1 点的方向做准备，如图 6-66 所示。

准备拍：5～8 拍。

5～6 拍，双手经过一位手的位置上升到二位手的位置，身体的方向同时由 8 点的方向转向 2 点的方向，如图 6-67 所示。

7～8 拍，在身体不变的情况下，变成五位手的位置，左手三位手，左手七位手，如图 6-68 所示。

(1)第一个八拍：

1～2 拍，左腿前擦地出去，身体保持原舞姿不变，如图 6-69 所示。

3～4 拍，左腿直接向上抬起做一次前腿控制，上身保持舞姿不变，双腿膝盖都要保持绷直的状态，动力腿(左腿)要尽力向上抬起，如图 6-70 所示。

5～8 拍，保持前腿控制的姿态不动，如图 6-71 所示。

（2）第二个八拍：

1～4 拍，动力腿（左腿）从前腿控制的姿态直接落地到前点地的位置，上身保持舞姿不变，如图 6-72 所示。

5～8 拍，动力腿（左腿）收回到五位脚的位置，如图 6-73 所示。

（3）第三个八拍：再做一次向前的控制。

1～2 拍，左腿前擦地出去，身体保持原舞姿不变，如图 6-74 所示。

3～4 拍，左腿直接向上抬起做一次前腿控制，上身保持舞姿不变，双腿膝盖都要保持绷直的状态，动力腿（左腿）要尽力去向上抬起，如图 6-75 所示。

5～8 拍，保持住前腿的控制姿态不动，上身舞姿保持不变，如图 6-76 所示。

（4）第四个八拍：

1～4 拍，动力腿（左腿）由前腿控制的姿态直接落地到前点地的位置，上身保持舞姿不变，如图 6-77 所示。

5～8 拍，动力腿（左腿）直接收回到五位脚的位置，然后右手由三位手直接向下到向前的舞姿，头同时看向 2 点的方向，如图 6-78-1 至图 6-78-2 所示。

（5）第五个八拍：再重复做一次向后的控制。

1～2 拍，动力腿（此时的动力腿是右腿）向后擦地出去，上身保持舞姿不变，眼睛和头看向右手手指尖，也就是 2 点的方向，如图 6-79 所示。

3～4 拍，动力腿（右腿）在后点地的位置上直接向上抬起后腿，做一次后腿的控制，上身尽量保持舞姿不变，如图 6-80 所示。

5～8 拍，保持后腿控制的姿态不动，眼睛和头看向右手手指尖，也就是 2 点的方向，如图 6-81 所示。

（6）第六个八拍：

1～4 拍，动力腿（右腿）从后控制的姿态直接到后点地的位置，上身保持舞姿不变，如图 6-82 所示。

5～8 拍，动力腿（右腿）收回到五位脚的位置，上身保持舞姿不变，眼睛和头看向右手手指尖，也就是 2 点的方向，如图 6-83 所示。

（7）第七个八拍：再做一次后控制。

1～2 拍，动力腿（右腿）向后擦地出去，上身保持舞姿不变，如图 6-84 所示。

3～4 拍，动力腿（右腿）在后点地的位置上直接向上抬起后腿，做一次后腿的控制，上身尽量要保持舞姿不变，眼睛和头看向右手手指尖，也就是 2 点的方向，如图 6-85 所示。

5～8 拍，保持住后腿控制的姿态不动，眼睛和头看向右手手指尖，也就是 2 点的方向，如图 6-86 所示。

(8)第八个八拍：

1~4 拍，动力腿(右腿)从后控制的姿态直接到后点地的位置，上身保持舞姿不变，眼睛和头看向 2 点的方向，如图 6-87 所示。

5~8 拍，动力腿(右腿)先收回到五位脚的位置，身体同时转向 1 点的方向，双手同时由原舞姿打开到双手七位手的位置，眼睛和头看向 1 点的方向，如图 6-88-1 至图 6-88-2 所示。

(9)第九个八拍：

1~2 拍，此时的动力腿为左腿，首先身体要由 1 点转向 8 点的方向，与此同时动力腿(左腿)向旁擦地，双手变成左手三位手、右手七位手的五位手的位置，头和眼睛看向左手的方向，如图 6-89 所示。

3~4 拍，动力腿(左腿)直接向上抬起做一次旁腿的控制，上身保持舞姿不变，如图 6-90 所示。

5~8 拍，保持旁腿控制的舞姿不变，头和眼睛看向左手的方向，如图 6-91 所示。

(10)第十个八拍：

1~4 拍，动力腿(左腿)直接落到旁点地的位置，上身保持舞姿不变，头和眼睛看向左手的方向，如图 6-92 所示。

5~8 拍，动力腿(左腿)直接收回到后形成右腿在前的五位脚的位置，身体同时转向 2 点的方向，双手收回到一位手，头和眼睛看向 2 点的方向，如图 6-93 所示。

(11)第十一个八拍：此时的动力腿为右腿。

1~2 拍，动力腿(右腿)向旁擦地，形成旁点地的舞姿，双手同时形成右手三位手、左手七位手的五位手舞姿，如图 6-94 所示。

3~4 拍，动力腿(右腿)直接向上抬起做一次旁腿的控制，头和眼睛看向右手的方向，如图 6-95 所示。

5~8 拍，保持旁腿控制的舞姿不变，头和眼睛看向右手的方向，如图 6-96 所示。

(12)第十二个八拍：

1~4 拍，动力腿(右腿)直接落到旁点地的位置，上身保持不变，如图 6-97 所示。

5~8 拍，动力腿收回一位脚的位置，身体同时转向 1 点的方向，双手落回一位手的位置，头和眼睛看向 1 点正前方，如图 6-98 所示。

▶ 第三节　行礼组合

　　训练目的：整个把上以及把下动作组合训练完毕的一个小总结，以行进步的形式串联，有着承上启下的作用，更好的连接后面的技术、技巧的训练。

图 6-99
准备位

图 6-100
准备拍 5～8 拍

图 6-101
第一个八拍 1～2 拍

图 6-102
第一个八拍 3～4 拍

图 6-103
第一个八拍 5～6 拍

图 6-104
第一个八拍 7～8 拍

图 6-105
第二个八拍 1～2 拍

图 6-106
第二个八拍 3～4 拍

图 6-107
第二个八拍 5～6 拍

图 6-108
第二个八拍 7～8 拍

图 6-109
第三个八拍 1～2 拍

图 6-110
第三个八拍 3～4 拍

图 6-111
第三个八拍 5～6 拍

图 6-112
第三个八拍 7 拍

图 6-113
第三个八拍 8 拍

图 6-114
第四个八拍 1～2 拍

图 6-115
第四个八拍 3～4 拍

图 6-116-1
第四个八拍 5～6 拍　1

图 6-116-2
第四个八拍 5～6 拍　2

图 6-117
第四个八拍 7～8 拍

图 6-118-1
第五个八拍 1～2 拍　1

图 6-118-2
第五个八拍 1～2 拍　2

图 6-119
第五个八拍 3～4 拍

图 6-120
第五个八拍 5～6 拍

图 6-121
第五个八拍 7～8 拍

图 6-122-1
第六个八拍 1～8 拍　1

图 6-122-2
第六个八拍 1～8 拍　2

准备位：舞台的右侧或是左侧，小舞姿做准备，如图 6-99 所示。

动作做法：在保持上身直立的同时，外开双腿与双脚，前进行走。

准备拍：

5～8 拍，右脚前擦地出去，上身保持小舞姿的姿态不变，如图 6-100 所示。

（1）第一个八拍：

1～2 拍，向前移重心变成后擦地的位置，上身保持舞姿不变，如图 6-101 所示。

3～4 拍，左脚前擦地出去，经过一位脚的位置到前擦地的位置，如图 6-102 所示。

5～6 拍，向前移重心变成后擦地的位置，如图 6-103 所示。

7～8 拍，右脚经过一位脚的位置到前擦地的位置，以此类推一直向前行走，如图 6-104 所示。

（2）第二个八拍：重复第一个八拍的动作，直到走到舞台的中心位置时，这里的例子为两个八拍之后面向一点一位脚站好，上身仍然是小舞姿不变，此时重心在左腿上，如图 6-105 至图 6-108 所示。

（3）第三个八拍：做一次行礼。

1～2 拍，面向一点做一次旁擦地，右脚旁擦地出去，上身保持小舞姿不变，如图 6-109 所示。

3～4 拍，向旁移动重心到左脚旁擦地的位置，上身不变，如图 6-110 所示。

5～6 拍，经过左脚画圈到后点地的位置，上身保持舞姿不变，此时的头要看向左上角的位置，如图 6-111 所示。

7～8 拍，舞姿不变的情况下双腿向下蹲做一次行礼，此时的头要向下低头示意行礼，如图 6-112 至图 6-113 所示。

（4）第四个八拍：继续面向一点向前做行进步。

1～2 拍，左脚前擦地出去，面对一点，如图 6-114 所示。

3～4 拍，向前移动重心到后擦地的位置，上身舞姿不变，如图 6-115 所示。

5～6 拍，右脚经过一位脚的位置到前擦地的位置，上身舞姿不变，如图 6-116-1 和图 6-116-2 所示。

7～8 拍，向前移动重心到后擦地的位置，上身舞姿不变，走到舞台前方后，如图 6-117 所示。

(5)第五个八拍：再做一次行礼。

1～2拍，左脚经过一位脚的位置到旁擦地的位置，如图 6-118-1 至图 6-118-2 所示。

3～4拍，向旁移动重心换到右脚旁擦地的位置，上身舞姿不变，如图 6-119 所示。

5～6拍，右脚经过画圈到后擦地的位置，头同时转向右上方，如图 6-120 所示。

7～8拍，双腿向下蹲，头同时向下低头示意，如图 6-121 所示。

第六个八拍：最后用一个八拍经过双腿直立再收回到一位脚的位置，头同时回到一点的位置上，如图 6-122-1 至图 6-122-2 所示。

反面动作：

图 6-123
准备位

图 6-124
准备拍 5～8 拍

图 6-125
第一个八拍 1～2 拍

图 6-126
第一个八拍 3～4 拍

图 6-127
第一个八拍 5～6 拍

图 6-128
第一个八拍 7～8 拍

图 6-129
第二个八拍 1～2 拍

图 6-130
第二个八拍 3～4 拍

图 6-131
第二个八拍 5～6 拍

图 6-132
第二个八拍 7~8 拍

图 6-133
第三个八拍 1~2 拍

图 6-134
第三个八拍 3~4 拍

图 6-135
第三个八拍 5~6 拍

图 6-136
第三个八拍 7 拍

图 6-137
第三个八拍 8 拍

图 6-138
第四个八拍 1~2 拍

图 6-139
第四个八拍 3~4 拍

图 6-140-1
第四个八拍 5~6 拍　1

图 6-140-2
第四个八拍 5~6 拍　2

图 6-141
第四个八拍 7~8 拍

图 6-142-1
第五个八拍 1~2 拍　1

图 6-142-2
第五个八拍 1~2 拍　2

图 6-143
第五个八拍 3~4 拍

图 6-144
第五个八拍 5~6 拍

| 图 6-145 | 图 6-146-1 | 图 6-146-2 |
| 第五个八拍 7～8 拍 | 第六个八拍 1～8 拍　1 | 第六个八拍 1～8 拍　2 |

准备位：在舞台的左侧或是右侧，小舞姿做准备，如图 6-123 所示。

准备拍：

5～8 拍，左脚前擦地出去，上身保持小舞姿的姿态不变，如图 6-124 所示。

（1）第一个八拍：

1～2 拍，向前移重心变成后擦地的位置，上身保持舞姿不变，如图 6-125 所示。

3～4 拍，右脚前擦地出去，经过一位脚的位置到前擦地的位置，如图 6-126 所示。

5～6 拍，向前移重心变成后擦地的位置，如图 6-127 所示。

7～8 拍，左脚经过一位脚的位置到前擦地的位置，以此类推一直向前行走，如图 6-128 所示。

（2）第二个八拍：重复第一个八拍的动作，直到走到舞台的中心位置时，这里的例子为两个八拍之后面向一点一位脚站好，上身仍然是小舞姿不变，此时重心在右腿上，如图 6-129 至图 6-132 所示。

（3）第三个八拍：做一次行礼。

1～2 拍，面向一点做一次旁擦地，左脚旁擦地出去，上身保持小舞姿不变，如图 6-133 所示。

3～4 拍，向旁移动重心到右脚旁擦地的位置，上身不变，如图 6-134 所示。

5～6 拍，经过右脚画圈到后点地的位置，上身保持舞姿不变，此时的头要看向右上角的位置，如图 6-135 所示。

7～8 拍，舞姿不变的情况下双腿向下蹲做一次行礼，此时的头要向下低头示意行礼，如图 6-136 至图 6-137 所示。

（4）第四个八拍：继续面向一点向前做行进步。

1～2 拍，右脚前擦地出去，面对一点，如图 6-138 所示。

3～4 拍，向前移动重心到后擦地的位置，上身舞姿不变，如图 6-139

所示。

5～6拍，左脚经过一位脚的位置到前擦地的位置，上身舞姿不变，如图 6-140-1 至图 6-140-2 所示。

7～8拍，向前移动重心到后擦地的位置，上身舞姿不变，走到舞台前方后，如图 6-141 所示。

(5)第五个八拍：再做一次行礼。

1～2拍，右脚经过一位脚的位置到旁擦地的位置，如图 6-142-1 至图 6-142-2 所示。

3～4拍，向旁移动重心换到左脚旁擦地的位置，上身舞姿不变，如图 6-143 所示。

5～6拍，左脚经过画圈到后擦地的位置，头同时转向左上方，如图 6-144 所示。

7～8拍，双腿向下蹲，头同时向下低头示意，如图 6-145 所示。

第六个八拍：最后用一个八拍经过双腿直立再收回到一位脚的位置，头同时回到一点的位置上，如图 6-146-1 至图 6-146-2 所示。

▶ 第四节　跳跃练习

训练目的：跳跃练习是空中的动作练习，简单来说是指把之前的地面训练的动作姿态以跳跃的形式放在空中进行训练，也是地面练习的扩展，更是考察先天弹跳能力、软开度条件、动作协调性以及肌肉张力的重要训练。训练跳跃技巧练习不仅为了发展技术技巧，更重要的是必须体现出跳跃的形体姿态以及跳跃过程中身体的美感，从而达到形体训练的目的。

一、小跳

图 6-147
准备位

图 6-148
一位蹲

图 6-149
一位小跳

图 6-150
旁擦地

图 6-151
二位位置

图 6-152
二位蹲

图 6-153
二位小跳

图 6-154
旁擦地

图 6-155
五位位置

图 6-156
五位蹲

图 6-157
五位换脚

训练学生的弹跳能力，可以由简单的一位、二位、五位小跳，发展到相互交叉的综合性复合型小跳。小跳过程中，双膝直立，双脚背向外推开。着地时，脚尖先落，落地要轻，上半身不能前后摇晃。落地半蹲，上半身绷紧向下，臀部夹紧。

动作做法：

一位跳：一位脚站立，经半蹲轻跳起，离地后快速绷脚、直膝，腿部肌肉收紧。落地要先落脚掌再落脚跟。一位跳可单一跳，也可连续跳。

二位跳：二位脚站立，做法同一位脚。

五位跳：五位脚站立，做法同一位脚。

※**训练要求**：一位跳的练习要由浅入深，先扶把单一跳，再逐步脱把训练。在进行跳的训练时，要求上身垂直，开胯，膝部要有控制力。脚离地前，要五趾抓地而起。

二、中跳

动作做法：一位中跳是在一位小跳的基础上蹲得深一点，离地跳起时达到最高点。二位中跳是在二位脚的基础上跳起，做法同一位中跳。

※训练要求：二位中跳跳起前膝部要施以压力，跳起时要求腿肌的爆发力要强。由于此跳跃动作对腿部力量要求较高，所以要在小跳的基础上进行中跳训练。

三、吸腿跳

动作做法：以右吸腿为例。面向 8 点，八字步站立，左脚绷脚向 8 点迈一步稍屈膝，同时双盖手向两侧分开。左脚跳起的同时右腿正吸腿绷脚尖，手成顺风旗，稍拧腰，视 1 点。

四、射燕跳

动作做法：以并腿右射燕跳为例。准备：面向 2 点，站八字步，双手山膀位。双腿屈膝，双手盖掌到胸前交叉，跳起时空中双腿并拢，双手斜前上方抬起，落地形成射燕舞姿。

※训练要求：训练此动作时，要求空中并腿的时间要长，落地时迅速形成舞姿。身体略微前倾。

▶ 第五节　足尖练习

足尖练习相对来说是比较难的训练，适合有一定良好基础的学员进行练习，因为立足尖时会需要腿脚部以及上肢的力量，所以没有经过训练的学员千万不要盲目进行训练，以免造成不必要的伤害。芭蕾舞又称脚尖舞或足尖舞，由此可见足尖练习在芭蕾形体训练中的重要性，而且足尖的发力是双腿与双脚，所以可以更好地塑造出完美的腿部线条。

一、足尖的基本方法（把上）

训练目的：足尖练习在芭蕾形体训练中不仅难度高，而且可以更好地展现出线条美。但是也不能急于求成，首先应进行的是把上的、单一的足尖训练，通过这种练习为之后脱离把杆的足尖舞姿打下良好的基础。

単一動作：

图 6-158　半脚尖位置　　　　图 6-159　全脚尖位置　　　　图 6-160　全脚尖位置

半脚尖位置：抬脚跟使半脚掌平放在地面上，双腿膝关节伸直，上身保持直立不动，如图 6-158 所示。

全脚尖位置：使全部足尖平放在地面上，双腿膝关节伸直，上身保持直立不动，如图 5-159 至图 6-160 所示。

二、足尖的组合

（一）组合一

图 6-161
准备位

图 6-162-1
准备拍 5～8 拍　1

图 6-162-2
准备拍 5～8 拍　2

图 6-163
第一个八拍 1～2 拍

图 6-164
第一个八拍 3～4 拍

图 6-165-1
第一个八拍 5～6 拍　1

图 6-165-2
第一个八拍 5～6 拍　2

图 6-166-1
第一个八拍 7～8 拍　1

图 6-166-2
第一个八拍 7～8 拍　2

图 6-167
第二个八拍 1～4 拍

图 6-168
第二个八拍 5～8 拍

图 6-169
第三个八拍 1～2 拍

图 6-170
第三个八拍 3～4 拍

图 6-171-1
第三个八拍 5～6 拍　1

图 6-171-2
第三个八拍 5～6 拍　2

图 6-172-1
第三个八拍 7～8 拍　1

图 6-172-2
第三个八拍 7～8 拍　2

图 6-173
第四个八拍 1～4 拍

图 6-174
第四个八拍 5～8 拍

图 6-175
第五个八拍 1～2 拍

图 6-176
第五个八拍 3～4 拍

图 6-177-1
第五个八拍 5～6 拍　1

图 6-177-2
第五个八拍 5～6 拍　2

图 6-178-1
第五个八拍 7～8 拍　1

图 6-178-2
第五个八拍 7～8 拍　2

图 6-179
第六个八拍 1～4 拍

图 6-180
第六个八拍 5～8 拍

图 6-181
第七个八拍 1～2 拍

图 6-182
第七个八拍 3～4 拍

图 6-183-1
第七个八拍 5～6 拍　1

图 6-183-2
第七个八拍 5～6 拍　2

图 6-184-1
第七个八拍 7～8 拍　1

图 6-184-2
第七个八拍 7～8 拍　2

四位侧位图：

第七个八拍　侧位图

第七个八拍　侧位图

第七个八拍　侧位图

第七个八拍　侧位图

第七个八拍　侧位图

注：四位侧位图的图号同四位正位图号，不再单独标注图号。

动作做法：首先是双手扶把的足尖练习。面向把杆，双手一位手的位置，双脚一位脚的位置做准备，如图 6-161 所示。

准备拍：

5～8 拍，双手呼吸放置在把杆上，如图 6-162-1 至图 6-162-2 所示。

（1）第一个八拍：

1～2 拍，双腿一位脚的位置做一次一位的半蹲，上身保持不变，如图 6-163 所示。

3～4 拍，双脚脚后跟推地立起一位足尖，双腿膝盖必须伸直，脚后跟尽量向前腿，不能冲后，如图 6-164 所示。

5～6 拍，经过半脚掌的位置落回一位脚的位置，如图 6-165-1 至图 6-165-2 所示。

7～8 拍，再做一次一位半蹲，最后回到一位脚的位置，如图 6-166-1 至图 6-166-2 所示。（这个过程总共重复 4 次，也可根据自身要求增加或者减少次数）。

（2）第二个八拍：

1～4 拍，右脚向旁擦地到旁点地的位置，重心在左脚之上，如图 6-167 所示。

5～8 拍，落右脚到二位脚的位置，上身保持不变，如图 6-168 所示。

（3）第三个八拍：

1～2 拍，做一次二位半蹲，膝盖要尽量打开，如图 6-169 所示。

3～4 拍，脚后跟用力推地立起足尖，双腿膝盖绷直，如图 6-170 所示。

5～6 拍，经过半脚掌的位置落回二位脚的位置，此时的膝盖仍然是绷直状态，如图 6-171-1 至图 6-171-2 所示。

7～8 拍，再做一次二位半蹲，最后回到二位脚的位置，如图 6-172-1 至图 6-172-2 所示。（二位足尖的训练也可以重复 4 次，可根据自身要求增加或者减少次数）。

（4）第四个八拍：

1～4 拍，移动重心到左脚，右脚推起脚背到旁擦地的位置，如图 6-173 所示。

5～8 拍，右脚收回前五位的位置，上身保持不变，重心在双腿之间，如图 6-174 所示。

（5）第五个八拍：

1～2 拍，双腿五位脚的位置做一次五位的半蹲，上身保持不变，如图 6-175 所示。

3～4拍，双脚脚后跟推地立起五位足尖，双腿膝盖必须伸直，脚后跟尽量向前腿，不能冲后，如图 6-176 所示。

5～6拍，经过半脚掌的位置落回五位脚的位置，此时的膝盖仍然是绷直状态，如图 6-177-1 至图 6-177-2 所示。

7～8拍，再做一次五位半蹲，最后回到五位脚的位置，如图 6-178-1 至图 6-178-2（这个过程总共重复 4 次，也可根据自身要求增加或者减少次数）。

（6）第六个八拍：

1～4拍，移动重心到后脚左脚之上，右脚前擦地到前点地位置，如图 6-179 所示。

5～8拍，前脚（右脚）落到四位脚的位置，重心在双腿之间，如图 6-180 所示。

（7）第七个八拍：

1～2拍，双腿四位脚的位置做一次四位的半蹲，上身保持不变，如图 6-181 所示。

3～4拍，双脚脚后跟推地立起四位足尖，双腿膝盖必须伸直，脚后跟尽量向前腿，不能冲后，如图 6-182 所示。

5～6拍，经过半脚掌的位置落回四位脚的位置，此时的膝盖仍然是绷直状态，如图 6-183-1 至图 6-183-2 所示。

7～8拍，再做一次四位半蹲，最后回到四位脚的位置，如图 6-184-1 至图 6-184-2 所示（这个过程总共重复 4 次，也可根据自身要求增加或者减少次数）。

反面动作：

图 6-185
准备位

图 6-186-1
准备拍 5～8 拍　1

图 6-186-2
准备拍 5～8 拍　2

图 6-187
第一个八拍 1～2 拍

图 6-188
第一个八拍 3～4 拍

图 6-189-1
第一个八拍 5～6 拍　1

图 6-189-2
第一个八拍 5～6 拍　2

图 6-190-1
第一个八拍 7～8 拍　1

图 6-190-2
第一个八拍 7～8 拍　2

图 6-191
第二个八拍 1～4 拍

图 6-192
第二个八拍 5～8 拍

图 6-193
第三个八拍 1～2 拍

图 6-194
第三个八拍 3～4 拍

图 6-195-1
第三个八拍 5～6 拍　1

图 6-195-2
第三个八拍 5～6 拍　2

图 6-196-1
第三个八拍 7～8 拍　1

图 6-196-2
第三个八拍 7～8 拍　2

图 6-197
第四个八拍 1～4 拍

图 6-198
第四个八拍 5～8 拍

图 6-199
第五个八拍 1～2 拍

图 6-200
第五个八拍 3～4 拍

图 6-201-1
第五个八拍 5～6 拍　1

图 6-201-2
第五个八拍 5～6 拍　2

图 6-202-1
第五个八拍 7～8 拍　1

图 6-202-2
第五个八拍 7～8 拍　2

图 6-203
第六个八拍 1～4 拍

图 6-204
第六个八拍 5～8 拍

图 6-205
第七个八拍 1～2 拍

图 6-206
第七个八拍 3～4 拍

图 6-207-1
第七个八拍 5～6 拍　1

图 6-207-2
第七个八拍 5～6 拍　2

图 6-208-1
第七个八拍 7～8 拍　1

图 6-208-2
第七个八拍 7～8 拍　2

四位侧位图：

第七个八拍　侧位图

第七个八拍　侧位图

第七个八拍　侧位图

第七个八拍　侧位图　　　　　第七个八拍　侧位图

注：四位侧位图的图号同四位正位图号，不再单独标注图号。

动作做法：首先是双手扶把的足尖练习。面向把杆，双手一位手的位置，双脚一位脚的位置做准备，如图 6-185 所示。

准备拍：

5～8 拍，双手呼吸放置在把杆上，如图 6-186-1 至图 6-186-2 所示。

（1）第一个八拍：

1～2 拍，双腿一位脚的位置做一次一位的半蹲，上身保持不变，如图 6-187 所示。

3～4 拍，双脚脚后跟推地立起一位足尖，双腿膝盖必须伸直，脚后跟尽量向前腿，不能冲后，如图 6-188 所示。

5～6 拍，经过半脚掌的位置落回一位脚的位置，如图 6-189 所示。

7～8 拍，再做一次一位半蹲，最后回到一位脚的位置，如图 6-190-1 至图 6-190-2 所示（这个过程总共重复 4 次，也可根据自身要求增加或者减少次数）。

（2）第二个八拍：

1～4 拍，左脚向旁擦地到旁点地的位置，重心在左脚之上，如图 6-191 所示。

5～8 拍，落左脚到二位脚的位置，上身保持不变，如图 6-192 所示。

（3）第三个八拍：

1～2 拍，做一次二位半蹲，膝盖要尽量打开，如图 6-193 所示。

3～4 拍，脚后跟用力推地立起足尖，双腿膝盖绷直，如图 6-194 所示。

5～6 拍，经过半脚掌的位置落回二位脚的位置，此时的膝盖仍然是绷直的状态，如图 6-195-1 至图 6-195-2 所示。

7～8 拍，再做一次二位半蹲，最后回到二位脚的位置，如图 6-196-1 至图 6-196-2 所示（二位足尖的训练也可以重复 4 次，可根据自身要求增加或者减少次数）。

（4）第四个八拍：

1～4 拍，移动重心到右脚，左脚推起脚背到旁擦地的位置，如图 6-197

所示。

5～8拍，左脚收回前五位的位置，上身保持不变，重心在双腿之间，如图 6-198 所示。

(5)第五个八拍：

1～2拍，双腿五位脚的位置做一次五位的半蹲，上身保持不变，如图 6-199 所示。

3～4拍，双脚脚后跟推地立起五位足尖，双腿膝盖必须伸直，脚后跟尽量向前腿，不能冲后，如图 6-200 所示。

5～6拍，经过半脚掌的位置落回五位脚的位置，此时的膝盖仍然是绷直状态，如图 6-201-1 至图 6-201-2 所示。

7～8拍，再做一次五位半蹲，最后回到五位脚的位置，如图 6-202-1 至图 6-202-2(这个过程总共重复 4 次，也可根据自身要求增加或者减少次数)。

(6)第六个八拍：

1～4拍，移动重心到后脚右脚之上，左脚前擦地到前点地位置，如图 6-203 所示。

5～8拍，前脚(左脚)落到四位脚的位置，重心在双腿之间，如图 6-204 所示。

(7)第七个八拍：

1～2拍，双腿四位脚的位置做一次四位的半蹲，上身保持不变，如图 6-205 所示。

3～4拍，双脚脚后跟推地立起四位足尖，双腿膝盖必须伸直，脚后跟尽量向前腿，不能冲后，如图 6-206 所示。

5～6拍，经过半脚掌的位置落回四位脚的位置，此时的膝盖仍然是绷直状态，如图 6-207-1 至图 6-207-2 所示。

7～8拍，再做一次四位半蹲，最后回到四位脚的位置，如图 6-208-1 至图 6-208-2所示(这个过程总共重复 4 次，也可根据自身要求增加或者减少次数)。

(二)组合二：巴塞

训练目的：经过一段时间双手扶把的单一足尖练习，脚腕有了一定的力量之后需要进行的是单手扶把的单一动作以及舞姿等的训练，目的是为了更好地增加脚腕以及双腿腿部的力量，因为足尖训练的难度较高，所以训练时必须注意的是腿部和脚部不能够放松，而且不能急于求成，要经过长时间的基础训练之后才可以进行足尖的训练，为之后的成品舞蹈打下良好的基础。

图 6-209
准备位

图 6-210-1
准备拍 5～8 拍　1

图 6-210-2
准备拍 5～8 拍　2

图 6-211
第一个八拍 1～2 拍

图 6-212
第一个八拍 3～4 拍

图 6-213
第一个八拍 5～6 拍

图 6-214
第一个八拍 7～8 拍

图 6-215
第二个八拍 1～2 拍

图 6-216
第二个八拍 3～4 拍

图 6-217
第二个八拍 5～6 拍

图 6-218
第二个八拍 7～8 拍

准备位：首先是双手扶把的训练。面对把杆，左脚在前五位脚站好，双手一位手的位置做准备，如图 6-209 所示。

准备拍：

5～8 拍，双手呼吸轻轻扶在把杆上，如图 6-210-1 至图 6-210-2 所示。

动作做法：

（1）第一个八拍：

1～2拍，双腿五位脚做一次五位半蹲，此时重心要稍稍偏向后脚（左脚）的位置，膝盖要尽量向后打开，上身保持直立，不能撅起臀部，如图6-211所示。

3～4拍，前脚（右脚）用力推地，绷脚顺着后腿（左腿）的小腿到旁巴塞的位置，脚尖轻轻放在主力腿（左腿）的膝盖上，动力腿（右腿）的膝盖要尽量向旁打开，动力腿（右腿）的大腿也要尽量向上吸起，重心要在主力腿（左腿）之上，如图6-212所示。

5～6拍，动力腿（右腿）顺着主力腿（左腿）落在五位脚足尖的位置上，重心保持在双腿之间，如图6-213所示。

7～8拍，经过半脚掌的位置双脚落回五位脚直立的位置，如图6-214所示。

（2）第二个八拍：

1～2拍，双腿五位脚做一次五位半蹲，此时重心要稍稍偏向后脚（右脚）的位置，膝盖要尽量向后打开，上身保持直立，不能撅起臀部，如图6-215所示。

3～4拍，前脚（左脚）用力推地，绷脚顺着后腿（右腿）的小腿到旁巴塞的位置，脚尖轻轻放在主力腿（右腿）的膝盖上，动力腿（左腿）的膝盖要尽量向旁打开，动力腿（左腿）的大腿也要尽量向上吸起，重心要在主力腿（右腿）之上，如图6-216所示。

5～6拍，动力腿（左腿）顺着主力腿（右腿）落在五位脚足尖的位置上，重心保持在双腿之间，如图6-217所示。

7～8拍，经过半脚掌的位置双脚落回五位脚直立的位置，如图6-218所示（这个动作可以重复4次、8次……根据程度的不同增加或是减少数量）。

（三）组合三：单手扶把的练习

图 6-219　　　　　　　　图 6-220　　　　　　　　图 6-221
准备位　　　　　　　准备拍5～8拍　　1　　　第一个八拍1～2拍

图 6-222
第一个八拍 3～4 拍

图 6-223
第一个八拍 5～6 拍

图 6-224-1
第一个八拍 7～8 拍　1

图 6-224-2
第一个八拍 7～8 拍　2

准备位：右手扶把，左手一位手的位置，左腿在前五位脚站好准备，如图 6-219 所示。

准备拍：

5～8 拍，手呼吸到小七位的位置，如图 6-220 所示。

(1)第一个八拍：

1～2 拍，做一次五位半蹲，重心要稍稍移动到后脚（右脚）之上，如图 6-221 所示。

3～4 拍，前脚（左脚）用力推地，顺着后脚（右脚）的小腿吸起到膝盖的位置，主力腿（右腿）同时立起足尖，双手同时收回到二位手的位置，重心在主力腿（右腿）之上，身体和双腿一定要保持直立的状态，双腿和手必须同时做动作，如图 6-222 所示。

5～6 拍，动力腿（左腿）顺着主力腿（右腿）落在五位脚足尖的位置，手仍然保持在二位手的位置，重心在双腿之间，如图 6-223 所示。

7～8 拍，落下足尖到五位半蹲的位置，手回到小七位的位置，最后回到五位脚直立的状态，手回一位，如图 6-224-1 至图 6-224-2 所示。

(2)第二个八拍：重复第一个八拍的动作，如图 6-221 至图 6-224-2 所示。

(3)第三个八拍：重复第一个八拍的动作，如图 6-221 至图 6-224-2 所示。

(4)第四个八拍：重复第一个八拍的动作，如图 6-221 至图 6-224-2 所示。

反面动作：

图 6-225
准备位

图 6-226
准备拍 5～8 拍　1

图 6-227
第一个八拍 1～2 拍

图 6-228
第一个八拍 3～4 拍

图 6-229
第一个八拍 5～6 拍

图 6-230-1
第一个八拍 7～8 拍　1

图 6-230-2
第一个八拍 7～8 拍　2

准备位：左手扶把，右手一位手的位置，右腿在前五位脚站好准备，如图 6-225 所示。

准备拍：

5～8 拍，手呼吸到小七位的位置，如图 6-226 所示。

(1)第一个八拍：

1～2 拍，做一次五位半蹲，重心要稍稍移动到后脚（左脚）之上，如图 6-227 所示。

3～4 拍，前脚（右脚）用力推地，顺着后脚（左脚）的小腿吸起到膝盖的位置，主力腿（左腿）同时立起足尖，双手同时收回到二位手的位置，重心在主力腿（左腿）之上，身体和双腿一定要保持直立的状态，双腿和手必须同时做动作，如图 6-228 所示。

5～6 拍，动力腿（右腿）顺着主力腿（左腿）落在五位脚足尖的位置，手仍然保持在二位手的位置，重心在双腿之间，如图 6-229 所示。

7～8 拍，落下足尖到五位半蹲的位置，手回到小七位的位置，最后回到五位脚直立的状态，手回一位，如图 6-230-1 至图 6-230-2 所示。

(2)第二个八拍：重复第一个八拍的动作，如图 6-227 至图 6-230-2 所示。

(3)第三个八拍：重复第一个八拍的动作，如图 6-227 至图 6-230-2 所示。

(4)第四个八拍：重复第一个八拍的动作，如图 6-227 至图 6-230-2 所示。

特别提示：此动作要反复进行训练，经过长期练习，达到提高足尖能力与稳定性的能力。

第七章　成品舞

▶ 第一节　成品舞蹈(芭蕾变奏、有专用音乐)简介

　　成品舞蹈是形体训练的重要组成部分。成品舞蹈是测试一个人的舞蹈基本功、舞蹈表演及音乐感等综合素质的有效手段之一。通过成品舞蹈的表演可以全面地展现形体艺术素质，如肢体的表现力、形体的表演性，以及对成品舞蹈作品的理解能力。

▶ 第二节　《天鹅之死》——独舞(现代芭蕾女子独舞)

　　编导：米歇尔·福金
　　作曲：圣一桑
　　表演：安娜·巴甫洛娃
　　首演：1905 年 彼得堡

　　福金在回忆《天鹅之死》的创作过程时说，1907 年的一个晚上，巴甫洛娃的男舞伴突然病倒了，她来找福金。福金正在朋友的钢琴伴奏下演奏圣一桑的《动物狂欢节》，于是，他灵机一动，取用圣一桑的《天鹅》乐曲即兴为巴甫洛娃创编舞蹈。随着音乐的响起，福金只花了十几分钟，一个经典作品就此诞生了。当时福金只有 27 岁，巴甫洛娃 26 岁。

　　在典雅的大提琴声中，一只受伤的白天鹅缓缓漂游于湖面上，或水平或上下地轻轻挥动着翅膀，突然它抬起那高昂的头，展翅欲飞，却因体力衰竭而失败。然而生的希望让天鹅不断积聚力量，一次又一次地立起足尖展翅欲飞，但死神的袭近，使筋疲力尽的天鹅颓然垂下双翅，屈身痛苦地倒下，全身贴在水面上，吃力而无奈地颤动着翅膀。一下、两下……渐渐地合上双眼孤独地死去了。

　　《天鹅之死》虽表现的是一只垂死的天鹅，但却是一首极具感染力的生命赞歌。舞蹈中并没有任何惊人的技巧，以简介的脚尖移动和双臂各关节连续运动这一象征着天鹅振翅的动作，进行方向、节奏、力度等方面的变化，从而派生出丰富多彩、情绪各异的动作，使之以诗一般的语言，描绘天鹅死中求生，渴望生命的挣扎，隐喻人类与命运、死亡搏斗时的那种不懈反抗与斗

争精神。

《天鹅之死》的音乐：圣一桑的《动物狂欢节》中的第 13 首——《天鹅》是一支脍炙人口的乐曲，全曲只有 28 小节，6/4 拍子，以典雅的大提琴刻画出天鹅纯真而高洁的品格，编导采用此曲来编舞真可谓珠联璧合，恰到好处。

▶ 第三节　《天鹅湖》——舞剧（四幕古典芭蕾舞剧）

编剧：乌拉季米·别吉切夫、瓦西里·格里采尔

编导：朱列津格尔、马里乌斯·彼季帕、列夫·伊万诺夫

音乐：柴可夫斯基

主演：奥杰塔——贝拉吉娜卡马科娃

首演：1877 年 2 月莫斯科大剧院；1895 年 2 月彼得堡马林斯基剧院

《天鹅湖》音乐与柴可夫斯基：1871 年夏天，柴可夫斯基去乌克兰卡明加度假，拜访了居住在那里的妹妹，作为一个好舅舅，他根据德国作曲家莫采伊斯的妖精故事，为可爱的外甥谱写了一部家庭用的独幕芭蕾曲。1875 年 8 月，莫斯科剧院总裁格里采尔与剧作家别吉切夫合作编写了大型舞剧《天鹅湖》的台本，并以八百卢布的报酬委托柴可夫斯基为之作曲。于是，早就希望能在芭蕾领域里进行尝试的柴可夫斯基，就以 4 年前所写的这部短篇芭蕾音乐为基础，又融合 1869 年所创作的歌剧《女水神》的音乐，于次年 4 月完成了全部谱曲工作。但他对传统音乐进行改革，注入交响思维创作的《天鹅湖》音乐并不为朱列津格尔所理解，以至于他按照自己陈旧的思维任意调整音乐，这一切导致了《天鹅湖》1877 年在莫斯科的首演失败。直到 18 年之后，由被誉为"古典芭蕾之父"的彼季帕和著名的舞剧编导伊万诺夫的重新改编后，这部失败之作才起死回生，大放异彩。

全剧分四幕和尾声。第一幕：王子齐格弗里德成年之日，伙伴们前来道贺，村女们欢乐起舞。母后告知明日将为王子举行选妃舞会，好友贝诺为王子解闷，与村女表演三人舞，临近黄昏，一群天鹅掠过上空，王子尾随而去。

第二幕：湖畔。奥杰塔向持弓欲射的王子倾诉不幸，王子深表同情，约定选妃舞会上与她重聚。他俩信誓旦旦，展开了大段的慢板双人舞，机灵的 4 只小天鹅、舒展的 3 只大天鹅……构成了一幅幅神奇的画景。黑夜将近，群鹅离去，王子把奥杰塔留下的一枚羽毛紧贴在胸，发誓一定要拯救公主摆脱苦难。

第三幕：王子对前来应选的邻国公主们的舞蹈毫不动心。魔王带着变成奥杰塔模样的女儿奥吉利亚闯入宫廷。王子误以为真，与奥吉利亚跳起了技

巧卓越的"黑天鹅双人舞"。忽然，天昏地暗，正欲起誓的王子发现了窗外的白天鹅，他悔恨交加，不顾一切冲出宫门。

第四幕：奥杰塔回到湖畔向同伴诉说痛苦。王子赶来表白，与魔王展开了殊死搏斗，在一道强烈的闪电中魔王被诛。

尾声乌云消散，大地生辉，爱情的力量战胜了邪恶。天鹅姑娘恢复了人形，王子与奥杰塔迎着晨曦，庆幸新生。

《天鹅湖》被认为是古典芭蕾的经典之作。既是浪漫主义时期最伟大的作品，又是现代交响芭蕾的又一次试验。作品气势恢宏，设计精巧，艺术上达到了炉火纯青的地步。

《天鹅湖》的舞蹈设计打破了当时普遍流行的"呈现舞蹈家纯熟技巧"的编舞观念，出色地体现了柴可夫斯基音乐的精髓，使舞蹈和音乐的结合达到了完美无瑕的境界，把舞蹈提高到了能体现富有深刻内容与塑造形象的水平。例如，编导创造性地设计出象征白天鹅形象的"主导动作"——高傲的阿拉贝斯克（单腿半蹲或直立，另一腿往后伸直，与支撑腿成直角）。伴随不屈地向上飞跃的舞姿，两臂波动，两脚带着身体平稳地旋转并翻动手掌挡住脸，显露出羞怯腼腆的姿态。在第三幕里，编导还根据"白天鹅"主题的变形，再现奥杰塔的某些基本舞姿，如稍不同的高傲旋转、速度更快的飞翔式两臂抖动等。此外，这一白天鹅的"主导动作"还被应用于群鹅舞中。同样在第三幕中的各国新娘舞中仍然采用了"主导动作"编舞法。

伊万诺夫发展了浪漫芭蕾编导家们已经进行的"舞蹈形式交响编舞法"的试验，使简单群舞转向复杂的舞蹈场面的多层次结构。如第二幕慢板就是以一段双人舞加一段"能动"的群舞形式展开，群舞强化并融入男女主角的舞蹈。这种如老乐中"结构多声部"的编导手法就是在运用"造型主导动机"的同时，把群舞队置于"合唱伴奏"的地位，起到复调对位的作用，从而使双人舞和群舞成为统一的抒情整体。

此外彼季帕具有处理华丽宏大场面和各种代表性舞蹈的才能。如在第三幕中：匈牙利的"恰尔达什舞"、俄罗斯的"轮舞"、西班牙的"包莱罗舞"、意大利的"塔兰台拉舞"、波兰的"玛祖卡舞""波罗奈兹舞"等表现出了各国新娘的不同个性、展示了舞剧的多样性，又推进了剧情发展。这一幕的高潮是奥吉利亚32个连续Fouette——单腿挥鞭转。这成为后来衡量女主角水准的一个标志。

《天鹅湖》的音乐是一部富于旋律性的舞剧音乐，除了"白天鹅主题"，优美的曲调比比皆是，起到了刻画人物形象、展开戏剧冲突、深化舞剧主题的作用。

参考文献

1. 张芃. 艺术形体训练. 北京：中国纺织出版社，2008
2. 徐桂云. 形体训练教程. 济南：山东大学出版社，2009
3. 杨坤. 芭蕾形体训练教程. 北京：高等教育出版社，2009

参考文献